全国工会干部培训基础教材

国际工会运动概论

全国工会干部培训基础教材编写委员会◎编

中国工人出版社

图书在版编目（CIP）数据

国际工会运动概论 / 全国工会干部培训基础教材编写委员会编 .—北京：中国工人出版社，2023.3
ISBN 978-7-5008-8092-9

Ⅰ . ①国…　Ⅱ . ①全…　Ⅲ . ①工会运动 – 世界 – 干部培训 – 教材　Ⅳ . ① D411

中国国家版本馆 CIP 数据核字（2023）第 025737 号

国际工会运动概论

出 版 人	董　宽
责任编辑	杨　轶
责任校对	赵贵芬
责任印制	栾征宇
出版发行	中国工人出版社
地　　址	北京市东城区鼓楼外大街45号　邮编：100120
网　　址	http://www.wp-china.com
电　　话	（010）62005043（总编室）
	（010）62005039（印制管理中心）
	（010）62382916（工会与劳动关系分社）
发行热线	（010）82029051　62383056
经　　销	各地书店
印　　刷	北京市密东印刷有限公司
开　　本	660毫米×960毫米　1/16
印　　张	17.75
字　　数	215千字
版　　次	2023年3月第1版　2023年11月第3次印刷
定　　价	40.00元

全国工会干部培训基础教材
编写委员会

团结动员亿万职工
为全面建设社会主义现代化国家
贡献力量（代序）

王东明

党的二十大是在全党全国各族人民迈上全面建设社会主义现代化国家新征程、向第二个百年奋斗目标进军的关键时刻召开的一次十分重要的大会，是一次高举旗帜、凝聚力量、团结奋进的大会，为新时代新征程党和国家事业发展、实现第二个百年奋斗目标指明了前进方向、确立了行动指南。必须深刻领会大会精神实质、把握核心要义、明确奋斗目标，在全面学习、全面把握、全面落实上下功夫，团结动员亿万职工在新征程上踔厉奋发、勇毅前行，为实现第二个百年奋斗目标贡献智慧和力量。

深刻领悟“两个确立”的决定性意义，把“两个维护”落实到工会工作各方面全过程

党的二十大在政治上、理论上、实践上取得了一系列重大成果。习近平同志在党的二十届一中全会上继续当选中共中央总书记，充分反映了全党全军全国各族人民的共同心愿和习近平总书记的崇高威望，充分展示了全党全国上下在以习近平同志为核心的党中央团结带领下战胜前进道路上一切风险挑战、开创美好未来的坚定信心和决心，是全党上下拥护“两个确立”、做到“两个维护”的生动实践和真实体现。

党的十八大以来，党和国家面临的形势之复杂、斗争之严峻、改革发展稳定任务之艰巨世所罕见、史所罕见，习近平总书记以高超的政治智慧、强烈的历史担当、卓越的领导能力和“我将无我，不负人民”的崇高境界，带领全党全军全国各族人民攻坚克难、砥砺前行，推动党和国家事业取得历史性成就、发生历史性变革。实践充分证明，新时代十年的伟大变革，根本在于有习近平总书记作为党中央的核心、全党的核心领航掌舵，在于习近平新时代中国特色社会主义思想的科学指引。“两个确立”是党在新时代取得的重大政治成果，是推动党和国家事业取得历史性成就、发生历史性变革的决定性因素。

习近平总书记高度重视工人阶级和工会工作，对工会坚持党的领导提出明确要求，强调工会工作做得好不好、有没有取得明显成效，关键看有没有坚持正确政治方向；坚持正确政治方向，一言以蔽之，就是要坚持中国共产党领导和社会主义制度；只有坚持党的领导，工会工作才能方向明确、不走偏路，才能做得有声有色、扎实有效；在坚持党的领导这个根本问题上，工会必须旗帜鲜明、立场坚定。回顾百年来党领导的现代工人运动史，我国工会坚定不移在党的领导下开展工作，与历史同步伐、与时代共命运，为党和国家事业发展作出了重要贡献。

党的十八大以来，全总和各级工会始终把坚持党的领导作为工会工作的最高政治原则和根本保证，把深入学习贯彻习近平新时代中国特色社会主义思想作为首要政治任务，健全学习新时代党的创新理论的制度性安排，准确把握其基本观点、核心要义、科学体系、根本要求；完善党组（党委）会议“第一议题”制度，第一时间传达学习、第一时间狠抓落实习近平总书记重要指示批示、党中央重大决策部署；完善向党中央请示报告重大事项制度，探索与省级党委协调推进工会工作的机制，完善全总定期听取省级工会工作报告和意见建议制度；以党的政治建设为统领加强党的各项建设，全面推进工会系统从严治党，营造风清气正的良好政治生态。党的十八大以来工会工作取得重要进展和新成效，根本在于始终坚持党对工会的领导，在于始终坚持以习近平新时代中国特色社会主义思想为指导。

当前，世界百年未有之大变局加速演进，新一轮科技革命和产业变革深入发展，国际力量对比深刻调整，我国发展进入战略机遇和风险挑战并存、不确定难预料因素增多的时期。面对严峻复杂的形势，最重要的就是要始终坚持“两个确立”，坚决做到“两个维护”，这是党在新时代十年伟大变革中积累的宝贵经验，是党和国家的前途命运所系、全国各族人民的根本利益所在，是党团结带领全国各族人民全面建设社会主义现代化国家、夺取新的伟大胜利的根本政治保证。新征程上，各级工会组织和广大工会干部必须深刻领悟“两个确立”的决定性意义，进一步增强“四个意识”、坚定“四个自信”、做到“两个维护”，坚定不移在思想上政治上行动上同以习近平同志为核心的党中央保持高度一致。坚持不懈强化理论武装，深刻把握习近平新时代中国特色社会主义思想的世界观和方法论，坚持运用贯穿其中的立场观点方法，切实用以指导实践、推动工作、破解难题。自觉同习近平总书记重要指示批示精神、重要论述、党中央决策部署要求对标对表，真正把拥护“两个确立”、做到“两个维护”体现在行动上，落实到工作中。面向基层和一线职工，广泛开展多种形式的宣传宣讲，推动“两个确立”更加深入人心、“两个维护”成为广大工会干部和职工群众的自觉行动。

引领职工听党话、跟党走，汇聚起亿万职工团结奋斗的磅礴力量

党的二十大立足新时代新征程的历史方位，深刻分析我国发展面临的形势和挑战，对全面建成社会主义现代化强国两步走战略安排进行了宏观展望，重点部署了未来5年的战略任务和重大举措，发出了为全面建设社会主义现代化国家、全面推进中华民族伟大复兴而团结奋斗的伟大号召。

习近平总书记强调，党和人民取得的一切成就都是团结奋斗的结果，团结奋斗是中国共产党和中国人民最显著的精神标识。团结才能胜利，奋斗才会成功。新时代十年，我们以奋发有为的精神把新时代中国特色社会主义推向前进，创造了一个个令人刮目相看的人间奇迹，靠的就是全党全国各族人民万众一心、勇往直前、团结奋斗。汇聚起亿万人民团结奋斗的磅礴伟力，离不开扎实有效的思想政治引领。通过卓有成效的思想政治引领，把亿万职工思想统一起来、共识凝聚起来、力量激发出来，工会重任在肩、使命在肩。

党的十八大以来，全总和各级工会认真履行引导职工群众听党话、跟党走的政治责任，把学习贯彻习近平新时代中国特色社会主义思想作为加强思想政治引领的第一位任务，通过理论宣讲、劳模宣讲、演讲比赛、知识竞赛等方式，把“大学习”的课堂搬到工厂车间、生产一线，推动习近平新时代中国特色社会主义思想进企业、进车间、进班组。加强对习近平总书记关于工人阶级和工会工作的重要论述的学习贯彻和研究阐释，推动重要论述在工会系统和广大职工中落地生根。深入开展“永远跟党走、奋进新征程”、“喜迎二十大、建功新时代”等系列宣传教育活动，培育和践行社会主义核心价值观，“中国梦·劳动美”的价值引领深入基层、扎根职工。大力弘扬劳模精神、劳动精神、工匠精神，组织劳模、工匠人才进校园、进企业，发布全国“最美职工”、“大国工匠年度人物”，努力营造劳动光荣的社会风尚和精益求精的敬业风气。加强重点领域重点群体职工思想政治工作，创新工作方式方法，强化网上思想引领，推动思想政治工作传统优势与信息技术深度融合，加强对职工的人文关怀和心理疏导，建设健康文明、昂扬向上、全员参与的职工文化。

全面建设社会主义现代化国家，是一项伟大而艰巨的事业，前途光明，任重道远，更加需要坚定信念、鼓舞斗志，更加需要同心同德、团结奋斗。新征程上，工会必须牢记“三个务必”，牢牢把握团结奋斗的时代要求，把巩固团结奋斗的共同思想基础作为思想政治引领的重要内容，不断创新职工思想政治工作，引导广大职工坚定中国特色社会主义道路自信、理论自信、制度自信、文化自信，不断增强对中国共产党领导和中国特色社会主义制度的政治认同、思想认同、情感认同，自觉把人生理想、家庭幸福融入国家富强、民族复兴的伟业之中，更加紧密地团结在以习近平同志为核心的党中央周围，坚定不移听党话、矢志不渝跟党走，为实现党的二十大确定的目标任务团结奋斗。

贯彻党的全心全意依靠工人阶级方针，组织动员亿万职工在新征程上建功立业

党的二十大报告指出，从现在起，中国共产党的中心任务就是团结带领全国各族人民全面建成社会主义现代化强国、实现第二个百年奋斗目标，以中国式现代化全面推进中华民族伟大复兴。这是站在历史和时代的高度，全面把握党和国家事业发展新要求、人民群众新期待，向全党全国各族人民发出的动员令。

习近平总书记强调，工人阶级是我国的领导阶级，是我国先进生产力和生产关系的代表，是我们党最坚实最可靠的阶级基础。我国工会是中国共产党领导的工人阶级群众组织，团结动员广大职工群众为实现党在不同历史时期确立的纲领、目标和中心任务而努力奋斗是工会的重要使命。新民主主义革命时期，工会按照党确立的符合当时形势的工运策略和活动方式，提高工人阶级的政治觉悟，动员工人群众开展各种形式的斗争，团结动员广大职工为实现民族独立、人民解放而奋斗；社会主义革命和建设时期，工会动员带领广大工人坚决响应党的号召，焕发国家主人翁精神，为建立和巩固人民当家作主的新政权、建立独立的比较完整的工业体系和国民经济体系而奋斗；改革开放和社会主义现代化建设新时期，工会坚持围绕中心、服务大局，团结动员广大职工为坚持和发展中国特色社会主义而奋斗。

党的十八大以来，全总和各级工会围绕国家重大战略、重大工程、重大项目、重点产业，组织职工广泛深入持久开展多种形式的主题劳动和技能竞赛，开展“小发明、小创造、小革新、小设计、小建议”等群众性创新活动；加强劳模、工匠和职工学习阵地建设，示范带动创建各级各类创新工作室8万多家；成功举办首届大国工匠创新交流大会，习近平总书记向大会致贺信；推荐多名一线工人获得国家科技进步奖，职工创新创造活力显著提升。扎实推进产业工人队伍建设改革，成立推进产业工人队伍建设改革工作领导小组，产业工人思想引领、建功立业、素质提升、地位提高、队伍壮大等改革措施有效落实，改革取得重要阶段性成效，产业工人在推进高质量发展中的主力军作用更加突出。

党的二十大擘画了以中国式现代化推进中华民族伟大复兴的宏伟蓝图，把宏伟蓝图变成美好现实，根本上要靠包括工人阶级在内的全体人民的劳动、创造、奉献。新征程上，工会必须牢牢把握为实现中华民族伟大复兴的中国梦而奋斗的我国工人运动时代主题，充分发挥工人阶级主力军作用，团结动员亿万职工为推进中国式现代化建功立业。围绕建设教育强国、科技强国、人才强国，深化产业工人队伍建设改革，抓好抓实职工素质提升工作，加快构建产业工人技能形成体系，推动健全落实高技能人才培养、使用、评价、激励、保障机制，畅通技能人才流动渠道，努力建设一支宏大的知识型、技能型、创新型产业工人大军，为推进中国式现代化提供坚实人才和技能支撑。

坚持以人民为中心的发展思想，扎实做好工会维权服务工作

党的二十大报告通篇贯穿人民至上的根本立场和以人民为中心的发展思想，强调“江山就是人民，人民就是江山”，强调“为民造福是立党为公、执政为民的本质要求”，对“增进民生福祉，提高人民生活品质”作出安排部署，充分体现了以习近平同志为核心的党中央矢志不渝、坚守初心的政治本色和深厚为民情怀，体现了我国社会主义制度的本质和优越性，顺应了历史发展大势和人民群众期盼。

习近平总书记指出，我们党的根本宗旨就是为人民群众办好事，为人民群众幸福生活拼搏、奉献、服务；要想人民之所想，行人民之所嘱，不断把人民对美好生活的向往变为现实；工会要认真履行维护职工合法权益、竭诚服务职工群众的基本职责，把服务职工、维护职工合法权益的大旗牢牢掌握在手中，哪里的职工合法权益受到侵害，哪里的工会就要站出来说话。扎实做好维权服务工作，是工会落实以人民为中心的发展思想、践行全心全意为人民服务根本宗旨的必然要求。

党的十八大以来，全总和各级工会认真履行基本职责，推动修改《中华人民共和国工会法》、《中国工会章程》，将工会基本职责拓展为“维护职工合法权益、竭诚服务职工群众”。助力落实“六稳”、“六保”任务，深入细致做好职工就业创业服务，推动就业优先战略和积极就业政策落实落地。以货车司机、网约车司机、快递员、外卖配送员等为重点，出台推进新就业形态劳动者建会入会和权益保障工作的指导性文件，大力推行“重点建、行业建、兜底建”模式，推进互联网百强企业建会，2021年度全国互联网百强企业全部实现建会突破，工会组织覆盖和工作覆盖取得阶段性进展，推动解决了一批新就业形态劳动者的急难愁盼问题。做优做强送温暖、金秋助学、阳光就业、职工医疗互助、工会法律援助等工作，开展提升职工生活品质试点，将20家工会帮扶中心和50家企业(工业园区）纳入全总试点单位，各省（区、市）和新疆生产建设兵团总工会开展省级试点。加强服务职工阵地建设，建设“劳动者港湾”、“爱心驿站”等工会户外劳动者服务站点10.58万个，累计投入资金18.66亿元。将城市困难职工解困脱困作为重点工作，主动融入党政工作大盘子，通过建档立卡、精准施策、强化评估、压实责任等具体举措，推动549.87万户困难职工家庭全部如期实现解困脱困。贯彻落实党中央国务院《关于构建和谐劳动关系的意见》，推动健全党政主导的维权服务机制，努力把劳动关系矛盾化解在基层、化解在萌芽状态。贯彻总体国家安全观，坚决维护劳动领域政治安全，加强相关工作体系建设，健全劳动关系风险监测、分析、研判、预防机制和职工队伍稳定风险排查化解机制，促进职工队伍团结统一与社会和谐稳定。

党的二十大对保障和改善民生、扎实推进共同富裕作出重要部署，为工会围绕中心、服务大局，履行好维权服务基本职责提供了重要契机。新征程上，工会必须始终坚持以职工为中心的工作导向，不断深化自身改革和建设，保持和增强政治性、先进性、群众性，有效发挥党联系职工群众的桥梁纽带作用。积极参与涉及职工切身利益的法律法规政策的制定修改，推动健全劳动法律法规体系。推动落实就业优先政策，推动健全就业促进机制，加强困难群体就业兜底帮扶，推动完善工资平等协商机制、正常增长机制、支付保障机制，健全向一线职工倾斜的分配制度，推动提高劳动报酬在初次分配中的比重，在促进共同富裕中更好发挥工会作用。积极推动完善以职工代表大会为基本形式的企事业单位民主管理制度，依法保障职工知情权、参与权、表达权、监督权，在发展全过程人民民主中保障职工民主政治权利。加快构建以普惠性服务和精准帮扶为重点的工会服务职工体系，着力提升质量和实效。巩固拓展城市困难职工解困脱困成果，推动解困脱困与提升职工生活品质有效衔接，健全困难职工家庭常态化帮扶机制，不断提高职工群众的获得感、幸福感、安全感。增强忧患意识、坚持底线思维，发扬斗争精神、增强斗争本领，密切关注降薪裁员、欠薪欠保、劳资纠纷、生活困难等可能引发的突出风险，积极推进“法院+工会+人社+司法”四方联动机制建设，推动构建和谐劳动关系，在维护企业和社会大局和谐稳定中更好发挥工会组织作用。

党的二十大吹响了新时代新征程奋勇前进的号角。我们要进一步增强学习领会贯彻落实党的二十大精神的自觉性和坚定性，找准工会贯彻落实党的二十大精神的切入点、结合点、着力点，切实把党中央提出的战略部署转化为工会的实际行动，充分展示工会在推进中国特色社会主义事业中的新担当新作为。

（本文系全国人大常委会副委员长、中华全国总工会主席王东明同志在2022年12月16日《求是》杂志发表的署名文章）

目　录

CONTENTS

第一章　国际工会运动的历史沿革

国际工会运动是全世界各国工人阶级通过自己的组织——工会，争取、捍卫与发展自身权益的历史过程。工会是由劳动者自愿结合而成的、代表和维护会员利益的社会组织。卓有成效的工会运动，对各个国家的政治、经济、社会生活，特别是劳动关系产生了广泛深刻的影响，工会组织自身也在斗争实践中不断发展演变。本章拟分为第二次世界大战前的国际工会运动历史概况和当代国际工会运动历史概况两部分来介绍国际工会运动的历史。

第一节　第二次世界大战前国际工会运动历史概况

国际工会运动从18世纪后半叶起到第二次世界大战前经历了近200年的历史。这近200年的国际工会运动史可以分为四个历史时期：第一个时期是从工人阶级产生和工会运动的兴起，到1848年《共产党宣言》的发表——标志着马克思主义诞生；第二个时期是从1848年到1871年人类历史上第一个无产阶级专政政权——巴黎公社的建立；第三个时期是从1871年至1917年十月革命胜利——第一个无产阶级专政的社会主义国家的建立；第四个时期是从十月革命胜利后到第二次世界大战前。

一、工人阶级的产生和工会运动的兴起

17—18 世纪，英国、法国先后爆发了资产阶级革命，宣告了资本主义制度的确立，资产阶级取得了政治统治地位。随后，英法等国又相继发生了产业革命，实现了资本主义工业化。产业革命使机器生产代替了手工劳动，机器大工业代替了工场手工业。产业革命创造了一个大工业资本家阶级，同时也创造了一个人数远远超过前者的产业工人阶级。

资本家为了追求剩余价值，对工人进行残酷的剥削和压榨。产业革命使这种剥削变得尤为残酷。资本家采取大幅降低工资、尽量延长劳动时间、不断增强劳动强度、廉价雇佣童工、女工代替成年男工等办法，使工人的生存状况更加恶化，广大工人群众被推入贫困的深渊。随着资产阶级剥削压迫的不断加剧，工人阶级为了继续生存，为了改善自己的劳动和生活条件，不断地发起反抗和斗争。

产业革命初期，资本主义各国都曾发生过工人破坏机器和厂房的事件，随后出现了工人捣毁机器的风潮。但工人破坏机器的行动不但没能阻止机器的广泛使用，而且没能改变工人阶级自身的悲惨处境。斗争实践使工人阶级逐渐认识到必须联合起来，进行大规模的、有组织的、有计划的罢工斗争。

18 世纪末 19 世纪初，在西欧各国出现了首批工会组织。当时欧洲资本主义国家的雇主和政府对工人建立自己的组织——工会，都持强烈的反对态度，禁止工人结社的立法非常严厉。但工人的斗争并未因此而停止。1824 年，英国政府迫于工人运动的压力，首先废除了禁止工人结社的法律，此后工会组织得到迅速发展。

19 世纪 30—40 年代，西欧工人运动进入了一个崭新的斗争阶段。1831 年和 1834 年，法国里昂纺织工人两次起义，揭开了

工人运动史上新的一页。1836—1848 年，英国发生了规模宏大的宪章运动。英国工人阶级以 1836 年建立的伦敦工人协会为中心，拟定了包括实行普选权等六项具体要求的请愿书，又称“人民宪章”，宪章运动由此得名。各地工人热烈响应，掀起了大规模的真正群众性的革命运动。1844 年，德国纺织工业中心西里西亚爆发了有 3000 多名工人参加的武装起义。工人们破坏了工厂、机器和资本家的住宅，并同前来镇压的军队展开了搏斗，最后起义被血腥镇压。这次起义虽然是自发的，但斗争的目标明确，就是反对资产阶级剥削、反对私有制。这说明工人阶级已经作为独立的政治力量登上了历史舞台。

随着工人运动的兴起，工会运动的理论不断丰富和发展。19 世纪 40 年代，马克思主义诞生了。这是国际工人运动史上具有划时代意义的事件，也是人类思想发展史上极其伟大的革命变革。从此，全世界无产阶级有了认识世界和改造世界的强大思想武器，无产阶级的解放斗争有了科学的理论指导和明确的斗争目标。

二、1848 年革命至 1871 年巴黎公社时期的工会运动

在马克思主义诞生以后，爆发了 1848 年的欧洲革命。这次革命的性质是资产阶级民主革命。这场革命风暴席卷了法国、德国、奥地利、匈牙利、意大利、罗马尼亚、波兰、捷克等许多欧洲国家。在这次革命中，有些国家取得了一些胜利，如法国的七月王朝被推翻了，奥地利的梅特涅政府被打倒了。工人阶级在革命中成为主力军，他们提出了自己的政治、经济要求，并以自己的行动对革命施加影响。然而因为当时各国的资产阶级（民主派）非常害怕工人阶级、害怕人民，所以他们在对封建势力取得了初步的胜利之后就开始妥协，回过头来镇压工人阶级。欧洲各国在 1848 年革命中，大部分都是以推进资产阶级

民主开始，以镇压无产阶级告终的。

1848 年革命失败后，欧洲工会运动转入低潮。1857 年，爆发了第一次世界性的经济危机，资本主义的各种矛盾更加激化，工人运动重新高涨。这一时期，工人阶级在反对资产阶级斗争的实践中逐步认识到加强国际团结和联合斗争的必要性。这一方面是由于在经济危机时期，资产阶级使用从国外输入廉价劳动力的办法，破坏本国工人的罢工运动，使各国工人阶级意识到，他们之间利益的一致性和需要团结起来互相支援的必要性；另一方面是由于欧洲资产阶级联合各种反动势力残酷镇压国内外革命运动，从而激发了各国工人阶级团结战斗的愿望。

1864 年成立的国际工人协会（即第一国际）是各国工人组织首次成功实现工人运动国际联合的体现。“世界博览会”和针对波兰民族起义被镇压的抗议活动直接促成了这一组织的成立。1862 年，在伦敦举办的世界博览会，为各国工人及其组织的交往与联系提供了有利机会。300 多名法国工人和 12 名德国工人在参观博览会期间，与英国工会运动活动者们进行了会面，并就成立工人国际的计划进行了探讨。1863 年，波兰人民的起义唤起了欧洲无产阶级广泛的同情和支持。英国和法国工人合作，在伦敦组织了群众大会，抗议沙皇俄国对波兰人民起义的血腥屠杀，并声援波兰独立。同时，两国工人代表进一步讨论了组建一个国际组织的问题。1864 年 9 月 28 日，英、法、德、意、波兰和爱尔兰等国工人代表，在伦敦圣马丁教堂举行了盛大的国际性会议。经过各国代表的热烈讨论，一致决定成立国际性工人组织，即第一国际，总部设在伦敦。协会的《共同章程》规定，加入国际工人协会的工人团体，在彼此结成亲密合作的永久联盟的同时，将完整保存自己原有的组织。这样，第一国际的组织结构中不仅包括各支部和联合会，也包括形形色色的保留了各自名称的工人组织，如工人教育协会、职工会、工人合作社、互助会等。第一国际派出代表在各大工人团体中宣传自身的建会原则，在各国建立支部并引导各国工人开展革命活动，注重把经济斗争和政治斗争有机地结合起来，强调应积极地向各国无产阶级传播科学社会主义思想。

第一国际从 1864 年到 1876 年只存在了 12 年。在此期间，该组织在欧美 17 个国家建立了支部，广泛传播了马克思主义。第一国际在支持和领导各国无产阶级的实际斗争中，为无产阶级制定了对待国家、工会、合作社、民族殖民地等问题应坚持的路线，极大地促进了各国工会运动的发展。在第一国际内部，通过与对工会运动产生较大影响的工联主义、蒲鲁东主义和巴枯宁主义等机会主义和分裂主义的斗争，扩大了马克思主义在国际工会运动中的影响。第一国际通过加强国际团结和工人教育影响了欧美各国的无产阶级，各国工人在罢工斗争中，特别是在普法战争和巴黎公社期间充分体现了互相援助、团结一致的国际主义精神。与此同时，第一国际培育了大批革命骨干，积累了丰富的组织工作经验，极大地推动了各国工人运动的发展，从而为各国无产阶级建立自己的独立政党奠定了基础。

三、1871 年至 1917 年十月革命时期的工会运动

法国巴黎公社革命是工人运动的一次创举，在国际工运史上占有重要地位。巴黎公社革命的爆发有着深刻的社会历史根源，它是在法国阶级矛盾和民族矛盾空前尖锐的形势下发生的，是巴黎工人运动长期发展的结果。1871 年 3 月 18 日，巴黎爆发了无产阶级革命，创建了人类历史上第一个无产阶级政权——巴黎公社。巴黎公社革命胜利后，无产阶级牢牢掌握手中的武器，在政治、经济和文化方面实行了一系列革命措施和政策，取得了令世人瞩目的成就。尽管它还处于萌芽状态，还不成熟和完备，但它代表着人类社会前进的方向。巴黎公社虽然仅仅

存在了72天，但它具有划时代的意义，正是由于巴黎工人的斗争，工人阶级反对资产阶级及其国家的斗争才进入了一个新阶段。19世纪70—90年代，西欧、北美多国的资产阶级战胜了封建势力，取得了统治地位，无产阶级和资产阶级之间的矛盾也成为社会主要矛盾。这些国家的无产阶级日益觉醒，工会运动不断高涨，工会组织得到迅猛发展，工人阶级普遍建立了自己的政党。

这一时期，各民族国家内相继成立了一批群众性的社会主义工人政党。这些政党建立后，提出了改造资本主义和实现社会主义的各种主张，重视对工人进行社会主义教育和动员，领导工人进行经济斗争和政治斗争，推动工会运动走上了独立发展的道路。

巴黎公社革命失败后，工会运动已经遍及欧美各民族国家，并逐渐扩大到中东欧和其他大洲。俄国、波兰、奥匈帝国的匈牙利、捷克和塞尔维亚等地的工人运动都有了初步发展，亚洲的日本和印度也出现了早期的罢工斗争，南非的工会运动也逐步兴起，工会运动的斗争水平和激烈程度都比前一个时期普遍有所进步和提高。

工会组织在工人阶级争取自身解放的斗争中，发挥了巨大作用。到19世纪80年代末期，欧洲各国、美国以及亚洲的一些国家几乎都出现了工会，许多国家还成立了领导工会的全国中心组织。工会之间的国际联系得到了加强和巩固，这些工会要求不仅在国家范围内，而且要在世界范围内把无产阶级组织起来。

工会运动在不同国家受到不同理论思潮的影响。在法国，无政府工团主义是工会运动中的一种主要思潮。无政府工团主义者反对社会主义者和知识分子在工人运动中发挥领导作用，否定政党的作用，要求无产阶级开展革命的暴力行动，以大罢工的形式来取代议会斗争和党派斗争。在工人的日常斗争中，他们运用罢工这一武器，并辅之以抵制和怠工。他们还主张，无产阶级在消灭资产阶级的同时也应消灭国家，直接过渡到没有统治者的企业和自由生产者状态。尽管无政府工团主义最后未发展成为一股世界性的思潮，但它在许多国家的劳工界影响巨大，其影响在南欧、北美等国持续了相当长的一段时间。

工联主义是工会运动中一种重要理论，它起源于英国。工联是英国各同业工会联合会的简称，对英国工会运动的发展起了重要作用。但到了 19 世纪 80 年代，工联完全处于熟练工人及其领袖的控制之下。他们不愿意接受马克思主义者和宪章运动者的革命思想。在保守领袖的领导下，英国工会丧失了其早期富有战斗性和激进性的品质，而是积极建立合作社和“友好会”等福利制度来救助患病、失业的工人以及死亡工人的家属，反对工人为争取提高工资而罢工。工联主义在整个资本主义国家的行业工会主义者中相当流行。德国、保加利亚、美国等国主张工联主义的工会均采取这种“自助式”的保护措施，认为这些福利制度是保持和推动工会组织发展壮大不可缺少的东西，这些制度数量越多、规模越大，越有利于工会组织的发展。

垄断资本主义的形成和逐步发展，对工会组织的存在和发展，特别是对工会的组织形式提出了挑战。为应对产业集中和垄断资本形成带来的挑战，工会的组织形式发生了重要变化。过去的行业工会已经不是日益庞大的资本组合的对手了。由于分工精细化，熟练工人在工业中的地位已经下降。大企业雇主拥有巨额储备金，政府控制着大量半熟练的无组织工人，并且能够组织大量专门破坏罢工的人。因此，熟练工人反对雇主的罢工行动所能产生的效果已大为削弱。解决这个问题的办法之一是成立产业工会，并在此基础上把工人运动重新组织起来。产业工会运动不仅是建立更有效的战斗组织的手段，而且能有效缓和行业工会在管辖权上时常发生的冲突，同时还能吸引广大半熟练和非熟练工人（其中女工人数很多）参加工会。德国的工会是较早出现的产业工会发展潮流的典范，由于产业工会的发展，1891—1914 年，德国全国性的工会从 62 个减少到 46 个，但是会员总数在同期却从 30 万人增加到 255 万人。

1889 年，在欧美工人阶级政党普遍建立的基础上，第二国际成立了。第二国际在广泛积聚革命力量、传播社会主义思想、捍卫国际工人阶级的利益和推进工会运动与民族解放运动相结合等方面做了许多工作。在第二国际时期，工会运动获得了空前发展。更多国家的工会在这一时期争得了组织工会的合法权利，许多国家的劳动立法和工人福利也是在这个时期通过斗争获得的。例如，第二国际巴黎代表大会（1889 年）通过了为争取国际工人合法权益制定劳工法的决议，其主要内容包括：实行八小时工作制，禁止雇佣未满 14 岁的童工，未满 18 岁的男女青工的工作时间不得超过六小时；禁止在有害妇女身体健康的生产部门雇佣女工；工人不分性别、民族，一律同工同酬，等等。其他例子还包括 1904 年新西兰颁布了《集体谈判法》、1919 年法国颁布了《集体劳资协议法》等。值得注意的是，新西兰是世界上最早制定单独的集体谈判法的国家。大量劳动立法的出台，是工人运动的直接成果，它反映了劳资力量对比变化和社会进步的要求。经过多年艰苦斗争，工人和工会运动的社会条件逐步得到改善。1914 年，第二国际破产，给工会运动留下了深刻的教训。

19 世纪末 20 世纪初，以列宁为首的一批俄国革命家把马克思主义与俄国工人运动结合起来，于 1903 年在俄国建立了一个新型的无产阶级政党——布尔什维克党。俄国工人阶级在布尔什维克党的领导下，进行了反对沙皇专制制度的 1905 年革命。

俄国工人阶级在革命中经受了锻炼和考验，并获得了许多有价值的经验和教训。1905 年革命对国际工人运动发展有着极大的意义，它结束了自巴黎公社失败以来欧洲社会的和平发展时期，促进了欧洲工会运动的高涨和亚洲被压迫人民的觉醒。

在俄国革命的鼓舞下，欧洲许多国家的工人奋起为争取自身解放而斗争。他们在大城市成群结队地进行游行示威，仿效“俄国的方法”，进行反对本国资产阶级政府的斗争。罢工斗争、群众集会、示威游行和为俄国死难者募捐成为这些国家工人们的普遍行动。工人运动从纯粹的合法斗争形式转向群众性直接的行动，冲击了资产阶级及其国家机器，有的甚至转向接近于内战的斗争形式。

1917 年俄国的十月革命，开创了俄国历史的新纪元，也开创了世界历史的新纪元。俄国人民在布尔什维克党的领导下，为巩固新生的苏维埃政权、恢复和发展国民经济进行了艰苦卓绝的斗争。列宁创造性地提出了关于社会主义建设的理论，从而丰富和发展了马克思主义，为国际工会运动的发展做出了重要贡献。

在此期间，布尔什维克党内的托洛茨基挑起了关于工会问题的争论，争论的焦点在于工会在建设社会主义中的作用。这场争论涉及了前所未有的社会主义工会理论和实践。在争论中，列宁阐述了有关社会主义工会理论的一系列重要观点。列宁指出，党同托洛茨基等人在工会问题上的真正分歧是对待群众、掌握群众、联系群众的方法问题上的分歧。列宁指出，工会是工人阶级最广泛的群众性组织，它在实现无产阶级专政中起着非常重要的作用，但工会却不是国家组织，不是实行强制的组织。它是一个教育的组织，是吸引和训练工人的组织，是共产主义的学校。工会是党联系群众的纽带，党通过工会领导非党员的工人群众，启发、教育和培养这些群众，使每一个工人认识到提高劳动生产率的重要性。工会的活力表现为广泛发扬工人民主，同官僚主义和命令主义作斗争。工会要关心工人的物质利益和文化生活，说服的方法应是工会活动的基础。

四、1917 年至第二次世界大战前的工会运动

在十月革命的影响下，1918—1923 年，欧洲爆发了强大的无产阶级革命风暴，亚洲的殖民地和半殖民地国家掀起了民族解放运动的高潮。革命形势的发展加速了工人运动内部的分化，社会民主党内的左派力量开始发展壮大。他们迫切要求彻底摆脱第二国际机会主义政党的影响，提出了建立独立的新型无产阶级政党的要求。于是，第一批共产党组织先后在欧美几个国家诞生了。通过各国革命左派，尤其是列宁所做的大量工作和多方努力，一个共产党的新的国际组织——共产国际应运而生了。

共产国际是继第一国际和第二国际之后工人运动中成立的又一个国际组织，也称作第三国际。共产国际从 1919 年 3 月成立到 1943 年 6 月解散，在其存在的 24 年时间里，对国际工人运动的发展产生了极大影响。

1924—1929 年是资本主义经济和政治相对稳定的时期。在这一时期，十月革命后出现的欧洲无产阶级革命高潮已经结束，资本主义国家的经济获得了一定的恢复和发展。资产阶级在政治上实行“民主主义”，在经营管理上实行“产业合理化”，同时开始使用新的方式调整劳资关系。在这种社会环境下，工会运动内部的改良主义日渐盛行。这一时期，工会运动主要是为争取改善劳动和生活条件、维护民主自由权利等工人的切身利益而斗争。

1929—1933 年，资本主义世界爆发了一场严重的经济危机。这次经济危机以 1929 年 10 月美国发生交易所倒闭事件为开端，并很快席卷了整个资本主义世界。经济危机使工人们失去了经

过多年斗争得来的经济成果，也使资本主义制度固有的矛盾尖锐起来，从而导致了政治危机。

1934—1939 年是资本主义世界经济危机结束到第二次世界大战爆发前的时期。在这一时期，法西斯主义猖獗，在欧洲和亚洲形成了两个战争策源地。面对法西斯发动战争的危险，共产国际提出建立反法西斯人民阵线的口号。各国工人运动趋向统一，在法国出现了人民阵线政府，西班牙进行了民族革命战争，亚洲和拉丁美洲的工人运动也有所发展，中国人民坚持抗击日本侵略者，成为亚洲反抗日本法西斯侵略的主力。但在法西斯国家却出现了被法西斯控制的劳工组织。在德国，希特勒分子摧垮了工会，没收了工会财产，把工会领导人关进集中营，法西斯政府成立了德国“劳动阵线”来代替工会。在这个时期，红色工会国际联合会、阿姆斯特丹工会国际以及国际天主教工联实行了不同的政策，在国际工会运动中发挥了不同的作用。

第二次世界大战爆发后，各国人民奋起投入反法西斯战争，工人阶级站在了反法西斯战争的最前列。在法西斯统治和占领的国家，工人阶级采取罢工、游行等形式进行反抗斗争，沉重打击了法西斯势力，为赢得世界反法西斯战争的伟大胜利作出了重要贡献。

第二节 当代国际工会运动历史概况

当代国际工会运动主要是指第二次世界大战结束至今的世界工会运动。第二次世界大战结束之后，国际工会运动的基本格局逐渐形成，整个世界工会运动基本上由三个部分构成：第一部分是发达资本主义国家的工会运动，这些国家的工会运动是一种典型的资本主义市场经济条件下的工会运动；第二部分是原苏东地区国家的工会运动；第三部分是发展中国家的工会运动，这些国家的工会运动由于兼有争取和维护民族独立与发展及维护劳工权益的双重任务而显示出独有的特征。各类不同国家的工会运动既有共同之处，又有各自的特点。

当代国际工会运动不是孤立发展的，而是以第二次世界大战以来世界经济和政治发展为背景，其发展状况直接受到各历史阶段政治经济状况的制约，尤其是战后突飞猛进的科技革命以及国际关系的演变，对工会运动的内容和形式产生了极其重大且深远的影响。

战后国际工会运动大体上经历了五个发展阶段。

一、战后初期至 20 世纪 50 年代初的工会运动

这一时期对大多数国家来说是医治战争创伤和恢复国民经济的时期，也是各国工会运动的恢复时期。在联邦德国、日本和意大利，肃清法西斯制度的残余和影响，恢复工人阶级在战前已取得的权益是这些国家工会的主要任务。对于美国、英国、法国等战胜国的工会来讲，在这个时期的任务和活动与上述国家有所不同，其主要任务是为创建国内民主制度和维护本阶级的权益而斗争。

战后初期也是西方发达资本主义国家的工会在社会、政治、经济领域取得许多重大成果的时期。英国在工会的影响下实行了广泛的国有化并率先建成了“福利国家”，北欧国家也出现了类似情况。一些国家通过了新的劳工立法，如日本在 1945 年 12 月制定了《工会法》，并于 1946 年颁布实施，宣布工会活动自由；意大利在 1947 年通过的《意大利共和国宪法》，规定劳动者有权通过自己的政党参与管理国家，有权参与管理生产。不少国家建立了企业的工人代表机构，如意大利的管理委员会、联邦德国的企业职工委员会等，这些机构在各国经济恢复时期发挥了积极作用。

战后初期，苏联和东欧国家的工会运动得到迅速恢复和发展，这些国家都建立了共产党领导下的人民民主政权，共产党和社会民主党合并建成统一的工人阶级政党，工会运动也实现了统一。苏联和东欧各人民民主国家的工人阶级和工会以极高的革命热情投入恢复经济的巨大努力之中，对国家的经济恢复作出了极大贡献。在实行民主改造以及巩固人民民主政权方面，工会发挥了重大的作用。此外，在这一过程中，苏联社会主义建设的政治经济体制以及工会工作的单一模式对东欧各国工会运动产生了巨大影响，东欧国家的工会工作普遍仿效和搬用了苏联工会工作的模式。20 世纪 50 年代初期，东欧国家发生的几起罢工事件，初步暴露了照搬苏联模式的弊端，也反映了东欧工会运动发展的新动向。

战后初期同时也是第三世界各国人民民族民主运动空前高涨的时期。民族解放运动在这个时期普遍兴起，许多国家的工人阶级为维护自身权益所进行的经济斗争往往发展成为反对殖民统治的政治斗争，工人阶级的经济、政治斗争也成为全民反殖斗争的重要组成部分。战后民族解放运动首先在亚洲和非洲兴起，工人阶级及工会组织在斗争中起了重要作用。它们参加了反对殖民的战争、争取和保卫民族独立的斗争，同时为改善劳动者劳动、生活条件进行了积极的努力。拉丁美洲各国在这个时期的首要任务是争取国家在政治经济上的完全独立，拉美的工会运动此时也得到迅速发展，工人阶级人数迅速增加，政治地位明显提高，罢工频繁，工会组织纷纷建立。

在各国人民的反战联合倾向的影响与推动下，1945 年 10 月，世界工会联合会（简称“世界工联”）宣告成立。世界工联不分种族、国籍、宗教和政治信仰，把分属不同派系的全世界 90%的工人联合起来，其成立标志着国际工会运动有史以来达到了空前广泛的团结统一。在成立之后的头三年多的时间里，世界工联对推动各国工会运动的发展起了积极的作用。

与此同时，美国为达到称霸世界的战略目标而全面推行冷战政策，加剧了社会主义、资本主义两大阵营之间的对立与抗争，国际工会运动的发展也受到了当时国际关系基本格局的制约。1949 年 1 月，世界工联领导机构因在“马歇尔计划”问题上产生严重分歧而发生分裂，美国产业工会联合会、英国职工大会、荷兰工联等 20 多个工会退出世界工联。同年 12 月，这些工会和美国劳工联合会等一起自行成立国际自由工会联合会（简称“国际自由工联”）。由于同时存在的受天主教影响的世界劳工联合会（简称“世界劳联”）产生的影响十分有限，自此国际工会运动形成了以苏联和东欧国家工会为主体的世界工联和以西方发达国家工会为主体的国际自由工联两大国际性工会组织两极对立的格局。

二、20 世纪 50 年代初期到 70 年代中期的工会运动

这一时期是西方发达国家经济发展的“黄金时代”。在此基础上，通过各国工人阶级及其工会组织开展的不同形式的斗争，工人群众在改善自身物质福利方面取得了重大成就，生活水平普遍获得较大提高，西方各国基本上都建立了比较完备的社会保障制度。

20 世纪 50 年代中期以后，苏联和东欧国家的工会运动进入动荡和转折时期。苏共二十大给各国的工会运动带来了巨大影响，接连不断的社会政治危机使积聚已久的矛盾公开暴露出来，导致东欧一些国家频繁发生工人示威抗议事件。波匈事件震惊寰宇，影响深远。反思历史、探索改革，成为这一时期苏联和中东欧国家工人运动的显著特征，各国先后把经济体制改革提上议事日程，率先改革的匈牙利推行工会改革，为各国提供了启迪。

第三世界国家在这一时期基本推翻了殖民统治，非洲大多数国家开始发展民族经济，亚洲各国的民族独立斗争继续深入发展，拉美民主运动也取得了重大胜利。相继独立的民族和民主国家在20世纪60年代中期还组成了政治经济集团，如不结盟运动、“七十七国集团”等，显示了第三世界的强大力量。在此背景下，第三世界各国的工会运动也获得了蓬勃发展，为争取国家独立解放和民族经济发展作出了重要贡献。各国工会要求在发展民族经济的同时，维护工人阶级权益和改善职工生活。在这一时期，第三世界工会运动的主要斗争形式是举行罢工。在非洲和拉丁美洲，非洲工会统一组织（简称“非工统”）、拉美工人中央工会等区域性工会组织十分活跃，区域性工会运动蓬勃发展。

三、20世纪70年代中期至80年代末的工会运动

20世纪70年代前期，西方发达国家由于受到两次严重的经济危机的冲击，陷入了长期的经济低速增长时期，这两次经济危机还引发了长期无法解决的通货膨胀和严重失业两大难题。20世纪70年代以来，由于第三次科技革命深入发展，各国促进充分就业困难增加，社会经济生活也发生巨大变化。在新的历史条件下，西方发达国家的工会运动不仅在斗争的内容要求与方式上发生了不同于以往的重大变化，还面临着一系列难以解决的问题。失业被称为“头号社会病”，资方在集体谈判中咄咄逼人，工会则处于守势，不敢轻易发动罢工，工会的组织率也不断地下降，工会运动面临严峻挑战。

20世纪70、80年代以来，苏联和东欧各国的工会运动在全面改革的浪潮中探索前进。1980年爆发的波兰罢工潮以及“团结工会”事件，使社会主义各国都受到极大的震动，改革成为这些国家的大势所趋。20世纪80年代中期，苏联和东欧各国推

行政治经济体制改革，且普遍将工会改革作为政治体制改革的一项重要内容，以期加快本国的政治民主化进程。工会组织积极投身于国家经济政治体制改革，积极探索工会自身改革的道路。各国工会普遍认为，要克服传统模式造成的“官办工会”形象和严重脱离职工群众的状况，工会面临严峻的挑战。与此同时，这些国家也开始改变对工会的看法，提出工会应独立自主地开展活动，政府和工会是平等伙伴。但由于政治经济体制整体未发生变化，因此工会在这些涉及根本性的问题上还难以有所作为。

20 世纪 70—80 年代，第三世界国家面临的首要历史任务是发展民族经济和巩固政治独立。这一时期，第三世界国家经济形势严峻，有些国家甚至还在恶化。许多国家工人失业率或半失业率高达 40%左右，一些国家通货膨胀率达三位数，工人实际收入减少。在这种情况下，第三世界工人及工会进行了不懈的斗争，通过罢工和各种形式的参与制度来维护自身权益。进入 20 世纪 80 年代后，经济发展问题在第三世界国家显得特别突出。亚非拉地区各国工会要求建立平等合理的国际经济新秩序，并提出工会有权参与一切有关发展问题的讨论与决定。此外，这些国家的工会组织还开展了反对独裁统治和捍卫民主制度的强大的斗争活动。

四、20 世纪 90 年代的工会运动

东欧剧变和苏联解体后，国际工会运动的各种力量处于急剧的动荡、分化和重新组合之中。国际自由工联极力在国际工会运动中谋求全球工人代言人的地位，世界工联发展面临重重困难，世界劳联在价值观上与国际自由工联接近，欲与其合并成立新的国际工会组织。欧洲工会联合会、非洲工会统一组织（简称“非工统”）、独联体总工会联合会等区域和次区域工会

组织在区域劳工事务中发挥着重要作用。中国工会和一些不结盟国家的工会坚持独立自主的立场，其影响也在不断扩大。

20世纪90年代，在经济全球化加速发展的形势下，西方发达国家工会运动呈现出如下的特点：一是西方国家工会处境困难，各种劳工问题有增无减。西方国家工会普遍面临严峻的就业形势，社会福利和工资被进一步削减，经济调整未能给工人带来实惠。二是西方工会运动发生深刻的变化，工会运动在变革中寻求出路。为适应社会和政治经济结构的变化以及国际形势格局的调整，西方工会积极进行改革和调整：一是工会继续扩大活动范围，从收入分配领域逐步扩大到更广泛的领域，以确保工人的权益。二是为扩大会员基础，增强工会在国家政治经济生活中的影响，工会组织对活动方式也进行了调整，开始淡化与政党的关系和意识形态色彩，提出了“超越集体主义的工会运动”、“战略工联主义”、“劳动者运动”等口号。这些口号反映了当时西方工会运动的新探索。与此同时，出现了工会工作企业化、工会权利个人化的倾向。企业跨国经营使得企业一级的工会工作变得更加重要，许多国家的工会开始调整相关活动政策和方式以适应工会工作新形势。三是随着经济区域化和全球化发展，区域性工会组织的作用不断加强。北美自由贸易区的建立和欧洲一体化的继续发展使得这两个区域的工会组织得以成立并不断发展。欧洲工会联合会在推动欧洲社会立法方面取得了较大的进展。1994年的欧盟就业与社会事务部长会议通过了关于建立欧洲企业委员会的法令。美国、加拿大和墨西哥的工会加强了联系，建立了定期会议制度，共同监督劳动法实施情况。四是西方发达国家工会的经济保护主义日益突出。西方一些发达国家的工会把失业归咎于发展中国家，认为西方国家的雇主要么降低国内雇佣工人的工资水平，要么直接把工厂转移到发展中国家，导致了本国工人就业机会减少，因此反对自由贸易，比如美国工会指责《北美自由贸易协定》会夺走20万个美国工人的就业机会。西方国家工会还认为自由贸易导致了西方社会两极分化加剧，要求发展中国家遵守“国际劳工标准”以实现公平发展。

东欧剧变和苏联解体使社会主义运动受到强烈冲击，苏东国家的工会运动发生了转折性的变化。首先，随着各国共产党丧失执政地位，原来由共产党领导的全国统一的工会组织发生分裂，不少传统工会纷纷解体或彻底改组，并更改了名称。同时，一大批新的独立工会涌现出来，工会运动出现了多元化发展，工会力量日趋分散。但之后几年，随着杂乱而分散的多元化工会运动暴露出越来越多的问题，特别是工会的实力遭到削弱，这些国家的工会出现了重新联合的趋势。其次，这些国家的工会组织在组织原则和体制结构上发生了根本性的转变，特别是在组织原则、工会职能、工会与党和国家的关系及工会对外交往等方面发生了巨大变化。

与此同时，发展中国家的政治经济形势发生了巨大的变化，许多发展中国家出现了政治多元化、经济自由化的趋势，这对工会运动产生了巨大影响。发展中国家的工会运动主要面临以下几个问题：一是国家政治多元化导致了工会组织的分裂，从而造成了工会运动的被动局面；二是经济自由化在相当程度上动摇了工会的组织基础，造成了会员的减少，工会的社会地位下降；三是工会或多或少地疏离了政府或政党，在工会运动中表现出更多的独立性；四是大多数发展中国家的工会面对困难形势积极调整对策，力争更好地维护职工利益，并在国家经济社会生活中发挥更加重要的作用。

五、21世纪以来的工会运动

进入21世纪以来，国际工会运动陷入低潮。随着经济全球化深入发展，由国际垄断资本倡导和推行的新自由主义在全球泛滥，不仅深刻影响了国际经济领域，而且对各国工人和工会造成巨大冲击，工会运动面临就业岗位不足，国与国之间和各国内部贫富差距扩大，工会规模、影响力和作用受到削弱等新情况。具体表现：一是失业问题严重，工人就业形势严峻，工会处境艰难；二是政党政治右倾化继续发展，工会不断丧失政治影响力；三是无力面对经济社会问题，工会群众基础受到削弱，导致工会组织率下降，工会权利遭到侵犯。

在这种形势下，国际工会运动出现了新的趋势：一是工会的斗争目标转向体面劳动，二是工会代表和维护的对象从一部分工人转向全体工人，三是工会工作的基本理念从工联主义走向战略工联主义，四是工会维护工人权益的格局从一国范围走向更广泛的工会联合以及同其他社会组织合作。工会谋求在区域和全球范围的联合。在区域范围内，各国工会开展多种形式的对话和合作，建立和加强区域性工会组织。它们彼此协调立场，相互支持，开展联合行动，同区域性经济组织对话，维护工人权益。2002 年，非洲联盟的成立有利于非工统进一步发挥作用。在全球范围内，经过多年的酝酿和协商，由西方工会主导的国际自由工联和以天主教会为背景的世界劳联于 2006 年 11 月宣布联合成立国际工会联合会（简称“国际工联”）。国际工联的成立，反映了在经济全球化迅速发展背景下工会运动的新的全球联合趋势，新组织的纲领、章程以及领导机构组成成员也反映了西方工会主导的力量在世界工会运动中的进一步扩张。

工会探索发展同其他社会组织和社会运动的合作。围绕共同性的问题，许多国家的工会同环保、女权、消费者权益、反种族歧视等社会组织和社会运动进行对话，开展合作和联合行动。工会开展同其他社会运动的合作，对工会参与推动社会变革、更好维护工人权益发挥了积极作用。

国际工会运动中的贸易保护主义倾向日趋明显。西方国家工会为了维护本国工人的就业，抑制发展中国家廉价商品出口，强调必须推行“社会标准”，要求把国际贸易同国际劳工标准挂钩，如果参与国际贸易的国家不执行国际劳工标准，则要求对其实行贸易制裁。发展中国家工会认为，西方工会以推行国际劳工标准为名推行贸易保护主义，有悖于国际工会运动的联合统一和合作。在这一时期，如何正确处理发达国家工人同发展中国家工人利益的矛盾，成为工会走向全球联合迫切需要解决的重要问题。

2007—2009 年，美国次贷危机爆发，并迅速演变为全球金融危机。2009 年全球经济增速为-2.2%，是第二次世界大战以来的首次负增长，各国企业包括许多跨国公司纷纷大幅裁员，失业率居高不下。国际金融危机给国际工会运动带来多重挑战。面对工会组织的罢工以及提出的反对裁员、增加工资、改善福利待遇和增加公共开支等要求，大多数国家政府采取压制态度和强硬手段。资方威胁工人接受更低的工资和更恶劣的工作条件，禁止工人加入工会和参加工会活动。工会内部矛盾在危机下凸显，国际工联和世界工联之间的矛盾依然存在，各国工会组织间缺乏有效的统一行动。工会和左翼政党在危机中各自为战、互不信任，难以开展真正的合作。金融危机下全球化的发展进一步削弱了工会国际联合的力量，资本与劳动的力量不平衡加剧，政府和资方拯救经济的计划加剧了资本对劳动者的利益的侵害。国际工联、世界工联等有较大影响力的工会组织普遍认为，工人不应为危机买单，工会运动应更加积极地为工人争取体面工作和劳动的机会。

2014 年，国际金融危机影响持续蔓延，世界经济总体增长乏力，复苏进程依然缓慢。一是制约工会经济社会影响力的因素明显增多。高失业率造成发达国家工会入会率普遍下降，会员人数减少，工会力量遭到削弱。政府为尽早摆脱危机阴影，实行财政紧缩政策，一方面通过修改劳工立法弱化罢工权、集体谈判权，另一方面通过强化对工会活动经费的审计限制工会权利，削弱工会在国家政治中的影响。政治经济动荡使工会难有作为。埃及等中东地区国家工会继续遭到削弱，俄罗斯独立工联受西方制裁、卢布暴跌、物价上涨等因素影响，难以发挥应有作用。二是理性依法维权成为趋势。全球经济低迷导致劳资矛盾更加突出，德国、比利时、印度尼西亚等国爆发了全国性罢工和示威抗议活动，反对政府经济政策，要求公平分享国家经济发展成果。工会组织在处理劳资矛盾时更加理性，不再轻易选择罢工，而是更加关注罢工的效果和影响，维权手段更趋协商化、依法化。工会认识到必须根据国家经济增长和企业发展实际状况，制定合理的谈判目标，所提出的工资要价更趋务实。三是工会运动中的利益保护主义增多。发达国家与发展中国家工会之间的矛盾仍然突出，发达国家工会要求发展中国家政府和工会建立高水准的劳工标准，同时减缓或阻止本国资本流向发展中国家；跨国资本和生产新一轮转移造成同质竞争增多，发展中国家工会和职工质疑和抵制相互间的投资、货物等经贸关系；经济结构调整造成行业工会力量消长变化较大，导致行业工会利益差别扩大，影响工会团结。四是国际工运格局中多种力量博弈。国际工联继续推行全球战略，参与全球治理机制，高度重视并努力争取参与二十国集团和亚太经合组织等全球治理机制进程，以宣传工会的理念和主张。国际工联更看重利用新兴大国工会影响新兴大国政府，以便提高参与全球治理的合法性和有效性。世界工联面临组织和财政状况双重危机，在国际劳工组织中的代表性和话语权在削弱。非工统受到来自国际工联区域组织的挤压，在保持非洲的团结和独立中寻求发展。国际工运形势复杂多变，矛盾和斗争尖锐，继续朝着多极化方向发展。

2016年以来，全球金融危机深层次影响仍在继续，经济复苏缓慢而艰难，全球就业总体态势依然严峻。世界面临的不稳定性和不确定性增加，金融风险、贸易保护主义、全球治理滞后等问题突出。新自由主义的改革实践不断削弱保护工人权利的制度基础，新技术革命催生大量新就业形态劳动者并弱化劳动关系，持续冲击工会组织活动能力。工会会员持续流失，工会入会率整体下滑，集体谈判覆盖面持续降低。工会组织在更高层面和更大范围推进体面劳动的理念和主张。2016年第105届国际劳工大会提出，工会要参与全球供应链的讨论和管理，推动可持续发展、包容性经济增长以及为所有人提供体面劳动。国际工联、世界工联等工会组织加强在新兴行业的组织建设，积极实施面向劳动者尤其是青年工人的技能培训计划以应对数字经济革命对劳动者的影响。国际网络工会等国际产业工会组织倡导和推动跨国公司签署国际框架协议，落实劳工标准，规范跨国企业劳动用工行为。

2018年，工会运动更加注重通过参与国际多边机制和影响相关劳工政策、规则和标准，进一步巩固全球工人代表地位，推广工会的理念和主张，努力提升工会在改善全球治理、应对技术变化、加强供应链治理等领域的话语权和影响力。2019年，国际劳工组织迎来了成立100周年，劳动世界面临着由技术创新、人口结构转变、环境与气候变化和全球化所驱动的根本性变革的深远影响。同年6月召开的第108届国际劳工大会通过了《国际劳工组织关于劳动世界的未来百年宣言》，为构建更加美好的劳动世界未来提供行动指南。

进入21世纪以来，在改革开放和发展中国特色社会主义的进程中，中国工会在中国共产党的坚强领导下，全面履行工会的社会职能，致力于创建社会主义和谐劳动关系，主动应对经济全球化深入发展，积极拓展国际舞台，扩大国际影响，不断把党的理论创新成果与工会实践相结合，继承和发展马克思主义工运理论，形成了中国特色社会主义工会发展道路的理论和实践，在国际工会运动中树立了成功典范。

为应对全球化对工会运动的挑战，2004 年 10 月，中华全国总工会与世界工联、非工统、阿拉伯工会国际联合会（简称“阿拉伯工联”）、独联体总工联等工会组织共同发起举办了首届“经济全球化与工会”国际论坛。截至 2014 年，论坛共举办了 10 届。论坛立足经济全球化背景，紧扣工会与消除贫困、构建和谐劳动关系、体面劳动、应对国际金融危机、提升劳动者素质、尊重劳动创造等工会运动中的热点问题和重大关切，在促改革、谋发展中增进世界各国劳动者的利益，成为不同社会制度和意识形态的工会组织开展多层次、多渠道平等对话与交流的重要平台，为增进各国工会的相互理解与合作、促进实现社会公平正义与劳动者体面劳动、推动世界经济平稳健康发展发挥了积极作用，是国际工会运动加强交流、扩大合作的成功探索和实践，在国际工运中产生很大反响。

2020 年以来，新冠肺炎疫情暴发并在全球迅速传播，对劳动世界产生巨大影响。国际工会运动面临失业人数增加、工人有薪工作时间减少、劳动收入下降、职业安全健康风险增加等多重挑战。各国工会组织在应对疫情冲击中发挥了积极作用。工会更加重视通过集体谈判保护劳动者，推动政府实施新的可持续发展计划，通过社会对话与雇主签订劳动者救济与援助协议，保障就业机会和劳动者生活收入，维护劳动者职业健康安全权益，并通过提供法律援助等手段支持帮助工人及其家人。此外，工会组织还积极应对数字经济变革和气候变化带来的挑战，呼吁政府加强、调整和落实全面就业政策框架，面向所有劳动者提供社会保护，推动非正规就业向正规就业转型，确保在后疫情时代实现包容性、可持续、有韧性的以人为本的复苏和人人享有体面劳动。

2022 年 10 月，中国共产党第二十次全国代表大会在北京召开。中国工会先后收到来自世界工联、非工统，以及越南、柬埔寨、巴西、葡萄牙等 36 个国际、区域及国家工会组织发来的贺信贺电，祝贺党的二十大胜利召开，祝贺习近平同志再次当选中共中央总书记。国外友好工会组织领导人一致表示，相信中国在习近平总书记的领导下，坚持以习近平新时代中国特色社会主义思想为指导，一定会在全面建设社会主义现代化国家、以中国式现代化全面推进中华民族伟大复兴的新征程中取得更大成就。

思考题：

1. 国际工会运动的主体是什么？
2. 国际工会运动的历史阶段是如何划分的？
3. 当代国际工会运动与世界政治经济发展状况的关系是怎样的？
4. 进入 21 世纪后，国际工会运动呈现了哪些新特点？

第二章　亚太地区工会运动概况

亚太地区各国由于政治、经济、历史和文化等方面的差异，工会运动呈现出不同的发展历程和现状特点。殖民地历史对亚太各国工运发展产生很大影响，有些国家的工会运动因与独立运动相结合，而带有很强的政治色彩。一些国家在经济取得一定的发展之后，工会运动才逐渐开始活跃。总体来看，亚太地区经济欠发达国家居多，工会运动发展比较缓慢。本章第一节主要介绍亚太地区工会运动的历史，以及工会运动的主要特点和面临的问题挑战；第二节重点介绍亚太地区四个区域性工会组织的主要情况；第三节按照地理区域划分，分别从东亚、南亚、东南亚、西亚以及太平洋地区各选取一个国家的工会组织进行重点介绍。

第一节　亚太地区工会运动历史和现状

在多元化背景下建立的亚太各国工会组织各具特点，各国工会运动复杂多样、差异明显，但同时各国工会又面临着很多共同的问题和挑战。

一、亚太地区工会运动历史

与欧洲相比，亚洲工人阶级形成的进程较为缓慢，直至20世纪初期，一些国家的工人阶级才逐渐形成。由于工业化发展较欧洲晚，在亚洲工人阶级结构中，产业工人较少，手工业工人、非熟练工人、女工和童工所占比例较大，且大都遭受帝国主义、封建主义和官僚资本主义的三重压迫和剥削。因此，第二次世界大战结束后，亚洲率先掀起民族解放运动的高潮，工人运动作为最广泛最坚定的群众运动，同民族解放运动紧紧交织在一起，民族解放运动成为当时工人运动的首要内容。

从第二次世界大战结束到 20 世纪 50 年代初期，很多亚洲国家先后赢得独立，尽管美英等国推行冷战政策，使亚洲各国的工人运动遭受不同程度的镇压，但在反抗殖民统治、争取民族解放和国家独立的运动中，亚洲各国工人阶级仍然发挥了主力军作用。这个时期，亚洲工人运动通过开展包括武装斗争在内的各种斗争形式，全力投入争取民族解放的运动，并着手建立工人阶级的政党与工会组织。在印度，战前印度工人阶级饱受英国殖民当局的剥削与压榨，战后又遭受经济恶化之苦，在走投无路的情况下，掀起了反抗英国殖民统治、争取民族独立的斗争。1950 年 1 月 26 日，印度宣布成为主权共和国，印度工人阶级和广大人民群众经过长期艰苦卓绝的斗争终于迎来了国家独立的最后胜利。中国、印尼、菲律宾、巴基斯坦、马来西亚、新加坡等亚洲国家的工人阶级也都为争取本国的民族独立和解放作出了重大贡献。

20 世纪 50 年代中期以后，赢得独立的绝大多数亚洲国家，经济也随着政治上的独立而获得迅速发展，成为当时世界上经济增长最快的地区之一。中国、朝鲜、越南在工人阶级政党领导下，经过民主革命，进入了社会主义革命和社会主义建设阶段。工人阶级已从反对内外反动势力的压迫和奴役，争取民族独立，转变成为为社会主义建设而奋斗。社会主义国家以外的亚洲发展中国家，执政的还是代表资产阶级和其他剥削阶级利益的政党，阶级剥削和压迫的社会状况并没有本质变化，这些国家的工人阶级面临巩固民族独立成果、发展民族经济，以及提高工资、改善生活条件、争取政治上的民主权利的双重任务。

20 世纪 70 年代，资本主义世界发生了两次石油危机，为了补救经济危机所造成的损失，西方国家极力向发展中国家转嫁危机的恶果，造成亚洲各国收入减少，一些国家债台高筑。经济发展上的重重困难，给亚洲地区的工人运动带来了极为不利的影响。许多国家的统治当局为维护本阶级的统治，加强了对工人阶级的压制，工人运动陷入低潮。在印度，面对经济困难、社会动荡的局面，国大党加紧了对工人运动的限制和镇压。英迪拉・甘地政府颁布了一系列反对及禁止罢工的法令和条例，对工人运动采取了步步紧逼的措施。印度工人阶级面对困境，在各工会的领导下举行联合抗议集会、示威游行和请愿，反对政府颁布的罢工禁令，要求改善生活条件，争取工会的民主权利。与印度一样，巴基斯坦、印尼、孟加拉国、泰国等国的工人阶级也为维护经济利益多次发动大罢工，亚洲工人阶级迎着困难，继续坚持不懈地斗争。为从根本上消除发达资本主义国家对亚洲发展中国家的控制、剥削与掠夺，许多亚洲国家的工会组织还积极参与争取和平与促进发展的国际性活动，为打破旧的国际经济秩序、建立国际政治与经济的新秩序而奋斗。

20 世纪末 21 世纪初，经济全球化不断发展演进，亚洲各国在克服经济危机后，迎来新的经济增长阶段，特别是中国和印度的高速发展令全球瞩目，21 世纪被誉为“亚洲的世纪”。

二、亚太地区工会运动现状

（一）工会运动的主要特点

亚太地区工会运动经历了独有的发展过程，受到政治、经济、文化、宗教、种族和社会习俗等诸多因素的影响，工会运动复杂多样，多元化是亚太工运最重要的特征。首先，多元化表现在亚太地区各国工运情况各有特点，尽管各国工会在政策主张和斗争方式上有共同之处，但各国工会运动的历程不同，发展程度并不一致，现实状况也迥然不同。其次，亚太地区国家工会组织多元化明显，比如印度、斯里兰卡、尼泊尔等国，同时存在多个全国性工会组织，反而存在单一工会的国家较少。这些工会与政党有深厚的历史渊源，工会的政策主张深受政党的影响，工会活动的内容与斗争方式也随着国家政治经济形势变化而发生变化。最后，多元化还表现在亚太地区工会运动的主体并不单一，由于国家间发展程度不同，开展工会运动的既有发达国家工会，比如日本、韩国、澳大利亚等国的工会，也有发展中国家工会，比如中国、越南等国的工会，还有一些欠发达国家的工会。另外，各国工会加入的国际组织也不尽相同，国际工联和世界工联在亚太地区都有各自的追随者。

长期以来，大国工会仍然是亚太地区工会运动的主导力量。日本、新加坡、印度和澳大利亚等国工会对亚太地区工运有着重要影响力，其政策主张在一定程度上影响甚至左右着本地区工运格局。当前，工运团结正逐渐成为亚太地区绝大多数工会的共同愿望，一些工会领导人呼吁加强地区工会团结，以便在经济全球化形势下更好地维护本地区工人的利益，但亚太地区还没有如欧洲、非洲和拉丁美洲那样形成一个统一的区域性工会联合会。在全球化形势下，亚太地区政府、工会和雇主正在寻求新的处理劳资关系的方式，工会也在不断探索工会运动的新模式，以便更好地维护好广大工人的合法权益。

（二）面临的问题与挑战

随着经济全球化发展，亚太地区各国工会面临的共性课题越来越多。其一，非正规就业人数不断增多。大多数亚太国家的新增就业机会都是由非正规部门提供的，虽然非正规就业在缓解就业压力、推动劳动力市场发育、促进产业结构调整等方面发挥了积极的作用，但非正规就业的增长也带来了一些负面影响，如低收入者比例提高、收入分配差距拉大、社会保障覆盖率低、职业安全卫生水平提升慢、劳动生产率低下、技术进步受限等。其二，移民工数量巨大，东南亚国家的移民工就超过百万，工人的跨国流动在缓解就业和劳动力短缺状况的同时，也带来了一系列问题，比如工资收入得不到保障、社会保障缺失、社会管理难度增加等，更好地保障移民工权益成为不少国家工会运动的重要课题。其三，亚太地区国家的工会能力建设有待加强，特别是发展中国家和欠发达国家的工会组织，工会领袖老龄化、思想僵化现象严重，工会干部的素质亟待提升。面对问题和挑战，亚洲各国工会通过多种形式和机制，不断加强沟通与合作，以更广的视野、更好的方法解决新课题，为维护和实现工人权益，为经济社会更好地发展而奋斗。

第二节　亚太地区区域性工会组织

一、东南亚国家联盟工会理事会

（一）基本情况

东南亚国家联盟工会理事会（ASEAN Trade Union Council，ATUC）（简称“东盟工会理事会”）。1983 年成立于菲律宾马尼拉，是东南亚地区重要的区域性工会组织，18 家成员来自 9 个东盟国家（除文莱）和东帝汶的全国性工会组织，会员人数共计 1300 万人（2019 年数据）。

（二）组织结构

东盟工会理事会的最高权力机构为代表大会，每三年举办一次，18 个成员组织派代表参加，选举执行委员会成员并决定其他议程。执行委员会为代表大会闭幕期间的理事机构，每年至少举行一次会议，执行委员会中有来自18个成员组织的代表。东盟工会理事会的领导成员从执行委员会成员中选出，包括一名主席、一名秘书长、四名副主席、一名副秘书长以及青年和妇女委员会联合主席。联合主席在接受青年和妇女委员会任命前担任东盟工会理事会临时副主席。秘书长、副秘书长和助理秘书长共同组成秘书处。东盟工会理事会总部地点随着秘书长的变动而变动，现总部在菲律宾马尼拉。地方代表办事处可经执行委员会同意后在成员国中设立。

（三）政策主张和主要活动

东盟工会理事会的主要目标包括：（1）在决策和政策制定中代表东盟国家工人的集体利益；（2）寻求东盟秘书处的理解与合作，支持其他与东盟工会理事会有相同目标的非政治性组织；（3）维护结社自由和社会公正；（4）提升东盟国家工人福利水平，为东盟国家所有工人提供支持，改善工人经济状况、提升社会地位；（5）推动东盟国家工人和工会组织之间的合作、理解和友谊；（6）自主或通过成员组织建立发展符合东盟国家工人利益的经济、社会、教育、工业、农业等合作项目；（7）全力维护成员组织和会员的利益，帮助成员组织提升会员人数。

随着东盟一体化发展，东盟地区移民工问题凸显。在加强对东盟及相关区域移民工权益保护方面，东盟工会理事会采取了一系列行动。一是积极签订相关协议，形成移民工体面劳动政策框架。2014年，东盟工会理事会通过了《东盟工会理事会成员间合作协议》，在解决移民工职业安全卫生和住房问题、为移民工中的弱势群体提供特殊保护、通过信息中心提供移民工和劳务接收国相关信息、推动国际劳工组织移民工相关文件批准等方面达成共识。2015年，东盟工会理事会与国际工联-阿拉伯工联和南亚区域工会理事会签订了移民工相关谅解备忘录，并建立了监测评估机制。在此基础上，2018年，东盟工会理事会又与国际工联-阿拉伯工联、南亚区域工会理事会、国际工会联合会亚太区域组织和美洲工会联合会签订区域间谅解备忘录。二是制定移民工相关政策文件，包括《使用数字技术促进东盟地区移民工体面劳动》、《实现移民工加入工会权利》和《实现移民工获得社会保障权利》行动文件等。三是加强移民工相关研究、宣传和政策落实。发行政策简报，介绍全球和东盟地区移民工基本情况，宣传东盟工会理事会相关政策建议。四是建立移民工投诉机制，东盟移民工可通过线上网站进行投诉。

在参与社会对话方面，东盟工会理事会以《东盟宪章》中“尊重基本自由、促进保护人权和促进社会公正”为指导，积极参加社会对话并发挥作用，以此寻求东盟的理解与合作，成为东盟在劳动和社会问题上的社会对话伙伴。采取的行动包括：指导东盟工会组织在东盟移民劳工论坛上就移民关键问题提出政策建议；积极参加东盟社保、移民工、非正规就业、劳动检查、技能提升、青年和劳动世界未来等活动；与东盟秘书处合作就破坏性技术变革、企业社会责任、可持续发展目标和移民工等课题进行宣介；参加东盟劳工部长会议、东盟峰会、东盟经济融合特别工作组等东盟重要活动；与东盟雇主联合会就劳工流动性、职工技能认证、移民工社会保护和公平就业机会问题，开展联合行动。

在加强对东盟青年和女性工人保护方面，东盟工会理事会于 2018 年建立了东盟工会理事会青年和妇女委员会，规定了东盟工会理事会青年和妇女委员会职权范围，并制定了《东盟工会理事会青年和妇女委员会 2018—2020 工作计划》，其工作目标为：（1）积极推动下属青年和妇女工会会员参与地区和国家移民政策的改善和落实；（2）提高青年和妇女工会会员在职业安全卫生和反性别暴力运动中的参与度；（3）提高青年和妇女工会会员在工会和其他组织中的代表性；（4）提高青年和妇女工会会员在可持续发展进程中的参与度。

在国际活动中，东盟工会理事会与国际劳工组织、国际工联、国际工联-阿拉伯工联、南亚区域工会理事会等保持联系。中国工会与该组织在国际和区域多边场合保持着友好接触。

二、南亚区域工会理事会

（一）基本情况

南亚区域工会理事会（South Asian Regional Trade Union Council，SARTUC）（简称“南亚工会理事会”）。1987 年，国际工联亚太区域组织前身——国际自由工会联合会亚太区域组织执行委员会在印度新德里举行会议后，其南亚成员工会决定成立南亚区域工会理事会。1988 年，南亚五国工会会议在斯里兰卡首都科伦坡举行，宣布成立南亚区域工会理事会。

南亚工会理事会现由南亚八个国家（阿富汗、孟加拉国、不丹、印度、马尔代夫、尼泊尔、巴基斯坦和斯里兰卡）和一个地区（克什米尔）的 19 个工会组织组成，会员人数共计 5000 万。总部位于印度新德里。在尼泊尔加德满都设有办公室。

自成立以来，因成员组织在经济发展等问题上存在不同看法，该理事会在工会如何开展集体行动等方面难以达成共识，开展的活动较少，影响比较有限。

（二）组织结构

南亚工会理事会的最高权力机构为代表大会，每两年召开一次。每个成员组织的主席或总书记为正式代表。代表大会选举各成员组织的一名副主席组成执行委员会，具体人选由各成员组织自行推荐。

执行委员会是代表大会休会期间的理事机构，每年召开一次会议。执行委员会成员包括一名主席、一名总书记、六名副主席、三名书记和一名顾问。南亚工会理事会现任主席为山吉瓦·雷迪博士，来自印度全国工会大会；总书记为拉克什曼·巴斯内特，来自尼泊尔全国工会大会。

（三）政策主张和主要活动

南亚工会理事会的主要目标是在本区域维护和发展由自由民主工会组成的、强大而有效的组织，维护该地区工人权益和尊严，进一步建立、维护、发展域内各国的自由工会组织。

南亚工会理事会致力于维护工人生活和工作中的尊严、思想自由、表达自由和结社自由等基本权利；实现社会正义，使工人有机会过上充实和体面的生活；保证劳动者有选择工作和就业的权利；确保工人的就业和收入稳定；保证工人能通过组建和加入工会组织来保护自身利益；改善工作条件；充分保护各行各业工人的生命和健康；引入、维护并发展全民社会保障体系，提高人民生活水平；消除贫困和基于种族、性别、国籍和信仰的歧视；在南亚地区推动充分就业。

2012 年，南亚工会理事会在斯里兰卡召开了执行委员会会议，确定了五项重点工作，即推动工会参与南盟工作机制、促进性别平等、保护移民工、提高最低工资和完善社会保障机制。其中移民工问题是南亚工会理事会的重点关切，南亚工会理事会为此开展了一系列与保护移民工相关的活动：一是就移民工权益保护问题加强与东盟工会理事会、国际工联-阿拉伯工联、国际工会联合会亚太区域组织和美洲工会联合会等区域性工会组织的交流合作。二是制定移民工相关政策，包括各成员工会组织的立场文件、区域内雇佣合同标准模板、最低工资标准和南亚工会理事会立场文件。三是跟踪成员组织移民工状况。四是推动南亚工会理事会及成员工会组织修改章程和调整组织结构，使其成为对移民更加友好的工会组织。五是敦促南亚各国加快批准并履行国际劳工组织第 87、第 97、第 98、第 143、第

189号等与移民工相关的公约。六是加强宣传。七是为移民工提供法律支持。八是加强对雇佣机构的监管。九是通过建立妇女和青年委员会加强对妇女和青年移民工的保护。

2020年2月，南亚工会理事会在尼泊尔加德满都"非正规经济正规化、可持续发展目标和劳动世界未来"区域社会对话上提出《南亚工会理事会2020年行动计划》，提出了南亚工会理事会的重点工作领域，即落实国际劳工组织百年宣言、移民工、非正规经济、妇女与青年、针对妇女的暴力和职场骚扰问题、可持续发展目标和护理经济。

三、阿拉伯工会国际联合会

（一）基本情况

阿拉伯工会国际联合会（ICATU，简称"阿拉伯工联"）成立于1956年3月24日，是在20世纪50年代阿拉伯民族解放独立运动高涨的形势下成立的阿拉伯世界最具代表性的地区性工会组织，会员组织包括来自西亚和北非阿拉伯国家的15个国家工会和11个阿拉伯产业工会联合会，会员人数超过1000万。为适应形势变化的需要，2013年在开罗设立了活动协调中心。阿拉伯工联在阿拉伯劳工组织、国际劳工组织、阿拉伯国家联盟和联合国享有咨商地位。阿拉伯工联现任总书记为叙利亚工联主席贾马尔·高迪利（2021年当选），现任中央理事会主席是埃及工联主席吉百利·穆拉基（2016年当选，2021年连任）。

阿拉伯工联的总部位于叙利亚首都大马士革，在办公场所、生活便利、外交便利等方面得到叙利亚政府的支持。叙利亚一直把总部设在大马士革的阿拉伯工联当作其扩大影响力的一个渠道，2017年9月11日至12日，叙利亚工联与阿拉伯工联和世界工联共同召开了"声援叙利亚人民和工人，反对恐怖主义、封锁以及帝国主义干涉政策"大会，有超过40个国家的65个工会组织出席会议。2021 年，叙利亚工联主席贾马尔·高迪利接替高桑·高森成为阿拉伯工联的总书记，更加希望以工人运动为抓手来巩固总统巴沙尔的政权。近年来，在阿拉伯工联的主要成员组织中，由于新冠肺炎疫情导致埃及的旅游业萧条，工人大量失业，埃及工联自顾不暇；苏丹工联被过渡政府取缔，至今无法开展工作；其他下属会员组织也都无法给阿拉伯工联提供更多的支持。加之叙利亚在经历了多年的战乱和外部封锁后，经济状况严重恶化，导致阿拉伯工联影响力削弱，逐渐被边缘化。

（二）组织结构

阿拉伯工联是阿拉伯地区的区域性工会组织，阿拉伯主要大国工会都是阿拉伯工联的成员。22 个阿拉伯国家中，除沙特阿拉伯、阿拉伯联合酋长国和卡塔尔等三国由政府指定成立全国性劳工委员会外，其余 19 个阿拉伯国家都建立了全国性工会组织，其中 14 个国家建立了唯一的全国性工会联合会。摩洛哥、毛里塔尼亚、索马里、巴林、巴勒斯坦等五国实行了工会多元化。阿拉伯工联每五年召开一次代表大会，选举总书记和中央理事会主席，书记处由埃及工联、苏丹工联、叙利亚工联等主要成员组织工会领导人组成。

（三）政策主张和对外关系

1. 政策主张。

阿拉伯工联主张实现阿拉伯国家的统一，建立统一的阿拉伯社会主义，认为阿拉伯工人运动的统一是阿拉伯民族统一的主要因素，这种统一是建立在民主独立的基础上，是阿拉伯工联力量的源泉和支柱。阿拉伯地区所面临的问题，需要团结统一、务实地共同努力来寻求出路。阿拉伯工联认为，巴勒斯坦问题是阿拉伯工人面临的首要问题，是阿拉伯民族的中心事业。

2022年3月，在阿拉伯工联成立66周年之际，阿拉伯工联重申了几点主张：继续坚持抵抗犹太复国主义，以及所有旨在破坏阿拉伯国家自由和独立的图谋；团结所有阿拉伯国家工会会员，推进统一的民族斗争路线，支持正义的事业，维护职工的合法权益；努力打击构成全球性挑战的恐怖主义，并致力于消除其根源；声援巴勒斯坦被占领土上的阿拉伯工人，向他们致以热烈诚挚的问候。

2. 对外关系。

阿拉伯工联曾经长期与各个国际和区域工会组织保持友好关系。从2010年开始，阿拉伯工联与国际工联的关系逐渐恶化，随着阿拉伯地区政局动荡，引发阿拉伯工联的内忧外患，突尼斯劳联和巴林工联宣布退出阿拉伯工联，2012年国际工联甚至试图取消阿拉伯工联在国际劳工组织的咨商地位。国际工联在阿拉伯地区的政策激起阿拉伯大国工会的抵制，阿尔及利亚劳联、苏丹工联、埃及工联、叙利亚工联等加大对阿拉伯工联的支持。随着阿拉伯民众对“阿拉伯之春”的反省，特别是叙利亚政府逐步稳住阵脚，阿拉伯工联的状况有所好转。为了解决全球经济社会挑战和国际工会运动所面临的问题，阿拉伯工联与非工统及世界工联于2014年1月宣布建立永久性联盟。

阿拉伯工联与中国工会有着长期的友好关系。前任总书记马吐克曾9次出席在中国北京召开的“经济全球化与工会”国际论坛。中国工会曾派团出席阿拉伯工联八大以来的历次代表大会，并多次参加其组织的有关活动。高桑·高森自2016年当选阿拉伯工联总书记以来，积极发展同中国工会的关系，曾于2017年2月12日至18日率团访问全国总工会。中国工会曾同阿拉伯工联多次共同举办研讨会。此外，两会还在国际劳工大会、非工统代表大会等国际多边场合协调意见，相互支持。阿拉伯工联现任总书记贾马尔·高迪利曾于 2018 年 11 月率叙利亚工联代表团访华。

四、国际工联亚太区域组织

（一）发展历程

国际工会联合会亚太区域组织（International Trade Union Confederation-Asia Pacific），简称“国际工联亚太区域组织”，于 2007 年 9 月 4 日在印度班加罗尔成立。其前身可以追溯到 1951 年 5 月成立的国际自由工会联合会亚洲区域组织（International Confederation of Free Trade Unions-Asian Regional Organization，ICFTU-ARO），简称“自由工联亚洲区域组织”。1984 年，国际自由工联第 85 届执委会将自由工联亚洲区域组织更名为国际自由工会联合会亚洲及太平洋区域组织（International Confederation of Free Trade Unions-Asian and Pacific Regional Organization，ICFTU-APRO），简称“自由工联亚太区域组织”，总部设在新加坡。2006 年，国际自由工联与世界劳工联合会（World Confederation of Labour，WCL）及其他的一些独立工会合并为国际工联。随后，自由工联亚太区域组织与亚洲工会兄弟会（Brotherhood of Asian Trade Unions）合并，成立国际工联亚太区域组织。该组织是国际工联在亚太地区的重要下属地区组织。

国际工联亚太区域组织代表亚太地区 34 个国家和地区的 50 多个工会组织的 6000 万名会员，其中缴费会员 2341 万多人（国际工联亚太区域组织网站 2021 年 1 月数据）。总部位于新加坡。

（二）组织结构

国际工联亚太区域组织最高权力机构为区域会议（Regional

Conference），每四年至少举行一次，每个成员组织均派代表参会。会议主要内容为选举区域总理事会和秘书长，听取国际工联亚太区域组织活动报告，讨论一般性工会政策问题、国际工联亚太区域组织下一阶段活动提案、国际工联亚太区域组织章程修正案、组织成员提交的提案等。

区域总理事会（Regional General Council）由区域会议选举产生，是区域会议休会期间的最高权力机构，每年至少举行一次会议，负责指导国际工联亚太区域组织的活动、落实区域会议各项重要决定与建议、制定国际工联亚太区域组织年度预算和年度财政报告并提交区域会议。区域总理事会成员包括国际工联总理事会中来自亚太区域组织的所有成员、妇女和青年委员会主席、30 名亚太区域国家工会代表。

区域执行局（Regional Executive Bureau）是国际工联亚太区域组织的决策执行机构，负责处理区域总理事会闭幕期间出现的紧急或重大问题。其成员包括国际工联亚太区域组织主席、总书记、妇女和青年委员会主席、国际工联总理事会中来自亚太区域组织的所有成员。

国际工联亚太区域组织现任主席为菲利克斯·安东尼，来自斐济工会大会；总书记为吉田昌哉，来自日本工会总联合会。

（三）政策主张和主要活动

国际工联亚太区域组织的宗旨是“提高工人及其家人的工作和生活条件，为维护人权、实现社会公正、性别平等、和平、自由、民主而奋斗”。国际工联亚太区域组织的目标包括：维护和提高工人权益，特别是劳动者尊严、公平和安全等基本权益，反对童工、强迫劳动、一切形式的歧视和侵害结社自由、罢工权和集体谈判权的行为；支持本地区工会组织加强能力和组织建设、维护弱势劳动者群体权益，推动工会运动的独立、民主发展；提高国际劳工标准在本地区的影响，加强与各国际产业工会和经合组织工会咨询委员会的合作，促进财富公平分配，保护环境，确保人人享有公共产品和服务、社会保障、终身学习和体面工作机会；促进工会运动包容性发展，积极回应工人关切，加强女性、青年、移民工、退休人员、残疾人的权益保障，消除工作中一切形式的歧视；为实现以上目标，加强与目标相同的其他组织合作。

国际工联亚太区域组织目前的主要活动包括：一是为维护工人基本权利，监督国际劳工组织成员国对已批准的国际劳工公约的执行情况。二是为成员组织提供可行性工会能力培训，支持下属成员组织扩大会员人数和工会数量，提升成员组织社会对话能力。三是把全面推进女性入会、提高领导层和工会活动中的女性数量写入章程。四是为落实联合国 2030 年可持续发展目标，特别是公正转型目标，支持各成员工会与国际劳工组织及联合国其他相关机构在成员国的驻地协调员开展交流合作。五是为确保经济全球化发展不损害工人权益，积极参与国际和区域性经济合作机制，开展社会对话，包括参加亚太经合组织、亚欧会议、二十国集团、东盟、南亚区域合作联盟等经济合作机制，发出工人声音，与亚洲发展银行、国际货币基金组织和世界银行进行对话，推动劳工问题在这些国际金融机构中的解决。六是积极推动达成新型契约关系，新型社会契约强调对气候友好；倡导体面劳动、尊重劳动权利、建立劳动保障底线，实现包容性发展等。

第三节　部分国家工会简况

本节以地理区域为划分，分别从东亚、南亚、东南亚、西亚以及太平洋地区各选取一个国家的工会进行重点介绍。

一、日本工会

日本工会运动起源于19世纪末，1897年日本出现最早的工会组织——工会促进会。第一次世界大战期间，日本资本主义经济迅速发展，工人队伍不断壮大，工会数量和会员人数显著增加。第二次世界大战期间，日本法西斯政权解散了所有工会组织，以为军国主义对外扩张效力的“产业报国会”替代工会。1945年日本无条件投降后，随着战后经济的恢复和发展，工人运动迎来蓬勃发展的新阶段。泡沫经济崩溃后，特别是在全球经济一体化进程中，日本劳工领域出现很多新情况，工会活动面临诸多课题和挑战。

（一）日本主要工会组织

第二次世界大战结束后，美国占领军在日本推行解散财阀、土地改革和解放劳工的民主化改革运动。1945年12月日本政府颁布《工会法》，此后工会组织如雨后春笋般出现，工人运动蓬勃发展，这个时期工会入会率高达55%，并形成了“总评”、“同盟”、“中立劳联”、“新产别”四大工会组织。在此后的半个世纪里，随着日本政党的分裂改组，工会组织也不断发展演进。1989年日本工会组织再次进行合并重组，最终形成三大全国性工会组织，分别是日本工会总联合会、日本全国工会总联合、日本全国工会联络协议会。

日本工会总联合会（简称“日本联合”）成立于1989年11月，由四家全国性工会（总评、同盟、中立劳联、新产别）合并而成，下属61个产业工会组织，现有会员约680万人，目前政治上不支持特定政党，但与日本立宪民主党、国民民主党保持合作关系。日本联合是日本最大的工会组织，也是国际工联重要的会员团体，长期主导国际工联在亚洲区域的话语权。

日本全国工会总联合（简称“全劳联”）成立于1989年

11 月，由 21 个全国产业工会和 47 个地方工会组成，是日本第二大全国性总工会，现有会员 100 万人，政治上支持日本共产党。全劳联原为世界工联成员，后退出，目前未正式参加任何国际工会组织，但与世界工联有所接触。全劳联主要在日本左翼人士中影响较大，随着日本社会日益右倾化，全劳联在日本工运界的影响力逐渐减弱。

日本全国工会联络协议会（简称“全劳协”）成立于 1989 年 12 月，由地方公务员、铁路工人和中小私营企业职工组成，现有会员 20 余万人。随着日本社会日益右倾化，全劳协已被逐步边缘化。

（二）日本工会的基本情况

企业工会是日本工会的基本组织形式，在企业工会的基础上建立全国产业工会联合会和全国性工会联合会。日本工会以“春斗”方式（每年春季，工会围绕工资等劳动条件与资方进行谈判）开展集体谈判、提高工资，以“劳资协商”方式参与企业经营管理。“企业工会”、“终身雇佣制”、“年功序列制”被誉为日本企业经营模式的“三大支柱”。

日本各企业工会制定的工会章程不尽相同，但大体上有以下四个共同特点：一是根据《工会法》，企业课长以上行政管理干部、人事和治安干部、机要人员、秘书等不得加入工会。二是企业工会干部只能从本企业工会会员中选举产生。企业专职工会干部，企业须保留其员工职籍，卸任工会职务后，企业须重新安排工作。三是根据《工会法》，各企业工会制定工会章程，在组织和活动上享有自主权。工会活动独立于资方，独立于政党，独立于政府。四是企业工会财务独立自主。根据《工会法》规定，企业工会不得接受资方提供的活动经费。工会会员会费标准为每月基本工资的 2%。

日本全国性工会联合会和全国产业工会联合会的最高权力

机构是每年举行一次的全国定期大会。全国定期大会闭会期间，中央委员会根据全国定期大会制定的基本方针，对工会的重要工作做出决定，原则上每季度召开一次会议。中央委员会闭会期间，由中央执行委员会行使中央委员会的职权，中央执行委员会会议可根据需要随时召开。事务局是工会的执行机构，主持工会的日常工作。

（三）日本工会的地位和作用

日本工会是工人群众的组织，发挥着团结工人、扩大和加强工会组织、稳定工人就业、改善工人工资和劳动条件、提高工人福利、维护工人合法权益的作用，在日本政治经济生活中发挥着重要影响力。

根据日本《工会法》、《劳动基准法》、《劳动关系调整法》的相关规定，工人有组织工会、罢工和进行集体谈判等三项基本权利。为提高工人工资、改善劳动条件、提高工人的社会地位、维护工人的合法权益，日本工会每年春秋两季，开展“春斗”、“秋斗”，就提高工资水平、改善劳动条件与资方进行集体谈判，签订集体合同。围绕劳资共同课题，工会与资方进行劳资协商，积极参与企业经营，通过推动企业发展，为工人谋求更大利益。

此外，日本设立了由政、劳、资三方共同组成的劳动仲裁机构——劳动委员会。在劳动争议调处机制中，日本工会作为劳动仲裁机构的工人方代表，在解决劳资纠纷中发挥重要作用；参与政府召集的各个产业政策审议会；参与政、劳、资三方协商机制，交换意见、沟通信息，共同谋求劳动领域的和谐稳定。

日本联合和全劳联每年派工人代表出席国际劳工大会。

（四）日本工会面临的主要课题

20 世纪 90 年代日本泡沫经济崩溃，日本进入“迷失的 20

年”。随着经济和产业结构的调整，第三产业就业人口迅速增加，而第一、第二产业就业人口逐步减少。在制造业等大企业中工作的劳动者数量减少，而在流动性大、工作不稳定的服务业中就业的劳动者数量增加。工会会员大部分集中在传统大企业，中小企业、服务业中建会难、入会难，日本工会的入会率逐年下降。1980 年日本工会入会率为 30.8%，2020 年仅为 17.4%。工会工作经受严峻挑战。

经济低迷对日本工会传统的“春斗”也产生了巨大影响。各产业工会的主要目标已由“增薪”变为“保底”、“提底”、“缩小收入差距”。随着高龄少子化的发展，日本出现劳动力不足的现象，加上技术革新的不断发展、社会意识的不断变化，日本工会传统的“春斗”的影响力越来越弱。

在工会与政党关系方面，日本联合一直是原民主党、社民党的支持者。2009 年 9 月—2012 年 12 月民主党上台执政期间，日本联合的部分主张在国会中得到体现。民主党失去执政地位重组后，日本联合曾一度表示不再支持特定政党参选，只支持工会组织内推选的议员。目前，日本联合与立宪民主党、国民民主党保持合作关系。另外，全劳联支持的日本共产党在日本国内的影响力渐弱，加之日本工会组织率持续低下，日本工会在日本政治和社会生活中的集结力、影响力和号召力有所弱化。

（五）日本工会同中国工会的关系

早在 20 世纪 50 年代，日本工会便开始同中国工会进行接触和交流。中日邦交正常化前，中日工会间的交往曾起到以民促官的作用。日本工会组织几经更迭，但始终保持着同中国工会的交往（1966—1972 年除外）。1989 年 11 月、12 月，日本工会合并重组，成立了日本联合、全劳联、全劳协等三家全国性工会组织。其中，日本联合于 1996 年同中华全国总工会正式建立友好关系，两会领导人定期互访，两组织下属大部分产业工会和地方工会，分别建立了相应的友好交流与合作关系。此外，两组织还采取召开研讨会、互派考察团、培训中国工会干部等方式，在劳工领域开展了广泛的交流与合作。2000 年，全劳联高级代表团应邀访华，与中国工会正式建立友好关系，两会领导人隔年互访。全劳协于 1990 年与中国工会建立友好关系，后因财力原因改为非正式交往。

二、印度工会

（一）印度工会运动概况

1. 殖民时期的工会运动。

印度的工人阶级在殖民时期不断发展壮大。早在 1862 年，加尔各答就爆发了 1200 名铁路工人罢工，要求缩短工作时间。1870 年，加尔各答开始出现工人俱乐部，并出版了第一本劳工杂志。20 世纪初，工业较为发达的孟买、加尔各答、金奈（旧称马德拉斯）等沿海地区出现了有组织的工人运动，主要集中在铁路、黄麻、棉纺等产业领域。1920 年，全印工会大会（简称“全印工大”，AITUC）在印度国民大会党（简称“国大党”）的领导下成立。1921 年，印度共产主义小组在孟买等地相继成立，并组织基层工会加入全印工大。1941 年，国大党因主张开展争取民族独立的反英运动而遭到镇压，之后全印工大内部发生分裂，力量被削弱。印共则宣布与殖民当局合作，要求工人不罢工并动员工人搞生产，支持反法西斯斗争，取得了合法地位，逐渐在全印工大领导机构中占据了优势。到 1947 年印度独立时，全印工大一直是全国最大的工会组织。

2. 印度独立后的工会运动。

“二战”结束至独立前后，印度民族独立运动空前高涨，工会运动和民族独立运动相互交织、蓬勃发展。同时，由于受不同政党的控制和影响，工会运动发生分裂，陆续出现了多家独立工会。1947 年，国大党成立了印度全国工会大会（简称“全国工大”，INTUC）。1948 年，社会党成立了印度劳工协会（简称“劳协”，HMS）。1949 年，左翼党派建立了印度统一工会大会（简称“统一工大”，UTUC）。进入 20 世纪 50 年代，印度劳工工会（BMS）由国民志愿服务团等右翼党派发起成立，并不断发展壮大。1952 年以后，工会运动逐步恢复和发展，各主要在野党工会成立各种临时性联合行动机构，共同组织工人举行罢工斗争。1970 年，左翼政党印共（马）建立了印度工会中心（CITU）。到 20 世纪 70 年代初，印度已有 10 个全国性总工会，形成了工会运动多元化格局。其间，由于各个工会都与政党有密切的关系，导致工会运动也明显体现出政治性。后因政府的政策影响和各党派之间不断发生分歧，工会运动进一步分裂。20 世纪 80 年代以来，一些工会领袖认识到工会分裂削弱了工会斗争的有效性，开始转而推动工会团结。1981 年，印度工会全国运动委员会成立，组织协调各个工会的行动，如游行示威、集会和举行全国性罢工等。由于各个工会组织受各自所属政治派别和宗教势力的影响太深，工会运动在组织上难以实现真正意义上的统一。这一时期的工会运动与独立前区别很大，最明显的就是工会运动的目标不再是推翻政权统治，而更多的是要求改善生活、增加工资的经济斗争，反对政府的劳工政策，劳、资、政三者形成一种复杂关系。

3. 20 世纪 90 年代以来的工会运动。

进入 20 世纪 90 年代，印度政府积极推行新自由主义经济政策，对国家经济进行大规模改组，采取减税等各种优惠政策，积极吸引外国投资。这些政策所带来的直接后果是国有企业私有化，外国和私人资本进入国家经济社会的关键部门和行业，如银行业、保险业、医疗和教育等，民族经济岌岌可危，大量工人失业、失去生活保障。进入 21 世纪以来，政府对经济政策做了一定的调整，扶持民族企业的发展，解决社会问题。近年来，印度信息产业迅速发展，在一些核心产品的研发和生产上处于世界领先地位，民族经济有所发展。但总的来看，印度社会问题严重，社会财富的绝大部分掌握在少数人手中，贫富分化十分严重。如何面对经济全球化和新自由主义经济政策带来的困难和挑战，保护工人就业、改善工人工作和生活待遇，仍是印度工会运动面临的主要课题。由于政府的劳工政策和管理不力，罢工仍然是印度工会解决劳资冲突的主要手段。

（二）印度主要工会组织

印度的全国性工会基本采取产业和地方工会相结合、产业和地方并重的组织形式。目前，在印度登记的工会就超过八万家，除此之外还有很多未进行官方登记的工会。长期以来具有影响力的工会主要有五家，即印度全国工会大会、印度劳工工会、全印工会大会、印度工会中心和印度劳工协会，均与相关政党有着密切联系。

1. 印度全国工会大会。

印度全国工会大会成立于1947年5月3日，总部位于新德里，会员人数超过3400万人（2020年）。全国代表大会是其最高权力机构，每届任期四年。全国代表大会选举全国理事会，全国理事会会议选举主席、总书记、司库、副主席等。印度全国工会大会接受国大党的领导，支持国大党政府，是国际工会联合会的成员组织，参加南亚工会理事会。该组织主张最大限度地消除政治和经济剥削；强调工会运动的任务和目的不仅是争取经济利益、解决劳资纠纷，更重要的是进行社会改革，使劳资之间的利益冲突转化为利益共享；强调工会必须关心工人的生活福利，激发工人的积极性，从而保障企业的正常生产和国民经济健康发展；帮助工人实现充分就业，支持参加企业管理；强调各国工会在促进南南合作、南北对话，建立国际经济新秩序等方面发挥作用。

2. 印度劳工工会。

印度劳工工会成立于1955年7月23日，总部位于新德里。截至2020年，其下属工会超过5000家，覆盖44个产业，会员人数达到1000万人，绝大多数信奉印度教。印度劳工工会与印度人民党关系密切。该会主张按照印度教教义并根据印度的文化传统发展经济，把印度建设成为印度式的现代化国家，反对西方化；应将外资企业收归国有，使之印度化、民主化；工会不应受任何政党的控制；工会运动的任务和目的，不仅要解决工人的切身利益问题，还要逐步实现社会经济的变革。

3. 全印工会大会。

全印工会大会成立于1920年10月30日，总部位于新德里。全国代表大会是其最高权力机构，每四年举行一次，选举全国理事会和工作委员会以及主席、总书记、司库、副主席、书记等。全印工会大会接受印度共产党的领导，是世界工会联合会的成员组织。该组织主张把一切关键性工业企业收归国有，以民主化、工人参加管理等办法，加强和维护公营部门自力更生的能力；反对将公营企业私有化；主张维护国家的统一和教派之间的和睦；主张各派工会加强团结，采取统一行动。

4. 印度工会中心。

印度工会中心成立于1970年5月30日，总部位于新德里。全国代表大会是其最高权力机构，每四年举行一次，选举全国理事会和工作委员会，设主席、总书记、司库、副主席和书记等职。该组织接受印共（马）的领导，主张把本国垄断资本和外资企业收归国有；反对私有化，主张维护和加强公营企业，工人参加企业管理；主张各家工会统一行动；强调工会运动要关心和支持农民运动，通过两者互相支持，结成工农联盟。

5. 印度劳工协会。

印度劳工协会成立于1948年12月，总部位于新德里，会员人数超过900万人（2020年）。全国代表大会是其最高权力机构，每届任期两年，全国代表大会选举全国理事会和工作委员会以及主席、总书记、司库、副主席、书记等领导班子成员。印度劳工协会与印度社会党关系密切，它是国际工会联合会的成员组织，参加南亚工会理事会。该组织主张“利用一切合法的、民主的、和平的方法”，认为只有实行民主才能改善工人的经济条件和社会地位，工会不应受政党、政府和雇主的控制；强调工会运动不能为了眼前的物质利益而反对公营企业和私营企业的雇主，要在维护民主、消除社会不平等方面发挥作用；重视工人及其家庭的全面发展，着力开展消除童工、性别平等、环境保护、抗击艾滋病、成人扫盲等非传统的工作。

（三）印度工会的主要活动

印度独立后，争取和维护工人阶级的权利、改善工人的劳动和生活状况一直是印度工会运动的主要内容。由于国内多种政治派别并存，种姓制度长期存在，阶级矛盾依然尖锐，加上长期执政的国大党不欢迎工会，在政策和立法上压制工会，工会运动受到严重打击。尽管经过半个多世纪的发展，尤其是近年来信息产业和电脑软件等高科技行业飞速发展，中产阶级队伍有所扩大，但印度仍是世界上贫富分化最为严重的国家之一，贫困、失业仍是印度社会的主要现象。工人阶级的绝大部分依然生活在社会底层，工作和生活条件十分恶劣。

印度工会主要采取罢工等传统斗争方式。20世纪50—80年代，工会为提高工人工资、反对物价上涨、反对提高劳动强度，频繁组织罢工。仅在1973—1974年和1977—1978年两个时间段内，大大小小的罢工就超过3000次。直到20世纪90年代，罢工现象才有所减少。20世纪90年代以后，政府积极推行以私有化和自由化为主要手段的经济改革计划，招致了工会的猛烈批评，反对政府的经济政策成为工会活动的主要内容。

随着集体谈判等现代劳资关系管理方式的引入，印度工会也开始采取新的斗争方式，把三方协商作为罢工以外解决问题的主要手段。作为国际劳工组织的创始国之一，印度很早就建立起三方协商机制。早在 1942 年，印度成立了全国性的劳、资、政三方机构，但各产业、各地经济发展不均衡严重阻碍了三方协商机制的进一步发展，三方协商机制长期流于形式。在政府推行私有化和自由经济政策时，三方认识到通过协商解决劳资问题的重要性和优越性。1991 年 12 月，三方共同推动成立了劳工大会三方特别委员会并召开了委员会第一次会议，重点讨论了经济调整计划对劳动者和劳资关系的影响。会议通过决议支持工人参与企业管理，制定了全国最低工资标准，呼吁各邦建立三方特别委员会机制。三方协商机制的恢复和加强，对维护工人利益和社会稳定起到了一定作用。但多元化的工会格局和内部分裂严重影响了工会的实力和影响，雇主和政府在三方协商机制中占主导地位。

三、澳大利亚工会

（一）澳大利亚工会运动概况

1. 萌芽与起始阶段。

澳大利亚原是英国的殖民地，早期工会运动伴随着反抗殖民的过程不断发展，最早可以追溯到 1791 年被强迫从事运输业的罪犯举行的罢工。1804 年，有组织的罪犯劳动者举行起义，创造了工人为寻求平等而进行反抗的运动形式，劳动者的反抗以各种形式延续至今。随着 19 世纪 20 年代澳大利亚经济的发展，被认可的工人阶级开始形成，并且反抗色彩不断增加。1829 年，报纸印刷工人罢工要求提高工资，随后，鞋匠、面包师、海员等行业的工人也陆续进行罢工，工人们通过联合起来停止工作的方式来抗议低工资和恶劣的工作条件。19 世纪 30 年代，澳工人开始组建能够代表自身利益的社团，但这些社团与工会组织还不完全相同，前者主要利用筹集的资金帮助工人防范疾病和失业。工人社团不断出现，虽然规模较小，但表明工人们联合起来保护自身利益开始成为重要的趋势。

澳大利亚工会运动始于 19 世纪 50 年代。当时，一些行业的工人逐渐对殖民统治产生不满，矛盾不断激化；同时，世界各地的工人活动家随着大规模的移民来到了澳大利亚，新的工会开始出现。英国移民中的技术工人首先在建筑、五金业中组织行业工会。在早期成立的工会中，最有影响力的是 1850 年在墨尔本和悉尼成立的石匠工会，工会开启了将工作时间从 10 小时缩短到八小时的一场运动。此后，其他行业的工人也联合起来为八小时工作制而斗争，并在此过程中建立自己的工会。19 世纪 60—70 年代，畜牧、采矿、运输等行业的工人也相继成立工会。1879 年，跨州的首次工会代表大会在悉尼召开。工会逐步发展成为一支强大且重要的力量，而雇主方认为这是对其商业利益的威胁，试图发动一些反工会的攻势。1890 年，工会为争取与资方自由签订合同的权利举行了一系列大罢工，但遭到殖民政府的镇压。工会从罢工失败中认识到，工人要想争取和保护自己的权利，不能寄希望于议员的同情，必须有自己的政党。1891 年，新南威尔士州和昆士兰州的工会成立了新的政党来领导工会运动，澳大利亚工党诞生。此后，工党相继在各州成立分部。在工会的支持下，工党的势力迅速增强。1904 年，工党已经在昆士兰州和联邦执政。

2. 实质性发展阶段。

1901 年，澳大利亚联邦成立，工会在争取工作权利和工作条件方面已经取得了显著的成果，工会运动已经成为当时国民生活的重要组成部分。1904 年，仲裁法庭经由联邦政府立法成立，开辟了处理劳资纠纷的新形式。1920 年 10 月，澳工党联邦执委会倡议召开全澳工会代表大会，这次大会于 1921 年 6 月在墨尔本举行，但未能实现事先确定的成立一个全国性总工会的设想。1925 年，各州劳工理事会州际会议建议组织一个联邦仲裁委员会，这就是澳工会理事会的前身。1927 年 5 月 3 日，澳工会理事会正式成立，并集体加入工党。澳工会理事会成立后不久，即领导了几次重要的大罢工，包括 1928 年的码头工人大罢工、1929 年的木材工人大罢工和 1929—1930 年的煤炭工人大罢工。此后，澳工会理事会还成功领导了争取每周 40 小时工作制的斗争。“二战”爆发后，更多的女性走上了各行业工作岗位，工会运动开始围绕性别平等、同工同酬等目标开展斗争。

澳工会理事会于 1949 年退出世界工联后，加入了国际自由工联。20 世纪 50—60 年代，澳工会理事会领导发动了多次工人罢工和抗议活动，工人的工资得到增长，权益受到维护，产生了较大的影响。1967 年，澳工人工会合并入澳工会理事会。1979 年，澳薪酬与专业人员工会和政府雇员组织理事会也宣布与澳工会理事会合并。自此，澳工会理事会成为澳大利亚唯一的全国性总工会，主导着澳大利亚工会运动。

3. 新的发展阶段。

进入 20 世纪 80 年代，随着工党上台，澳大利亚工会运动进入历史新阶段，政府在全民养老金、技能和就业培训、托儿服务以及工作场所健康安全标准等方面进行了一系列改革，广大工人从中受益。1982 年，澳工会理事会与工党就经济政策达成协议，工党将该协议作为其竞选纲领。同时，产业关系也随着政府一系列亲工会立法的出台而发生了许多新的重大变化。1983 年，工党政府对《产业关系法》等各项产业法规做了较大调整。新法规使得工会得以通过三方制度参与政府决策过程。

1984年，全国职业安全与卫生委员会成立，工会参与委员会工作，推动工业改革及解决国家经济结构调整中出现的问题。在这一时期，尽管部分州的保守党政府实施了一系列反工人和工会运动的立法，但总体来看，工会运动仍在有利的政治环境下取得了较好的发展，斗争领域从争取工人权利扩大到影响国家政治、经济和外交政策，如工会积极呼吁和平、缓和、裁军，反对南非种族隔离。直到1996年保守党霍华德政府上台后，快速通过的《工作场所关系法案》剥夺了工人原本享有的部分权利，同时限制了工会组织会员的权利和代表性，在一定程度上削弱了澳大利亚的工会运动发展。1999年，保守党政府发动了第二轮反工会浪潮，通过立法和修改已有法规，进一步削弱工会运动的力量和影响。澳大利亚工会发动工会会员并利用工会在社区的影响，与政府的反工会活动进行了坚决的斗争，取得了一定的效果。

自20世纪90年代末起，保守党组成的联邦政府积极推行新自由主义经济政策，出台了许多不利于工人和工会的法律规章，对澳大利亚工会运动产生了相当大的负面影响。2007年，霍华德在选举中失败，工会运动随之进入了新的发展阶段。但2008年爆发的国际金融危机又给工会运动带来了诸多挑战。2013年，自由党-国家党联盟开始执政，政府陆续引入不少反工会法案，工会运动被认为进入了另一个“反工会”阶段。近年来，澳大利亚工人工资增长缓慢，工会组织率下降，工会影响力被削弱，工会运动越来越难以与资本抗衡。工会开始逐步调整策略，以对抗资本的全球联合，更好地保护本国工人的权益。

（二）澳大利亚工会组织

澳大利亚工会理事会是澳大利亚唯一的全国性工会组织，在国家层面代表工会发声，参加三方机构和劳动立法，领导开展工会运动，在澳大利亚国家政治、经济和社会生活中发挥着重要作用。

1. 组织概况。

澳大利亚工会理事会成立于1927年5月3日，总部位于墨尔本。截至2020年，下属有38家工会组织，180万名会员。澳工会理事会作为集体党员加入工党，在选举中支持工党的各级候选人。国际上，澳工会理事会参加国际工联、英联邦工会理事会，同时还是太平洋工会论坛的成员组织。

澳工会理事会全国代表大会是最高权力机构，每三年召开一次，代表由各产业工会和地方工会选举产生。代表大会选出执行委员会，执行委员会由主席、书记、助理书记、高级副主席、副主席、观察员、原住民代表、青年代表、小工会代表、产业和州劳工理事会代表组成，共有52人。

2. 主要活动。

澳大利亚工会理事会一直致力于争取工人经济、政治权利和社会正义；注重“源头参与”，积极借助有利的政治和社会环境，参与立法和制定政策，以便从根本上保障工会和工人的权利。其中有代表性的事件是1982年9月，工会理事会和工党就经济政策达成协议（又称“物价与收入协议”）。该协议规定：实现公平的收入再分配；保证工人和薪金工作者的生活水平；企业的利润不得超过维持和发展生产的必要费用，员工的实际工资必须得到保证，非必要的生产费用的增加不得导致物价上涨；控制物价，按物价指数上涨自动调整工资。1990年5月，工会理事会在此协议的基础上，向工党政府提出补充要求，进一步提高工人的待遇和生活水平。1992年，修改后的《产业关系法》规定，把企业一级的集体谈判作为提高工人工资的主要途径，集体谈判也成为澳大利亚工会争取改善工人工资和其他福利待遇的一项主要活动。

澳大利亚工会理事会在就业、集体谈判、职工培训、劳动保护、解决劳资争议等方面取得了成效，但同时也面临一些困难，如工作灵活度提高、雇主擅自延长工时、非正规就业增加、工作安全度降低、工作和家庭的平衡问题、工人技能不适应劳动力市场需求等。在这种形势下，工人失业人数增加，工会组织率下降，工会影响力减弱，工会运动越来越难以与资本抗衡。

（三）澳大利亚工会与中国工会的关系

澳大利亚工会理事会与中国工会很早就开始了相互交往。早在20世纪50年代，中华全国总工会就与澳工会理事会下属一些产业工会开始了友好往来。1957年，澳工会理事会主席蒙克应中华全国总工会邀请访华，自此，两会建立了正式的友好关系。1989年以后，澳大利亚工会理事会单方面宣布中止与中华全国总工会的交往，但两会部分地方工会和下属煤矿、建筑和能源等产业工会之间仍继续开展交往与合作。1995年，中华全国总工会副主席、书记处书记应澳建筑、煤矿和能源工会邀请率中国工会代表团访问澳大利亚。1999年，中国能源化学工会派代表团再次应澳建筑、煤矿和能源工会邀请赴澳考察。应澳工会理事会及下属建筑、海员等产业工会邀请，中国工会曾多次派代表出席在澳举行的研讨会和产业工会国际会议。近年来，澳大利亚工会领导人越来越认识到，加强与中国工会的合作，共同应对经济全球化的挑战非常有必要，并多次在不同的场合表示愿意与中华全国总工会开展对话和接触。2005年10月，澳大利亚工会理事会主席夏兰·巴洛派代表对中华全国总工会进行工作性访问，这是两会总部十多年里的第一次正式会面。2010年5月，澳大利亚工会理事会主席夏兰·巴洛应中华全国总工会邀请率团访华，双方就进一步发展两会友好交往与合作交换了意见，正式恢复了两组织的交往关系。

四、新加坡工会

（一）新加坡工会运动概况

18—19 世纪，新加坡是马来柔佛王国的一部分。19 世纪沦为英国的殖民地，成为英在远东的转口贸易商埠和在东南亚的主要军事基地。1959 年实行内部自治，1963 年并入马来西亚联邦，1965 年脱离马来西亚，成立共和国。独立后的新加坡致力于发展开放型经济，航空业、海运业发达，是东南亚重要的交通枢纽，并发展成为国际性金融中心。1960 年到 1984 年，新加坡经济高速发展，成为亚洲经济“四小龙”之一。新加坡政局一直比较平稳，人民行动党长期执政，推行国家合作主义，国家超然于社会各集团之上，拥有仲裁地位。

20 世纪 20 年代，新加坡已经出现了具有工会性质的社团。20 世纪 30 年代马来西亚共产党（简称“马共”）成立后，工会运动蓬勃发展。20 世纪 40 年代，殖民当局颁布了《工会法》、《工业法庭法》和《工业纠纷法》，承认工会的合法性，同时严格限制工会的活动。1945 年，马共在新加坡成立了职工总会（后改名为“新加坡工会联合会”）。1948 年，英殖民当局宣布马共等为非法团体，吊销了新加坡工会联合会的注册资格。1950 年 3 月，新加坡职工总会成立。之后工会运动几经变化，直至 1959 年人民行动党在大选中获胜，以李光耀为首的自治政府表示“要帮助工人组织一个强大和统一的职工运动”。同年 9 月，自治政府颁布《工会法》，对新职总进行了改组和整顿，人民行动党逐步掌握了新职总的领导权。1961 年 7 月，原新职总解散，支持人民行动党的一派成立新加坡全国职工总会（简称“新职总”）。之后，政府继续对工会进行整顿，到 1965 年新加坡独立时，政府对工会的整顿基本结束，新职总成为新加坡唯一的全国性工会组织。

新加坡工会运动的宗旨是保护和发展工人权益，协助新加坡实现经济可持续增长和全民就业，提升工人的社会地位，建立一个强大的、负责任的劳工运动。在协调劳动关系上，主张“摆脱阶级冲突”、“维持工业安宁”，反对工会动辄举行罢工，主张通过谈判解决劳资纠纷，实现双赢甚至多赢。积极推行劳、资、政三方合作，号召通过劳、资、政三方合作，共同发展经济；强调新职总与人民行动党的“共生关系”，支持和拥护人民行动党和政府的方针政策。

（二）新职总的基本情况

新职总是新加坡唯一的全国性工会组织，成立于1961年8月17日，现有会员94.3万人。全国代表大会是最高权力机构，分为全国、普通、特别会议等三种形式。全国大会每四年召开一次，普通大会每两年召开一次。全国大会选举出中央委员会，由21名成员组成；中央委员会成员选举一名会长，一名秘书长，三名副会长，一名财政长，三名副秘书长和最多五名助理秘书长。新职总所属工会组织59个，协会五个，合作社12个。新职总在政治上支持执政的人民行动党，强调与人民行动党是“共生关系”。在国际上，新职总加盟国际工会联合会和东盟工会理事会。

（三）新加坡工会的主要活动

集体谈判是新加坡工会的主要活动之一。新加坡有关集体谈判的法律比较完备，谈判有章可循。1960年颁布的《产业关系法》是工会进行集体谈判的重要法律依据，对集体谈判的程序、范围和签订合同的具体要求等都作了规定。1966年颁布的《产业关系条例》对参加谈判的主体双方又进行了详细的规定。新加坡的集体谈判主要在企业一级进行，内容包括工资、奖金、休假等劳动条件。

三方协商，尤其是政府与工会的协商是新加坡劳资关系的重要特征。新加坡的三方机构涉及的领域比较广泛，除劳动问题外，还涉及经济社会发展的各个方面。主要的三方机构包括全国工资理事会、国家生产力局、经济发展局等。工会作为三方机构的重要成员，代表工人参与劳动和工人权益相关的政策法规制定。

兴办经济实体是新加坡工会的主要活动之一。从 20 世纪 70 年代开始，新职总陆续成立了英康保险合作社、平价超市合作社等经济实体。新职总已拥有 10 家合作社，并成立了新加坡劳动基金、新加坡劳工学院等 4 个下属组织，雇佣员工 40 余万人。这些合作社和工会相关组织不仅在帮助解决工会经费问题上发挥了很大作用，还给职工及其家属带来了一定的实际利益，提高了工人生活水平，扩大了工会的社会影响，增强了工会吸引力。

由于新加坡资源匮乏，劳动力有限，提高劳动者素质也是新加坡工会的一项长期工作。自 20 世纪 90 年代以来，加强人力资源开发、提倡终身学习已成为新加坡工会的主要活动内容之一。

（四）新加坡工会与中国工会的关系

新职总与中国工会保持着长期的友好关系，自 1986 年以来，双方高级代表团多次互访。新职总的多位秘书长都曾来华访问，全国总工会领导人也多次率团访新。受疫情影响，2021 年两会主要领导人举行线上交流会议。除保持高层定期互访外，20 世纪 90 年代中期以来，两组织还开展了青年干部互访、专题考察等活动，两会间的友好交往与合作关系全面发展。此外，两会在国际多边场合也保持着密切沟通与合作，共同维护亚洲地区工人和工会的利益。

五、叙利亚工会

(一) 叙利亚工会运动概况

第一次世界大战后，叙利亚的外国资本企业中首先出现了产业工人，工人运动逐渐发展起来。1925年在大马士革出现了叙利亚的第一个工会——全国针织品工人工会。1928年又出现了印刷工人工会。随后，全国先后成立了30个工会。1935年9月18日，法国殖民当局颁布了第152号法令——《行业工会制度法》，规定企业主和工人同存于一个工会内，并禁止工会从事政治活动。1936年年底，大马士革工人召开大会成立“工会联合会”，并要求当局颁布新的劳工法。1938年3月18日，叙利亚工会代表举行会议，这次会议被看作叙利亚工会总联合会(简称“叙利亚工联”)的成立大会。在工人的坚持下，1939年政府颁布了法令，允许工人组织工会。1946年5月，叙利亚工联召开“二大”，提出《劳工法草案》，经议会修改后，由总统于6月11日公布。《劳工法》承认工人有组织工会和进行工会工作以及罢工的权利，并对工人的工资、工作时间、工伤事故和职业病的补助等作了规定，同时又对工会活动加以限制。1958年2月，埃及和叙利亚合并，叙利亚工联成为阿拉伯联合共和国工联的一个地区工会。1961年9月，埃、叙分裂后，叙利亚工联恢复为全国性总工会。1963年3月阿拉伯复兴社会党(简称“复兴党”)执政后，对叙利亚工联进行了整顿并指定复兴党人为叙利亚工联主席。1970年，复兴党规定“群众组织的负责人是复兴党地区代表大会的成员”。1978年12月，叙利亚和伊拉克两国工会签署“联合行动计划”并成立联合领导小组，后因国家关系恶化，“联合行动计划”未能付诸实施。1980年3月，叙利亚工联召开特别代表大会，决定成立武装工人小分队，保卫政权，有近20000名工人参加了武装小分队。1986

年11月，叙利亚工联召开了“二十一大”，大会提出的口号是“只有前进和社会主义，才有叙利亚的生存”。大会通过的决议：参与企业的管理和监督，参与制定和执行国家的社会和经济发展计划以及劳工立法，加强与世界工联、非工统、拉美地区性工会组织、社会主义国家工会以及西欧“进步工会”的合作关系。2022年，叙利亚工联召开了组织成立84周年纪念大会，并发表声明。在声明中，叙利亚工联强调：将继续为职工群众利益而努力和奋斗，建立一个自豪强大的叙利亚，抵抗每一个侵略者和附庸者；坚持不懈地捍卫工人的正当要求，维护他们的权利、自由和成就；以民生为根本，解决贪污腐败、人贩子等问题；继续帮助私营部门在发展和重建中发挥作用；继续关爱烈士家属、受伤工人的家属，帮助最需要帮助的工人；坚定支持阿拉伯工会国际联合会度过最黑暗和艰难的时期；同全球进步工会一道，特别是世界工会联合会，互相支持，确保实现共同的目标。

（二）叙利亚工会组织

叙利亚工联为叙国内唯一一家全国性工会组织，成立于1938年，下属8个产业工会和13个省级工会，会员人数约105万人，现任主席为贾马尔·高迪利，最高权力机构为全国职工代表大会，每四年召开一次。叙利亚工联是阿拉伯工联的重要成员，在西亚地区工会运动中发挥着重要作用，主张加强在阿拉伯工联领导之下的阿拉伯工人阶级的团结和统一；重视与世界工联、非洲工会统一组织的合作关系。贾马尔·高迪利主席是叙利亚执政党阿拉伯复兴社会党的中央委员，同时担任世界工联副主席、阿拉伯工联总书记等职务。

叙利亚工联支持阿拉伯复兴社会党和全国进步阵线，主张实现阿拉伯民族的统一、自由和社会主义。工会组织应参与起草和执行发展计划、经济管理，要教育工人提高劳动生产率、增加生产、开展劳动竞赛，要实现民主管理，要提高工人的文化、技术水平，维护工人的切身利益。反对戴维营协议和《埃以和约》。反帝、反殖、反对犹太复国主义、种族主义和各国反动派，支持民族解放事业，支持不结盟运动。主张停止军备竞赛，全面裁军，实现国际缓和；建立基于互相尊重、平等互利、互不干涉别国内政原则的国际经济新秩序；加强在阿拉伯工联领导之下的阿拉伯工人阶级的团结统一，加强阿拉伯劳工组织的工作；加强与世界工联、非工统、拉美地区性工会组织、社会主义国家工会，以及东欧进步工会的合作关系。举办各种社会福利事业，开展扫盲活动和文化体育活动。

（三）叙利亚工联与中国工会关系

叙利亚工联与中国工会有着传统的友好关系，两会保持密切的高层交往，在国际工运领域一贯相互支持。2018 年 11 月，应中国工会邀请，以主席贾马尔·高迪利为团长的叙利亚工联代表团访华。在京期间，时任中华全国总工会领导会见了代表团。

思考题：

1. 亚太地区工会运动最重要的特征是什么？具体表现有哪些？
2. 简述国际工会联合会亚太区域组织的主要活动。
3. 试比较澳大利亚工会运动和新加坡工会运动的异同。
4. 简述日本工会和新加坡工会在维权方式上的异同。

第三章 非洲工会运动概况

本章着重介绍非洲工会运动的情况。非洲有 54 个国家，地域面积为 3000 多万平方公里，目前人口超过 14 亿。非洲是世界上语言种类最多的大陆，根据权威统计，独立的语言约为 800—1000 种。非洲各国官方语言主要沿用英语、法语、葡萄牙语（西班牙语）等殖民语言，以及多种民族语言。北非语言比较统一，从埃及到毛里塔尼亚都是阿拉伯语居主导地位。非洲欠发达、不平衡的经济状况，多种族、多元化的语言文化和宗教，殖民历史、民族独立后政局的不稳，特别是近年来中西部非洲及临近的北非国家频繁军事政变导致政权更迭、新冠肺炎疫情暴发和俄乌冲突等都影响到非洲工运的现状。本章第一节简要介绍非洲地区工会运动的历史和现状，第二节重点介绍非洲区域工会组织情况，第三节按地域划分重点介绍非洲四个国家的工会组织情况。

第一节 非洲工会运动历史和现状

非洲工会组织在 20 世纪广大非洲人民争取独立和解放的运动中曾经发挥了重要作用，在 20 世纪 80 年代民主化浪潮后大多实现了工会组织多元化，并宣称独立于政府和政党，但事实上仍然与政党保持密切联系。非洲非正规经济规模较大，工会会员流失、经费困难等问题突出，新冠肺炎疫情使这些问题加剧，工会运动面临重大挑战。

一、非洲工会运动历史

（一）工会组织是争取民族独立斗争的重要力量

非洲大陆的工人阶级出现较晚，最早的工人阶级出现在英法殖民者开发的矿山、种植园和码头等处。20世纪二三十年代，在埃及、突尼斯、南非和塞内加尔等地，工会运动有了初步的发展。第二次世界大战以后，非洲的工人阶级有了显著的发展，工会运动也有了较大的起色。

非洲近代史上曾饱受殖民侵略之痛，20世纪初，非洲只剩埃塞俄比亚和利比里亚两个独立国家。非洲的工会组织深受宗主国工会运动的影响。20世纪六七十年代非洲各国独立前，许多非洲国家工会在组织结构和运作方式等方面都参照宗主国工会模式，而在非洲法语国家，许多工会组织最初都是法国总工会的下属组织。

非洲工会组织建立初期是为了捍卫工人的物质和精神利益，帮助工人免受残酷的剥削。后来，由于非洲工会领导人全心致力于民族解放斗争，工会组织的工作重心也发生了转变。非洲工会领导人坚信，工会斗争应优先与民族解放运动相结合，使非洲人民从殖民统治中获得独立。这种社会意识和民族意识的融合使得所有斗争围绕单一目标而进行，这个目标就是独立。这就促成工会与谋求独立的政党之间建立了紧密的联系。在广大非洲人民争取民族独立的斗争中，许多非洲国家的工会组织成为重要的斗争力量，与从事民族解放斗争的政党组织密切合作，为国家独立作出了重要贡献。

（二）民主化浪潮推动工会多元化

在取得独立斗争胜利后的相当长的一段时间内，强调团结和统一成为非洲工会运动的主旋律。许多国家建立了统一的全国性工会组织，并且与执政党和政府保持密切联系。就像在争取民族解放的时代一样，工会领导人与执政党在为同一个目标而奋斗，这个目标就是建设国家，为国家建立必要的体制以及能够满足刚获得自由的人民需求的经济基础。一些工会组织成为执政党下属的群众组织，积极参与国家的政治经济建设，为独立后国家经济的发展作出了贡献。

自20世纪80年代末开始，随着民主化浪潮的兴起，非洲各国纷纷进行经济和政治改革，推行多党制和多工会制。随着非洲各国对建会立法管制的放宽，大批新的工会组织诞生，传统工会组织纷纷修改章程，宣称独立于政党和政府，许多传统工会组织失去了以往在国家工运中的垄断地位。需要提及的是，许多工会组织参与国家的政治变革，因此工会运动仍然是非洲国家社会生活中公认的重要组成部分，是政治、经济和社会生活中无法绕过的重要社会角色。

2010年12月17日，街头小贩自焚引发突尼斯骚乱，进而导致本·阿里政权倒台。随后，包括北非多国在内的阿拉伯国家政局出现动荡，埃及、利比亚相继发生“革命”并导致政权更迭，形成所谓的“阿拉伯之春”运动。由于大部分阿拉伯国家工会同西方国家主导的国际工联在政治立场、工会目标、组织原则、发展理念等方面存在较大差异，当一些阿拉伯国家发生政权更迭后，国际工联采取各种方式打压阿拉伯工联，推动阿拉伯地区工会多元化和亲西方化。国际工联的政策主张激起了该地区大国工会的危机意识，遭到阿尔及利亚、埃及和苏丹等阿拉伯大国工会的抵制，以前存在竞争关系和矛盾的阿拉伯大国工会一度加强团结，捍卫阿拉伯工会的独立和国家利益。近年，随着国际工运形势的变化，国际工联下属非洲区域和阿拉伯地区工会不断扩张，包括北非阿拉伯国家在内的非洲国家工会陆续加入国际工联及其下属区域组织。

二、非洲工会运动现状

（一）新冠肺炎疫情影响下的非洲工会

近年来，非洲一些国家频繁发生军事政变，局部政治、安全动荡的特征进一步显现。2017 年的津巴布韦、冈比亚，2019 年的阿尔及利亚和苏丹共和国，乃至“阿拉伯之春”波及的埃及、突尼斯，都是以“全民街头抗议，促使军队逼宫”这样的路径，实现非正常的政权更迭。2021 年，受新冠肺炎疫情影响，一些非洲国家出现财政困难、民众不满、政府对军队的控制力下降等问题，多种因素共同促成了马里、几内亚和苏丹等国陆续发生政变。政权更迭势必导致工会和执政党及政府的关系发生改变，对工会工作带来影响。这其中最为典型的是苏丹的政局演变及其对工会的影响。苏丹地处非洲，又是阿拉伯-伊斯兰国家，是非洲、阿拉伯世界的人口大国，特别是年轻人占比很大。因此，非洲和阿拉伯世界面临的社会问题在该国兼而有之，如独裁统治、老人政治、经济结构畸形、民族宗教矛盾突出、极端主义猖獗、外部制裁和干预等。2019 年苏丹军事过渡委员会接管苏丹政权后，苏丹工联处境变得极为艰难。当年 12 月 17 日，苏丹工联遭到过渡政府取缔，财产被没收，银行账户被冻结，工会干部遭到逮捕、迫害，至今苏丹工联仍无法开展工作。

新冠肺炎疫情对劳动世界造成巨大冲击，工会运动面临的一些挑战被放大，如失业率大幅上升、不安全和非正式工作的增加、社会保护缺失等，数以万计的非洲工人陷于贫困。新冠肺炎疫情对青年、妇女、移民工人以及非正规就业群体的影响尤为严重。此外，非洲地区国家普遍有医疗水平偏低、流动人口较多、社会管理能力差的特点。非洲固有的历史、宗教矛盾、政局动荡与粮食和经济危机叠加共振，给非洲工会工作带来巨大挑战。

（二）非洲地区工会运动的特点

非洲各国工会运动因地域、文化以及经济发展水平的差异而各具特点，但总体呈现为以下几个特点。

1. 普遍实现多元化、工会组织众多。

许多非洲国家在获得独立后，最初建立的是全国统一的工会组织。20 世纪 80 年代以来，受西方民主政治的影响，非洲国家普遍为工会多元化提供了立法保障，工会多元化理念也被众多非洲工会人士所接受，大多数国家出现多工会并存的局面。

在非洲法语国家，工会分裂情况尤为严重，数十家全国性工会组织并存的情况并不少见。如尼日尔，有 10 多家全国性工会组织，其中最有代表性的 7 家工会在国际劳工大会中轮流担任工人代表。刚果共和国（简称“刚果（布）”）、刚果民主共和国（简称“刚果（金）”）、布基纳法索、中非共和国和毛里塔尼亚等国家，都是多家工会并存的局面。在只有 100 多万人口的毛里求斯，有代表性的全国总工会就有 5 家。大多数曾为英国殖民地的非洲国家，曾经在相当长的时间内都是只有一家全国性工会组织，近年来也逐渐形成了工会多元化的局面。南非分化为三家有代表性的全国总工会。纳米比亚政府曾提出“一个国家、一个联盟、一个行业、一个工会”的口号，长期保留一家全国性工会组织。然而近年来，这个人口只有 250 多万、就业职工人数不到 73 万的国家，已注册在案的就有三家全国性工会，另有四家新成立的工会正在注册阶段。肯尼亚、赞比亚、坦桑尼亚、埃塞俄比亚等国，也出现了其他全国性工会，但仍是一家全国总工会独大或最具代表性，其他工会的地位和力量无法与之抗衡。多元化后的北部非洲国家，如突尼斯、毛里塔尼亚、摩洛哥等，有众多的全国性工会，各派工会或投靠不同的政治势力，或内部争权夺利缺乏战斗力；唯有苏丹、阿尔及利亚、埃及等国，长期都是唯一合法、强势和地位稳固的全国性工会，这类工会同执政党和集团保持密切联系，在政党和政府支持下，社会影响力很强。

工会分化的原因是多方面的，包括国内政治势力的影响，个别工会领导人的私欲，工会价值体系内战略视野的缺乏，意识形态的认同缺失，国际工联、世界工联以及非洲本土区域工会组织对非洲工会的争夺，等等。

工会多元化直接带来工会运动的分化，本就弱小的非洲工会组织力量更加分散。工会间往往因为一些历史恩怨，互相攻击，互相拆台，很难进行真正的合作，工人的力量被削弱，无法与政府和雇主抗衡，工人利益难以实现。

随着非洲工人面临的就业和生存压力等共同问题越来越凸显，一些非洲工运界的有识之士纷纷呼吁非洲各国工会从工人的根本利益出发，切实加强团结。非洲工会在团结合作方面取得了明显的进展。在许多国家，多家全国性工会联合起来，通过成立统一的工会间合作组织等途径开展不同形式的合作，共同与政府和雇主谈判；非洲的区域性工会组织，如非工统和国际工联非洲区域组织（ITUC-AFRICA），也开展了多种形式的合作，这些合作得到了国际劳工组织和一些发达国家工会组织（如北欧工会）的支持。

2. 宣称工会独立于政府和政党，但实际上与其保持密切联系。

在建国初期，相当多的工会组织接受执政党的领导并与政府保持密切关系。如在塞内加尔，塞内加尔全国劳动者联盟曾长期在当时的执政党——社会党的领导之下，该组织的总书记是社会党政治局成员，工会倡导“负责任地参与”国家事务，常有工会人士担任政府职务，政府劳动部部长的任命须得到工会的认可。在工会多元化以后，传统的工会组织纷纷修改工会章程，宣布独立于政府和政党，新成立的工会组织更是以此为标榜，否则会被指责不是真正的工会组织。但实际上，许多工会组织都与政党和政府有关联。在立法和总统选举时，工会选择支持某个政党或政治集团，以换取政党和政府对工会的支持。如南非工会大会（简称“南非工大”）与南非非洲人国民大会（简称“非国大”）和南非共产党结成三方执政联盟，在立法和总统选举时支持政府和执政党。埃塞俄比亚、刚果（布）和贝宁等国的工会组织可以在财政上定期获得政府的资助。不过，工会有时也对政府的决策给予严厉的批评，甚至组织罢工。

3. 工会组织吸引力下降，能力建设有待加强。

非洲国家工会与其他地区的工会一样，面临多重困难，工会组织活力受到影响。一是工会组织率低。自 20 世纪 80 年代以来，在国际金融机构的监督下，非洲各国政府都对本国经济结构进行调整，加大私有化力度，缩减公共开支，压缩公务员队伍，导致正规部门就业人数下降和失业人口增加，工会的入会人数也大幅下降。近年来，非正规就业在非洲国家越来越普遍，在非洲国家经济中占比从 60%提高到 80%，逐渐在非洲经济中占据主导地位。而非正规就业人口中很大一部分是青年，尽管一些国家工会已经在非正规行业中组建工会，但由于非正规就业的灵活性和分散性，青年工人入会难度很大。工会的吸引力、代表性和后备力量都面临挑战。二是普遍面临经费困难的问题。工会多元化以后，从工资中提留会费的传统制度被取消，一些工会组织为在工会竞争中减少会员流失而不敢向会员收取会费，从政府和政党获得经费的可能性减小或完全失去可能。许多工会的自筹经费根本不足以维持组织的基本运转，在开展活动和组织人员培训方面更是受到限制，被迫减少工会活动和专职干部，并向国外工会和国际组织等寻求帮助。

4. 日益关注非洲大陆的和平与发展。

饱受内乱、贫困落后之苦的非洲劳动者深切体会到，单纯维护工人的具体经济权利，并不能真正解决工人面临的困境，只有实现和平与发展，改善工人的宏观生存环境，广大非洲劳动者的权益才能得到真正的保护。

2009年，非洲联盟-非洲工会统一组织（AU-OATUU）伙伴关系论坛建立，旨在创建一个结构化的合作平台，利用有组织的劳工运动支持非洲联盟（简称“非盟”）的一体化发展。自建立以来，非盟和非工统每年举办年度合作论坛，来自整个非洲大陆的工会代表共同讨论政策设计、影响和实施问题，在推动非洲大陆和平与发展方面取得了一些成就。例如：呼吁批准、协调和实施国际和国家劳工立法框架；制定推广非盟2063年议程框架的路线图；确定工会在路线图实施和监督中可以发挥的具体作用；塑造关于非洲和平与安全的对话，特别关注工人如何为和平与安全作出贡献；为政府保障社会稳定建言献策。

近年来，非工统总理事会多次围绕工会如何在非洲发展中发挥更重要作用等相关主题召开研讨会。非工统在2016年第39届总理事会上提出，工会应通过团结统一、民主和共同愿景来重振非洲工会运动、维护工人利益；工会要通过基本劳动法律，参与政治和经济决策过程，增强动员能力，提高工人技能；通过社会对话来确保和平稳定，促进公平分配和包容性发展，为实现非盟《2063年议程》作出应有的贡献。其2018年第41届、2019年第42届总理事会的主题分别为“和平、稳定与对话：工会和三方的角色”和“国际劳工组织百年宣言：工会的作用”。

非洲工会人士非常关注非洲大陆的经济发展。他们关注国际贸易协定的制定过程，研究其对非洲经济的影响，呼吁建立更加合理的国际经济新秩序。非工统和国际工联非洲区域组织都曾举办相关研讨会，并出版刊物向其会员组织介绍相关情况和对策建议。

此外，非工统和国际工联非洲区域组织积极参与对苏丹达尔富尔地区冲突的调解。卢旺达、布隆迪和刚果民主共和国等国的工会组织还在比利时政府和工会的资助下开展了“劳工界预防群体冲突”技术合作计划，为实现该地区的持久和平作贡献。许多工会积极参与政府消除贫困计划及体面劳动国别计划的实施。一些工会如埃塞俄比亚工联、马里全国劳联和莫桑比克中央工会等还把改善国内的投资环境作为工会关注的目标，希望以此促进国内的经济发展，最终改善工人的工作和生活条件，达到维护工人权利的目的。

疫情暴发以来，很多国家工会积极参与政府的抗疫行动，向工人宣传接种疫苗的重要性，在减轻疫情对非洲社会经济发展以及对工人就业的负面影响中积极发挥工会作用。

（三）新形势下非洲工会对策

1. 积极应对疫情，捍卫工人权利。

非工统领导人认为疫情既体现了工会组织凝聚工人力量、反映工人诉求的重要性，又凸显了工会组织持续为工人权益发声的迫切性，工会需要成为国家和地区层面应对疫情和从疫情中恢复的重要参与部分。非工统及多个非洲国家工会组织在应对疫情、保护工人就业和生活方面发挥了重要作用。一是推动政府为工人接种疫苗。如尼日利亚劳工大会、南非工大等工会向工人宣传接种疫苗的必要性，动员工人接种疫苗，敦促政府为工人在工作场所接种疫苗作出特殊安排。二是向工人发放抗疫物资。如科特迪瓦工人总联合会在各个国家工会的资助下，向移民工人等弱势群体发放抗疫物资。三是积极探索后疫情时代如何更好维护工人权益。如肯尼亚中央工会组织发布了《新冠肺炎应对和复原战略》，面对疫情带来的挑战，提出了工会未来的应对战略。还有许多工会与政府和雇主签订了谅解备忘录，要求既要保障工人的工作，也要确保工人在工作场所的安全。

2. 积极参与社会对话，提高劳动者福祉。

非洲国家工会组织积极参与社会对话，通过谈判参与国家立法，保护工人就业，提高工人福利。如加纳工大（TUC）代表工人参与国家最低工资谈判，推动最低工资增长，2021 年、2022 年全国最低工资标准分别增长 6%、8%。肯尼亚中央工会组织针对国家能源价格政策、税收政策、信贷政策等发声，减轻工人的生活负担。南非工大与政府和雇主谈判，保护参与罢工的工人免遭解雇。博茨瓦纳工会联合会就就业政策法案呼吁开展社会对话，表达工人诉求。尼日利亚劳工大会就物价、工人待遇、涉及职工利益的国家立法等问题与政府展开对话。科特迪瓦工人总联合会 2022 年与政府和雇主在开展社会对话后签订了休争协议书，在为公共部门职工争取到了包括住房、交通、育儿等津贴和工资增长权利的同时，承诺在 2022 年至 2027 年不采取罢工的方式争取工人权益，以维护社会平衡稳定。

3. 加强工会自身能力建设，应对新的挑战。

新冠肺炎疫情进一步加剧了劳动世界的变化，对工会工作提出了新的挑战。为了使工会能更加有效地代表工人，非洲多国工会组织努力加强自身能力建设，以便应对劳动世界的新变化。如肯尼亚工会通过开展对工会干部的培训，增进工会领导人尤其是年轻工会领导人对劳动世界新问题的认识，提高他们的工作能力。加纳工会组织召开青年和妇女工会干部研讨会，就青年和妇女群体的就业及维权策略问题开展研讨。

4. 开展国际合作，增强工人权利意识和提升就业技能。

非洲工会组织通过国际合作项目努力提高工人技能，保障弱势群体就业。国际工联非洲区域组织在非洲 13 个国家（安哥拉、博茨瓦纳、科摩罗、刚果民主共和国、斯威士兰、马达加斯加、马拉维、毛里求斯、纳米比亚、南非、坦桑尼亚、赞比亚和津巴布韦）通过各国工会实施泛非青年项目，旨在提高青年对非洲地区劳工标准和工会权利的认识，在疫情期间扩大青年组织、维护青年权利，同时提升工会对改善工人福祉的贡献。非工统注重维护并拓展与欧洲国家工会的合作，积极争取更多合作项目在非洲落地实施，由瑞典、比利时等国工会资助的泛非教育计划就是非工统的合作项目之一，旨在加强非洲工人和工会的能力建设。中国工会也曾资助非工统在多个非洲国家开展过为期数年的工人教育计划。

第二节　非洲区域性工会组织

非洲大陆的数家区域和次区域性工会组织，在凝聚非洲工人力量、维护非洲工人权益和推动非洲大陆经济社会发展中发挥着重要作用。非洲工会统一组织是非洲大陆唯一包含所有非洲国家工会的区域性工会组织，其在非洲大陆发挥了重要的政治社会作用。东部非洲、南部非洲、西部非洲和中部非洲均有次区域性工会组织。两大国际性工会组织——国际工联和世界工联，在非都有分支机构，如国际工联的非洲区域组织和阿拉伯地区组织（办事处设在约旦、阿曼），世界工联分别在南非约翰内斯堡（讲英语国家）、加蓬利伯维尔（讲法语国家）和叙利亚大马士革设立了 3 个地区办事处。另外，还有阿拉伯工会国际联合会（详细介绍见第二章）也吸纳了北部非洲数个阿拉伯国家的工会组织。

一、非洲工会统一组织

非洲工会统一组织（简称“非工统”）成立于 1973 年，总部设在加纳首都阿克拉。成员包括来自非洲 54 个国家的 73

个工会组织，会员人数超过2500万人。主席弗朗西斯·埃特沃里（肯尼亚人，兼肯尼亚工会中央组织总书记），2014年3月当选；总书记阿里兹基·马祖德（阿尔及利亚人），2015年2月当选。

代表大会是最高权力机构，每四年召开一次，代表大会选举执行委员会、主席、副主席和总书记。在两次代表大会之间，由总理事会代为行使权力，总理事会由执委会全体成员以及每个工会组织派一名代表组成，每年至少召开一次会议。书记处由总书记、两名副总书记和一名总司库组成，负责处理日常事务。

非工统是非洲工会人士响应泛非团结的号召，在非洲统一组织积极鼓励下成立的，与非洲统一组织以及后来的非洲联盟保持密切合作关系。非工统是非洲大陆重要的工会组织，在非洲联盟、联合国、国际劳工局及其他联合国专门机构中享有咨商地位。

在以反帝、反殖、反霸为主题的年代，非工统的工作重点是为实现民族独立和解放、发展民族经济，以及维护非洲工会运动的团结和统一而共同努力。非洲国家工会在这一时期普遍参加非工统，而不参加其他国际性工会组织。

20世纪80年代末，随着非洲多党制和工会多元化的兴起，非洲各国面临严重的政治经济和社会危机，非工统也面临巨大困难。随着国际工联力量在非洲的迅速扩张，非工统的许多重要会员组织加入国际工联。特别是近年来，除苏丹工会等个别组织因价值观不同而被国际工联非洲区域组织排斥在外，非工统的会员组织特别是很多骨干组织均加入国际工联非洲区域组织，非工统甚至被迫对其内外方针进行了调整，与世界工联、阿拉伯工联发表联合声明，欲采取一致行动以应对国际工联非洲区域组织带来的挑战。

目前，非工统的主要任务是：动员非洲工人和人民为实现非洲政治、社会和经济一体化而奋斗，维护工会权利和社会稳定；促进经济发展，反对国际货币基金组织和世界银行强加给非洲国家的经济结构调整计划，维护和平，建立民主社会，与失业、贫穷、外债、艾滋病等问题作斗争，促进建立社会保障，提高工会自身素质，积极参与国际工会运动，等等。其具体目标是：一方面，协调和指导所属会员组织的行动；在非洲大陆和国家一级实现工会团结；维护非洲工人阶级及其组织的物质和精神利益；推动非洲劳工立法和集体谈判原则协调一致；保护和宣示非洲工会运动在各层次的独立性和身份；促进、加强和维护人权和工会权利；代表和维护非洲劳动者、非洲区域和国际性工会组织的利益；推动非洲经济的团结和一体化；为建立和巩固世界和平作贡献；帮助成员工会组织加强工人团结；与移民输入国工会组织合作，维护非洲移民工人的物质和精神利益；同帝国主义、殖民主义、新殖民主义、种族主义、种族隔离、犹太复国主义及其代理人，以及封建主义和其他任何形式的剥削和压迫作斗争。另一方面，为非洲的独立和人民的完全解放而斗争；消除殖民主义余毒和一切强加的形式，从而建立一个有利于非洲民主、和平和进步的社会新秩序；保障非洲大陆劳动者在工作场所的卫生和安全、教育和培训。新冠肺炎疫情暴发和俄乌冲突爆发以来，非工统关注疫情和俄乌冲突对非洲经济社会及工人的影响，积极探讨应对措施。

非工统同中华全国总工会长期友好，两会保持密切的高层交往，在国际工运事务中协调立场，密切配合。两组织开展了多种形式的合作。作为“经济全球化与工会”国际论坛的发起组织之一，非工统与中国工会共同举办了10届论坛。全国总工会与非工统曾先后签署《全总-非工统职工教育合作备忘录》《全总-非工统共同合作协议》，全国总工会多次向非工统提供援助，支持其建设新办公楼及其下属劳工学院宿舍楼，援建非工统网站，并为其培训技术人员。近年来，中国工会与非工统多次合办中非工会领导人有关中非命运共同体与工会作用、后疫情时代的中非工会合作等研讨班，向非工统提供办公设备和抗疫物资等多种形式的援助。中国工会与非工统的交流与合作为促进中非民间友好发挥了重要作用。

二、国际工联非洲区域组织

国际工联非洲区域组织是国际工联在非洲大陆的协调执行机构，成立于2007年11月，由原国际自由工联非洲区域组织和世界劳联非洲区域组织合并而成，其总部设在多哥首都洛美。该组织现有会员约1700万人，涵盖51个非洲国家的101家全国性工会组织（2022年数据）。作为一个泛非工会组织，该组织宣称通过强化非洲工会联系，团结非洲工人，为工人创造健康、体面的劳动环境并反对一切形式的剥削和歧视，是一个服务于全体非洲工人福祉的统一、民主、独立的区域性工会组织。该组织与中华全国总工会建立了对话交流关系。2011年7月，该组织总书记克瓦斯·阿度·阿曼克瓦和主席莫迪·奎罗应邀访华。2012年7月，主席莫迪·奎罗随国际工联代表团访问中国。2015年11月，中华全国总工会应邀派代表团赴塞内加尔出席了国际工联非洲区域组织第三次代表大会。

三、次区域工会组织

非洲的次区域工会组织以地理区域为界限，分为东非工会联合会、南部非洲工会协调委员会、西部非洲工人组织和中部非洲工人工会组织。其中，东非工会联合会和南部非洲工会协调委员会的影响力和规模较大。此外，还有尼罗河国家工会论坛（The Forum of Trade Unions of Nile Basin Countries），总部在埃及，有“10+1”个会员组织；阿拉伯马格里布国家工会联合会（Union of Workers of the Arab Maghreb-UWAM），总部设在突尼斯，有五个会员组织。

（一）东非工会联合会

东非工会联合会（简称“东非工联”）成立于1988年，总部设在坦桑尼亚的阿鲁沙。东非工联的权力机构包括峰会、专家委员会和书记处。峰会是东非工联的最高权力机构，书记处由执行书记领导，负责日常事务。自2006年开始，东非工联每年召开成员组织领导人峰会，制定该组织的年度计划。东非工联目前有6家成员组织，分别是肯尼亚工会中央组织、坦桑尼亚大陆的坦桑尼亚工会大会、坦桑尼亚桑给巴尔地区的桑给巴尔工会大会、乌干达工会全国组织、布隆迪工会联合会和卢旺达工人工会联合会。东非工联的主要目标是在东非共同体一体化过程中，从各个层面整合东非地区工人力量，捍卫他们的共同利益，通过采取共同行动促进社会公正。作为次区域工会组织，东非工联是建立协商对话的一个重要机制，通过促进会员国批准国际劳工标准，推动青年和妇女在社会经济发展各领域一体化，推动体面劳动议程，促进东非地区劳动法律和政策的协调，大力在本区域推动生产要素自由流动的概念。新冠肺炎疫情暴发后，东非工联关注疫情对非洲社会经济的影响，并参与有关应对疫情的国际或区域视频会议。东非工联社会影响较大，是东非共同体的观察员组织，在东非地区乃至非洲大陆工运中发挥着重要作用。东非工联与中华全国总工会保持着友好交往，该会曾多次派代表出席“经济全球化与工会”国际论坛。全国总工会多次应邀派团出席东非工联峰会，两组织多次在国际和非洲劳工多边场合会晤。

（二）南部非洲工会协调委员会

南部非洲工会协调委员会是代表南部非洲发展共同体所有

重要工会联合会的地区性工会组织。1980年4月，坦桑尼亚、赞比亚、莫桑比克、安哥拉、津巴布韦、博茨瓦纳、莱索托、斯威士兰和马拉维等九国首脑在赞比亚首都卢萨卡举行会议，成立了区域性经济合作组织——南部非洲发展协调会议，旨在发展南部非洲各国间的经济合作，摆脱经济上对南非的依赖。为了配合九国政府的这一行动，协调南部非洲国家工会之间的活动，加强该次区域工会之间的团结，特别在区域层面上表达有关劳工问题的意见，由非洲工会统一组织发起和组织，上述九个国家的总工会于1983年3月在博茨瓦纳首都哈博罗内开会成立了南部非洲工会协调委员会。博茨瓦纳工会联合会主席弗兰克·姆齐齐被选举为委员会主席，非洲工会统一组织助理总书记、赞比亚工会大会领导人萨姆·隆古被任命为书记。后来，流亡在赞比亚的南非非洲人国民大会下属的南非职工大会、流亡在坦桑尼亚的阿扎尼亚泛非主义者大会下属的阿扎尼亚工会协调中心以及流亡在安哥拉的西南非洲人民组织下属的纳米比亚全国工人工会也参加了南部非洲工会协调委员会。目前，南部非洲工会协调委员会在南部非洲发展共同体16个成员国中的14个成员国有22个会员工会，会员总数约500万人。南部非洲工会协调委员会是唯一在南共体具有特殊地位的被正式认可的地区工会联合会。1989年1月取得南部非洲劳工部长委员会给予的咨询地位。南部非洲工会协调委员会致力于通过提供一个动态、包容和可持续的平台来影响有利于劳动人口和穷人的区域政策，使南部非洲劳动人民团结起来，摆脱剥削、不公正和压迫。自成立以来，南部非洲工会协调委员会一直具有很高的政治知名度，报告政治、经济、劳工、人权状况以及工会权利，并试图影响南部非洲发展共同体的政策。其中一项重大成就是南部非洲工会协调委员会及其下属组织于2003年通过的《南部非洲发展共同体基本社会权利宪章》。南部非洲工会协调委员会最近关注新冠肺炎疫情对非洲经济社会的影响及作用。20 世纪 80 年代末，南部非洲工会协调委员会曾派代表团来华与中华全国总工会进行双边交流，近年来两组织多次在多边场合谋面并沟通交流。

（三）西部非洲工人组织

西部非洲工人组织成立于 1984 年 3 月 20 日，总部设在尼日利亚阿布贾，成员包括贝宁、冈比亚、几内亚、布基纳法索、毛里塔尼亚、科特迪瓦、加纳、几内亚比绍、利比里亚、尼日尔、尼日利亚、多哥、塞内加尔、马里等 14 个西非国家经济共同体成员国的总工会。该组织依据 1983 年西非国家经济共同体第六届首脑会议“5·1”建议书建立，获得西非经济共同体承认和支持。该组织目标和主要任务是：实现西非经济一体化和非洲的团结统一；实现整个非洲大陆的解放和各成员国经济、文化、社会等方面的发展；协调各成员国的就业计划；协调各成员国的劳工立法；制定一项旨在保证人员自由流动的政策，从而保障移民的权利；发展生产，开展合作化运动，实现粮食自给；促进各成员国工业的发展，特别重视共同体的专业化企业；取消内部关税，实现共同体内的自由贸易。20 世纪 90 年代，该组织主席和总书记曾应邀来华与中国工会进行双边交流。近年来，该组织多在国际劳工大会和非工统会议期间与全国总工会交流会晤。

（四）中部非洲工人工会组织

中部非洲工人工会组织（曾用名“中部非洲工人组织”）成立于 1985 年 12 月，总部设在刚果（金）首都金沙萨，现有加蓬、喀麦隆、乍得、中非、刚果（金）、刚果（布）、赤道几内亚、圣多美和普林西比等八个会员国。卢旺达和布隆迪曾为该组织会员国，但是被划归为东非国家后脱离该组织。该组织得到中部非洲经济共同体的承认和支持。由于多种原因，该组织代表大会未按常规举行，第三次代表大会于2019年召开。该组织目标和主要任务是：实现本地区乃至整个非洲大陆的解放，维护本地区的稳定与和平；支持所有进步力量反对侵略和压迫的斗争；支持中部非洲经济共同体为实现经济一体化所做的努力；促进各国经济和生产的发展、促进农业的发展，推动合作化运动，实现粮食自给；支持成员国为实现工业化所做的努力；支持旨在为实现经济一体化和共同体内自由贸易而取消关税的政策；加强工会的组织建设，实现本地区工会的团结统一，帮助尚未建立工会的国家建立工会，在有关的区域性组织和机构中维护和代表工人利益。该会成立后即同中国工会建立了友好关系。1989年，该会总书记率团访华。近年来，两会双边交往较少，但两会领导人在国际场合保持密切接触。

第三节　部分国家工会简况

本节以地理区域划分，分别选出了北非、东部非洲、西部非洲和南部非洲的一个国家的全国性工会进行重点介绍。其中埃及工会总联合会是北非地区建立最早、影响力最大、会员人数最多的全国性工会组织。肯尼亚工会中央组织是东部非洲规模最大、最有影响力的工会，其总书记埃特沃里是非洲工会统一组织的现任主席。南非工会大会虽然与南非非洲人国民大会以及南非共产党结成了“三方联盟”，但是在南非全国工会理事会和南非工会联合会的竞争下出现了分裂，代表了非洲与政党联系密切、在民族独立解放运动中发挥过重要作用，但是在多元化过程中遭到削弱的非洲工会。尼日利亚劳工大会是非洲最大的国家性工会，在区域和国际工会运动中都有重要影响。其由四个独立工会合并而成，反映了工会多元化后团结工会力量的成功实践。

一、埃及工会总联合会

埃及工会总联合会（简称“埃及工联”）成立于1957年1月30日，是埃及唯一的全国性工会联合会，也是埃及最大的社会团体之一，下属24个产业工会和12个省级工会，会员人数约450万人。埃及工联总部位于埃及首都开罗。2022年6月，埃及工联举行换届选举，原埃及空运工会主席哈桑·夏哈塔当选新一届埃及工联主席。

埃及工联有两个直属机构：一个是工人教育局，主管培训工人和工会干部，在全国有53个工人培训中心，7个干部学院和1个工人大学；另一个是工人社会局，主管工人及其家属在社会、文化、娱乐、体育和福利等各方面的活动。

在国际交往中，埃及工联积极参与西亚非洲地区工人运动的各项事务，该会原主席吉百利·穆拉基兼任阿拉伯工会国际联合会中央理事会主席，埃及工联也是世界工联和非洲工会统一组织的重要成员，在地区有一定的影响力。

埃及工联领导埃及工会运动，其政策及目标任务：在国内，维护埃及工人的权利和共同利益，提高他们的经济、社会和文化水平；参加经济社会总体计划草案的讨论；推动工会法的修改，维护工会组织团结统一；表达对法律法规以及劳动和工人事务相关决定的意见；协调各产业总工会，协助他们实现自己的目标；通过制定工会工作道德荣誉公约，保证工会在主流原则和价值观内开展工作；建立文化、科学、社会、合作社、医疗、保险和娱乐性的组织，向全国范围内的会员提供服务。在国际上，重视发展同西亚非洲地区国家工会的友好关系，反对国际工联等组织的外来干涉。2017年8月3日，埃及工联、苏丹工联和巴林自由工联的工会领袖在埃及首都开罗会晤，三方达成重启尼罗河国家工会论坛的决议，积极拓展在尼罗河地区的影响力，目的是加强阿拉伯和非洲兄弟的联系与合作，推动尼罗河国家工会发挥更大作用。

埃及工联与中国工会有着传统的友好关系，两会保持密切的高层交往。埃及工联时任总书记穆罕默德·瓦哈卜拉曾分别于2017年和2018年来华出席中非工会领导人研讨班。中国工会代表团曾于2018年赴埃及首都开罗出席世界工联第四届泛非工会会议暨“21世纪非洲工会运动的当务之急”国际研讨会。此外，埃及工联下属多个产业工会与全国总工会下属省级工会建立了友好关系，交流交往频繁。

二、肯尼亚工会中央组织

肯尼亚工会中央组织（简称“肯尼亚中央工会”）成立于1965年10月，总部位于肯尼亚内罗毕。下属45个产业工会，共有会员400万人，是肯尼亚唯一的全国性总工会，是国际工联、非工统和东非工联的成员组织。现任主席拉贾布·姆旺迪，总书记弗朗西斯·埃特沃里。

肯尼亚中央工会每五年召开一次工会代表大会，大会选举产生主席、副主席、总书记、副总书记等中央领导。肯尼亚中央工会的组织结构包括执行委员会、董事会，以及行政部，教育、培训、经济和研究部，劳资关系部，性别和女职工部等四个部门。

肯尼亚中央工会的远景目标是建成捍卫可持续和体面劳动环境的一流工会联合会，中心任务是通过社会对话、对工人的有效代表来维护和保障全体工人的权益，核心价值观是团队协作、参与型领导、尊重工人的权利和特权、工人团结、三方合作、专业与诚信、创新和持续学习、以结果为导向的集体协商。

肯尼亚中央工会的行动策略：在自由、平等、安全和尊严的条件下开展活动、建设产业工会，发展工人教育，倡导政府出台合适的就业和劳动力市场政策以及法律法规，在国家、地区和国际层面代表和表达工人的观点，与政府、私营部门、区域性和国际性工会联合会建立合作、联盟和伙伴关系。

肯尼亚中央工会的具体目标：提高工人的社会和政治地位，改善工人生活水平；组织工人，建设产业工会；协调工人与雇主的纠纷，为双方建立良好关系；确保在制定劳动与就业政策和法律时充分有效地代表工人；通过会费、捐款、征税等方式维持运转资金；开设教育与培训委员会，提升工人素质；加强与全国性和国际性工会组织的联系。

肯尼亚中央工会在国内政治、经济和社会生活中具有较大影响力，与执政党和政府保持良好关系。在集体协商方面，肯尼亚中央工会推行劳资关系政策，开展职业安全与健康项目；主张将生产力纳入工资设定和集体协商；建议工资协商与市场机制保持一致；帮助建设劳动咨询委员会等工资制定机构；加快集体谈判协议的登记和劳资冲突的解决；鼓励三方开展社会对话，支持培训和研究。

肯尼亚中央工会在非洲大陆和国际工运中比较活跃，发挥了较大作用。因总书记埃特沃里同时担任非工统主席和东非工联主席，肯尼亚中央工会与这两家区域性工会组织交往密切，先后于2018年、2019年承办了东非工联“推进东部非洲和整个非洲大陆工人运动”会议和非工统第42届总理事会。

2021年4月，肯尼亚中央工会召开了第14次代表大会。大会上总结了肯尼亚中央工会2017年至2021年的重点工作和成就：推动2017年、2018年最低薪资标准分别提高18%、5%；扩建和修缮汤姆·姆博亚劳工学院，用以培训会员和举办会议；促使肯尼亚总统乌胡鲁·肯雅塔与前总理拉伊拉·奥廷加于2017年达成“搭建桥梁倡议”，推动宪法修订；呼吁政府制定与零工经济相关法律，强调非正规部门向正规部门转型；在新冠肺炎疫情暴发后，为工人提供防护用品，与政府和雇主联合会签署谅解备忘录，制定干预措施保护工人。

三、南非工会大会

南非工会大会（简称“南非工大”）成立于1985年12月，总部设在南非约翰内斯堡，下属产业工会17个，共有会员151.7万人，是南非最大的工会组织，是国际工联、世界工联、非工统和南部非洲工会协调委员会成员组织。现任主席津吉斯娃·洛西，总书记索利·菲托。

南非工大组织结构包括全国代表大会、中央委员会、中央执行委员会、省级代表大会、省级执行委员会、省级工人代表委员会、地方工人代表委员会和地方执行委员会。全国代表大会每四年举办一届，每750名会员产生一名大会代表，大会选举一名主席、两名副主席、一名总书记、一名副总书记、一名财政部部长共六位中央领导。每4000名会员产生1名中央委员。中央执行委员会由中央领导、各省总主席和总书记以及6名产业工会主席组成。

南非工大的口号是“对一个人的伤害就是对所有人的伤害”，表明了工人阶级大团结的愿景。主要战略目标：改善工会会员和劳动者的物质生活条件，工会组建工作，确保工人能够参与和平和民主进程。具体任务：通过经济重组和教育培训维护工人权益，通过鼓励工人入会和推进工人运动建立工会团结；通过产业覆盖和工会合并建设产业工会；通过促进合作和创建论坛支持下属机构；通过收取和合理使用会费管理工会资产。核心原则：反对种族歧视；坚持工人主导；贯彻会员收费制；实现工会统一，即“一个产业一个工会，一个国家一个工会联合会”。

南非工大反对任何形式的种族隔离和种族歧视，认为所有工人，不论种族，都应该加入工会并团结起来，根除种族隔离政策造成的影响。主张工人应该控制工会的组织结构。为确保工会组织的活力，工会要与基层工人保持紧密的联系；要加强工人在整个国家和工会中的领导能力，提高妇女领导的地位，促进性别平等；要提升普通工人的素质，帮助弱势群体提升技能。

南非工大坚持会员收费制，以实现独立自主和自给自足，避免在资助者的影响下作出组织决定。以“一个产业一个工会，一个国家一个工会联合会”为最终目标，致力于产业工会团结和工会对产业的全覆盖。

近年来，在与南非全国工会理事会和南非工会联合会两家外部工会的竞争中，南非工大内部也发生了巨大分歧和分裂。2014 年 11 月，南非工大第一大行业老牌传统工会——全国五金工人工会因违反组织章程被开除。受此影响，另有七家工会自动终止南非工大会员资格。此后不久，新的一家解放五金工会正式登记注册，与分裂出来的五金工会形成竞争关系。南非工大的分裂导致其实力削弱。

2022 年 9 月，南非工大召开了第 14 次全国代表大会。会上，南非工大制定了工作计划，确定未来四年在“建立工人阶级团结，实现社会主义经济解放”的主题下开展工作，主要战略目标有：建设强大的工会；开展促就业和服务活动；教育与培训，尤其是技能培训；推动国家民主革命；建立工人团结与国际团结。与往届大会不同，本次大会并未决定在 2024 年的大选中继续支持执政党——南非非洲人国民大会还是南非共产党。2022 年 12 月，南非工大召开新一届中央执行委员会第一次会议。初轮投票陷入僵局，大部分代表支持南非共产党，但南非工大最高领导层仍支持非国大。会议声明指出，非国大应解决其组织能力差、战略薄弱的长期问题，并表示，南非工大将帮助南非共产党在工人阶级中扩大影响力，并与其合作推出一系列政治教育项目。

在政治方面，南非工大希望实现一个没有种族歧视、性别歧视和对工人阶级的剥削的民主社会。南非工大与非国大以及南非共产党结成了“三方联盟”执政。但南非工大一直批评非国大政府的一些施政方针，导致该组织在联盟中的作用遭受争议。南非工大下属工会中有的要求较大程度地独立于执政党，有的则认为联盟更有利于工会施加益于会员的政治影响。

在经济方面，南非工大主张消除经济上的不平等和贫困现象。南非工大近年来比较关注就业问题和经济发展问题，强调工资的水平应能保障贫困人口的生活，缩小工资差距，保证最低工资，同时关注工人的住房、交通和退休金等问题。

在国际问题上，南非工大主张各国工会组织必须加强团结，以保持国际工会运动的生命力长盛不衰；认为发达国家与发展中国家、发展中国家之间的工会组织的交流与合作有利于国际新秩序的建立。南非工大与世界上很多国家的工会组织和一些国际工会组织都有联系，并特别关注发展与新兴工业化国家工会的友好关系。

四、尼日利亚劳工大会

尼日利亚劳工大会（简称“尼劳大”）成立于1978年，是尼日利亚唯一的全国性工会组织。该会成立标志着尼日利亚工会大会（NTUC）、工人联合阵线（LUF）、联合工人大会（ULC）和尼日利亚工人理事会（NWC）等四家工会各自为政局面的终结。尼劳大下设43个产业工会，整合了之前数以千计的小规模工会。尼劳大推动工人加入工会的工作卓有成效，目前有600余万名会员，是非洲地区最大的工会联合会。尼劳大积极参与国际工会运动，是国际工联、国际工联非洲区域组织、英联邦工会联合会、非洲工会统一组织和西部非洲工会联合会的成员。尼劳大一直支持民主、反对独裁，在1988年遭受了巴班吉达军政府的打压，在1994年被阿巴查军政府解散，其劳工领袖遭到迫害和关押。1999年阿巴查病逝后，尼劳大恢复活动直至今日。

尼劳大现任主席阿育巴·菲利普斯·瓦巴于1968年出生，获得公共卫生硕士学位。瓦巴曾任尼日利亚医疗和健康工作者工会主席、西部非洲医疗工作者工会组织主席、尼劳大司库等职位，于2015年3月当选成为尼劳大主席。

尼劳大领导机构由全国行政委员会（NAC）、中央工作委员会（CWC）、全国执行委员会（NEC）和全国代表大会组成，其中全国代表大会每四年举办一次，是尼劳大的最高决策机构。尼劳大在全国代表大会上选举领导人组成全国行政委员会（NAC）。全国代表大会之后，举行州行政委员会（SAC）的选举。

尼劳大全国行政委员会（NAC）现有成员29人，现任主席为阿育巴·菲利普斯·瓦巴，总书记为伊曼纽尔·乌博阿贾。此外有副主席10人、副总书记两人、理事会主席一人、司库一人、托管人一人、全国审计员三人、当然成员三人，研究、信息、财务、教育、妇女和青年、外交负责人各一人。尼劳大理事会下设八个委员会，分别负责教育、财政、健康和安全、产业关系、信息、国际关系、研究、妇女和青年工作。

尼劳大与中国工会有着传统的友好关系，两会交往十分频繁。尼劳大领导人曾多次来华参加多边会议或研讨班，与中国工会在国际和地区劳工事务上沟通协调立场。

思考题：

1. 简述非洲地区工会运动的历史变革和当前工会运动的特点。

2. 非洲国家工会组织当前面临着哪些挑战？这些工会组织主要采取了哪些应对措施？

3. 非洲的主要区域工会组织有哪些？在地区工会运动中发挥着什么样的作用？

第四章　欧洲工会运动概况

欧洲是工会运动的发源地。欧洲工会运动拥有悠久的历史和传统，在当代国际工会运动中占有十分重要的地位。本章第一节介绍欧洲工会运动的历史和现状，并对苏东剧变后的东欧工会运动情况作了单独介绍。第二节介绍欧洲工会联合会，第三节介绍英国、德国、瑞典、法国、俄罗斯等国家工会组织的概况。

第一节　欧洲工会运动历史和现状

一、欧洲工会运动历史

（一）欧洲工会运动历史的总体概况

欧洲是工会运动的发源地。世界上第一个工人组织和第一个现代意义的工会诞生在欧洲。18 世纪，欧洲率先发生工业革命。随着反抗资产阶级剥削压迫的斗争不断演进，工人阶级逐渐认识到，必须联合起来成立自己的组织。1794—1796 年，在最先开始工业革命的英国，羊毛加工业工人和缝纫工人开始建立第一批工人团体。当时欧洲国家明令禁止工人结社，但工人的斗争并未因此而停止。1824 年，英国率先废除了禁止工人结社的法律，此后工会组织迅速发展起来。

1825 年，欧洲爆发了经济危机，工人阶级深陷贫困境地，阶级矛盾日益尖锐。19 世纪 30—40 年代，发生在欧洲的三大工人运动——法国里昂纺织工人两次起义、英国宪章运动、德国西里西亚纺织工人起义，就是在这一背景下展开的。这标志着欧洲工人斗争已从经济斗争发展到政治斗争。三大工人运动失败后，欧洲工运陷入低潮。

1857年，第一次世界性的经济危机爆发，欧洲社会各种矛盾更加激化，工人运动再度高涨。这一时期，欧洲工人阶级逐步认识到加强国际联合的必要性。1864年，英国、法国、德国、意大利、波兰等欧洲国家工人代表，在伦敦圣马丁教堂举行国际性会议，决定成立国际性工人组织——国际工人协会，即第一国际。

1871年，法国巴黎爆发了无产阶级革命，创建了巴黎公社。此后，欧洲工会运动不断高涨，遍及欧洲各民族国家，俄国、波兰、奥匈帝国的匈牙利、捷克和塞尔维亚等地工人运动都有了初步发展。工会组织在欧洲迅猛发展，工人阶级政党普遍建立，第二国际于1889年成立。在第二国际时期，欧洲工会运动获得了空前发展，欧洲工人和工会运动的社会条件有所改善。

1905年，俄国无产阶级政党领导了反对沙皇专制制度的革命。俄国革命对于欧洲工会运动乃至国际工会运动发展意义重大，它结束了自巴黎公社失败以来欧洲社会的相对和平，促进了欧洲工会运动的高涨。欧洲工会运动从纯粹的合法斗争形式转向群众性的直接行动，冲击了资产阶级及其国家机器。

1924—1929年是资本主义经济和政治相对稳定的时期。欧洲工会运动内部的改良主义日渐盛行，工会运动将工作重心放在争取改善劳动和生活条件、维护民主自由权利等工人的切身利益上。1929—1933年，资本主义世界爆发了严重的经济危机，欧洲工人们失去了多年来通过斗争取得的经济成果。资本主义制度固有的矛盾尖锐起来，从而导致了政治危机。第二次世界大战爆发后，欧洲工人阶级奋起投入反法西斯战争，采取罢工、游行等形式进行反抗斗争。

“二战”结束至20世纪50年代初期，欧洲工会运动进入恢复和发展时期。欧洲国家的工会在社会、政治、经济领域赢得了许多重大成果。许多欧洲国家建立了企业内的工人代表机构，如意大利的管理委员会、联邦德国的企业职工委员会等。英国和北欧国家在工会的影响下建设“福利国家”。

20世纪50年代初期到70年代中期，是欧洲国家经济发展的“黄金时代”。在这一时期，欧洲各国纷纷建立起比较完备的社会保障制度。但自20世纪70年代前期起，欧洲受到两次严重经济危机的冲击，陷入持续的经济低速增长，并引发了长期的通货膨胀和严重失业。20世纪70年代以来的第三次科技革命，进一步引发了社会与经济生活的巨大变化，欧洲国家工会的组织率不断下降，工会运动面临严峻挑战。

20世纪90年代以来，在经济全球化加速发展的形势下，欧洲国家就业形势严峻，社会福利和工资被进一步削减，集体谈判处于弱势地位，工会处境困难。2008年国际金融危机爆发后，受经济下行和失业困境影响，欧洲主要国家工会入会率连年下降。欧洲国家纷纷回归新自由主义执政理念，改革劳动法，放松对劳动力市场的规制，工会活动空间受到挤压，欧洲工会运动环境更趋复杂。

新冠肺炎疫情给欧洲劳动者和工会运动带来了巨大挑战。2020年第一季度，欧盟国家工作时间减少了2.6%。2020年第二季度，欧洲和中亚地区工作时长下降17.5%，相当于5500个全职工作，其中南欧地区工作时长下降最大（23.9%），北欧地区为16.6%，东欧地区为13.6%。与此同时，欧洲工会面临进一步被削弱的风险。法国在没有征求工会意见的情况下，于2020年3月通过《工作时间法令》。该法令规定，截至2020年12月31日，一些部门的每周工作时间需从48小时增加到60小时，日常休息时间从11小时减少到9小时。同年5月15日，法国议会通过法案，赋予社会经济委员会更多资源和权利，允许该委员会无须与工会协商，在疫情期间向雇员提供社会和文化活动“资助”。尽管如此，欧洲工会仍在积极应对疫情带来的挑战。许多工会组织与政府和雇主共同商议缩短工作时间的计划，以减少失业并且确保工人能够获得部分工资。

2022年2月俄乌冲突爆发，使欧洲工会运动面临更多挑战。俄乌冲突不仅严重地影响了俄乌两国劳动者的就业和收入，还引发了难民迁入、能源和粮食价格上涨、供应链中断等问题，给欧洲劳动者带来冲击。欧洲主要工会组织谴责俄罗斯独立工联支持普京政府对乌开战的立场，国际工联暂停俄独立工联在国际工联泛欧洲区域委员会的会员资格。与此同时，俄独立工联也宣布暂时放弃其在国际工联泛欧洲区域委员会会员资格。

（二）“原苏东地区”国家工运沿革

20世纪80年代末90年代初，东欧各国和苏联的政治局势相继发生急剧变化，工会运动也随之发生重大变化，原来统一的工会运动不复存在，出现了工会多元化的局面。工会的任务、职能以及组织原则和结构也不同于前。

（1）原有工会纷纷解体或重组并更改名称。原波兰工会中央理事会在1980年12月宣告解散，1984年组建了全波兰工会协议会（简称“全波工协”）。1989年12月下旬，罗马尼亚工会中央理事会在剧变后自行消失，1990年6月成立罗马尼亚全国自由工会联合会。1989年年底，民主德国局势发生剧变后，自由德国工会联合会陷于瘫痪，并于1990年9月30日宣布解散。随着两德统一，该会下属产业工会分别加入了原联邦德国的德国工会联合会下属的各产业工会。捷克斯洛伐克工会全国代表大会于1990年3月宣布解散捷克工会中央理事会后，成立了捷克斯洛伐克工会联合会。1993年捷克斯洛伐克联邦解体，捷克工会联合会和斯洛伐克工会联合会相继成立。1990年2月、3月和6月，保加利亚工会中央理事会、匈牙利工会中央理事会和南斯拉夫工会联合会在各自的代表大会上分别改建为保加利亚独立工会联合会、匈牙利全国工会联合会和南斯拉夫自治工会联合会。具有70多年历史的苏联工会中央理事会，于1990年10月其最后一次代表大会上宣告停止活动，改组为苏联工会全国总联合会。苏联解体后，该组织于1992年改名为总工会联合会（简称“总工联”）。阿尔巴尼亚工会中央理事会1991年5月在其代表大会上改建为阿尔巴尼亚自由工会联合会。

（2）出现工会运动多元化的局面。苏联和东欧各国原先都是每个国家仅有一个统一的全国性总工会。苏东剧变后，各国先后形成了众多工会林立的局面，各国的全国性总工会少则几个、多则几十个。

（3）工会的组织原则和结构发生变化。原苏东地区各国工会的组织原则不再实行民主集中制，不再有领导和被领导的关系，行动完全自主。如全波兰工会协议会是一个协议性的联合体，它的每个成员组织的地位都是独立平等的，有权独立自主地决定其内部准则和行动方针，全波工协对一切有关问题只进行协商和协调而不作约束性规定。罗马尼亚全国自由工会联合会的组织原则是“自愿、民主、开放和协商一致”。

（4）工运手段理性化、规范化。经过多年的反思与探索，东欧中亚各国工会运动从剧变初期多采取游行、示威、罢工等过激手段逐渐趋向平和。在工会的推动下，各国制定或修订了新的政治经济条件下涉及劳动关系的法律法规。以三方机制和集体合同为代表的劳动关系协调机制也在各国基本形成。

（5）国际活动亲西方化。在国际活动上，东欧各国工会纷纷倒向西方，大多退出世界工联，加入国际自由工联，继而成为国际工联成员。

二、欧洲工会运动现状

（一）欧洲工会的地位

历史上，欧洲国家工会在维护劳工权利、捍卫劳工利益、与资方相抗争的过程中，作出了巨大贡献，对国家社会生活各方面也产生了广泛而深刻的影响。欧洲工会通过长期和艰苦的斗争，在资本主义社会争得了一定的地位，并利用这种地位开展斗争，为工人阶级争取社会经济权利。

（1）政治地位。欧洲工会的政治地位主要是通过工会与政党、政府的关系体现出来的。欧洲国家大多实行多党议会制，工会为实现对工人有利的劳动立法，需要争取某个政党作为其在议会中的代表，而各政党也需要社会中有代表性的工会组织在大选和财力方面的支持，双方互有需要，互相支持、互相依赖。社会民主党（社会党、工党）在欧洲国家与工会有着密切的关系。社会民主党与工会不仅有着历史、理论、纲领和政策上的联系，而且在共同的社会活动中有着密切的合作。它们的关系对工会的地位和工会运动的发展都有重要的影响。在欧洲各国中，与工会关系密切的有英国工党、德国社会民主党、瑞典社会民主党等。这些政党在“二战”后提出的“福利国家”、“工人参与”等政策和主张，既反映了工会的要求，也在工会的支持和配合下得到了广泛的实施。自20世纪90年代以来，出于政治需要，欧洲国家中出现了政党与工会拉开距离的动向，但双方彻底决裂的情况恐怕是难以设想的。总之，欧洲工会通过同政党的结盟，不但提高了自己的政治地位，也为广大工人群众争得了不少的利益，同时工会的地位也经常随着党派的变迁而发生变化，起伏不定。

（2）法律地位。在欧洲国家中，工会法律地位的确立对于工会的实际地位意义十分重要，工会组织就是依据法律所承认的权利，如组织结社权、集体谈判权、参与权、劳动争议诉讼权、罢工权等，作为对资方进行斗争的依据和武器，并通过这种斗争来实现维护工人阶级利益、提高工会实际地位的目的。

（3）社会地位。欧洲工会的社会地位是通过“社会伙伴”的关系来体现的。欧洲大多数国家在“二战”后出于恢复和发展经济的需要，普遍建立了由劳方、资方和政府三方组成的协商机制，为制定包括劳动政策在内的全国性经济、社会政策进行协商。通过这个渠道，三方既沟通情况、交换信息，又互相讨价还价，谋求理解与妥协，这对协调劳资关系、保持“社会和平”起着重要作用。

（二）欧洲工会的主要权利

欧洲工会经过长期艰苦斗争，大多数争取到了重要的社会经济方面权利，主要有结社自由权、集体谈判权、参与权和罢工权。这些权利具体体现于各国的劳资关系及劳工立法中。

（1）结社自由权。结社自由权即组织工会的权利，被欧洲工会奉为最基本的权利。在欧洲国家中，结社自由权的获得大都经历了法律完全禁止、相对禁止到完全承认的三个阶段。由于国情不同，工人阶级斗争水平不同，欧洲各国对工会组织权利的承认时间和演变过程也各不相同。英国是世界上最早承认工人结社自由权的国家。1824 年英国承认了工人的结社自由权，法国于 1884 年承认了工人有组织工会的权利和参加工会活动的自由。到 19 世纪后半叶，欧洲主要国家基本上已承认了工会的合法地位，对工会的活动也给予了一定的自由。

（2）集体谈判权。集体谈判是在欧洲工会与资方斗争激烈、罢工浪潮不断的情况下出现的，欧洲国家政府起初在法律上没有承认工会的集体谈判权。后来，经过欧洲工会的艰苦斗争，为协调劳资关系，各国政府才逐步承认了工会的集体谈判权。对于集体谈判权的法律保障，在欧洲国家的法律中主要体现在几个方面：雇主不得拒绝与工会举行集体谈判，雇主不得故意拖延与工会或工人举行集体谈判，雇主不得违反集体合同的规定。此外，欧洲国家还对集体谈判的谈判代表和集体合同的适用对象，集体合同的内容、签订、修改程序和条件、解除或终止办法等作了明确规定。集体谈判的主要内容是工资、工时、劳动条件、假期和福利等问题。集体谈判的范围有扩大的趋势，有的也涉及企业人事、投资等问题。工会与雇主签订的集体合同不仅适用于工会会员，而且适用于有关企业或产业的非工会会员。很多国家规定，在集体谈判破裂的情况下，工会可以组织罢工。一旦集体合同签订，在集体合同期内，工会和雇主组织双方都有维持社会和平的义务。但近年来，不少国家的政府开始限制工会的权利，首当其冲的就是工会的集体谈判权被限制或取消。对这种做法，欧洲各国工会一直坚决反对。

（3）参与权。参与权是“二战”后欧洲国家工会普遍赢得的一项重要权利。参与权有两个层次的含义：一是工人和工会参与企业的管理，对于企业生产经营重大问题特别是涉及工人权益问题的决策有发言权或某种程度的参与决定权；二是工会在议会、政府就有关经济、社会等问题制定法律、政策时有权发表自己的意见，施加自己的影响。欧洲工会参与企业管理有众多形式，主要包括德国的劳资共决制，法国、意大利的企业委员会制，瑞典的班组车间工人直接参与生产管理，等等。欧洲工会参与经济、社会问题的决策，通常是通过参与制定劳工立法活动和参加有关社会保险、社会福利机构或经济、政策咨询机构等形式加以实现的，具体做法有以下几种：一是成立由工会、雇主和政府三方组成的协调性或政策咨询机构，就重大问题开展协商。二是工会参与劳动法等法律的制定。三是实行“院外参与”。这种参与方式尽管在各国的法律条文中没有明确规定，但是成为工会在政府、议会层次参与管理的有效方式。

第二节　欧洲工会联合会概况

欧洲工会联合会（European Trade Union Confederation, ETUC，简称“欧工联”）作为欧洲地区超国家的工会联合会，在欧洲工会运动乃至国际工会运动中占据重要地位。

一、欧洲工会联合会的发展历程

欧工联成立于1973年2月9日，它的成立反映了欧洲各国工会要求联合起来实现本区域工会运动独立自主的倾向。欧洲工会运动的联合是与欧洲经济共同体的逐步发展密切相连的。在1958年欧洲经济共同体正式成立后，国际自由工联在西欧的成员组织于1964年和1968年相继成立了“欧洲共同体工会书记处”和“欧洲自由贸易联盟工会委员会”。1969年，欧洲共同体工会书记处改称为欧洲自由工会联合会。英国决定参加欧共体后，欧共体九国和自由贸易联盟七国又建立了“西欧自由贸易区”。基于此，西欧两个工会区域组织决定成立一个统一的组织，欧工联应运而生。欧工联独立于国际自由工联，但其成员组织同时加入了国际自由工联。另外，世界劳联所属的一些西欧国家工会以及意大利、西班牙、葡萄牙共产党影响下的工会也加入了欧工联。苏东剧变后，欧工联吸收了一批东欧国家工会。欧工联现有41个国家的93个总工会，10个欧洲产业工会联合会，会员4500多万人，现任总书记为埃斯特·林奇。

二、欧洲工会联合会的组织结构

（1）代表大会。欧工联代表大会是其最高权力机构。代表大会由欧工联下属成员组织派代表参加。每四年举行一次会议。代表大会决定各项政策和行动纲领，选举执委会成员、总书记、主席、副总书记和审计员。

（2）执委会。执委会是代表大会闭会期间的最高决策机构。执委会一般每隔一个月至少召开一次会议。执委会还拥有同欧洲雇主组织集体谈判的权利。

（3）书记处。书记处负责处理日常工作，并向代表大会提交活动报告。在布鲁塞尔总部还设有妇女、青年等工作委员会和负责地区政策、安全与卫生、农业和生活水平等事务的工作组，负责专门工作并协助书记处的日常工作。“欧洲工会研究所”负责工运研究，并向欧工联提供信息和咨询。

三、欧洲工会联合会的政策主张

欧工联的宗旨是“在全欧洲范围内，尤其在欧洲的有关机构中代表和促进工人的社会、经济和文化利益，不懈地坚持自由、民主的工会原则，维护和增强欧洲的民主制度”。

（1）政治方面。主张阶级合作和社会改良，强调“通过和平手段进行社会变革”，使“人人都生活在无暴力，无宗派主义，无恐怖，无歧视的社会中”，要求在就业、收入、住宅、教育、社会救济等方面人人都享有平等权利，认为“真正工会运动的主要目标之一就是保卫和促进民主、民权和自由”。

（2）经济社会方面。强调把解决失业问题放在首位，要求增加投资、加强职业培训，以增加就业；要求延长义务教育年限、降低退休年龄、缩减工时等以减轻失业。反对为遏制通货膨胀而限制工资的政策。要求限制跨国公司、解决能源危机、改善生活和工作环境、扩大工业民主、平等对待外籍工人、男女同工同酬、开展技术教育和职业教育等，保障工人的权益。

（3）对待欧盟方面。主张在欧盟内建立包括政府、雇主、工会三方代表参加的委员会，研究和讨论欧洲的经济、社会、就业等方面的问题。

（4）国际事务方面。主张国际缓和，特别是东西欧的缓和，认为这是维持和巩固和平所必需的，要求欧洲所有国家在“尊重基本人权、相互承认各自政治观点和实践的差异，反对各种形式的霸权，反对直接干涉他国内政，各国都要尊重和执行所有协议”的基础上实现国际合作。

四、欧洲工会联合会的主要活动

欧工联为实施它的政策开展了大量的活动。1978 年创办了欧洲工会研究所，为其提供决策依据。1989 年，欧工联决定筹建“欧洲工会大学”，培训工会官员以适应欧洲一体化带来的变化。1990 年 6 月在日内瓦召开的执委会研究了 1989 年以来东欧的变化，决定成立“欧洲工会论坛”，其主要目的是发展与东欧工会的关系。1993 年，欧工联将 4 月 2 日定为“欧洲工会行动日”，举行活动，向各国雇主和政府表明工人和工会对保障就业、改进社会福利、反对就业歧视和种族主义的决心。1994 年 9 月 22 日，在欧工联的努力下，欧盟通过了关于建立欧洲企业委员会的法令。法令规定，凡在欧盟境内职工总数超过 1000 人、在 2 个以上欧盟成员国设有工厂、每个工厂的职工超过 150 名的多国企业，必须依法建立企业委员会。企业委员会享有除工资谈判以外的广泛权利，对企业的生产、转产、关闭、裁员、投资等方面问题均有咨询和参与决定权。欧工联称这是区域性一级产业关系制度的重大突破。

1995 年 5 月，欧工联第八次代表大会的主要议题是欧工联如何在欧洲经济一体化形势下更好地发挥作用并寻求解决欧盟各国失业率居高不下的对策。欧工联总书记作了题为“将就业和声援放在欧洲的中心”的工作报告。报告分析了失业严重的原因，抨击了资本家以削减社会福利来维持就业和促进经济的做法。在国际问题上通过了一个支持国际贸易中增加“社会条款”的决议，认为应限制西方资本家在发展中国家的活动，以防止社会倾销，从而增加国内就业的机会。在建设工会组织的问题上，会议认为，必须加强工会的作用，建立强有力的工会，使欧工联成为真正的跨国工会。欧工联不只是发挥会员组织之间的协调作用，而且要成为拥有实权的真正的联合会。会议认为应加强欧洲的产业工会，现在有些产业委员会只承认国际产业工会组织，不承认欧工联。主张把欧洲产业委员会改建为欧洲产业工会联合会，以便同雇主组织进行集体谈判。建议在尊重、自主的原则下促使欧洲产业工会加入欧工联。

1999年在赫尔辛基举行的欧工联第九次代表大会，体现了建立超国家的欧洲工会的基本理念。大会确定的方针包括通过社会对话，建立欧洲框架内的劳动关系体系，协调欧洲企业集体谈判。德国、荷兰、比利时、卢森堡和丹麦等五国总工会组建了欧洲集体谈判委员会，并从这个委员会的工作出发，每年确定和协调各国集体谈判的工作方针。本次大会还通过了“公平计划”，旨在推动工作场所的性别平等和同工同酬。2001年12月的布鲁塞尔-拉埃根峰会，确立了欧工联、雇主组织、欧洲委员会参加的最高一级欧洲三方社会对话机制。

欧工联一直致力于一个强大的欧洲工会运动。为此，欧工联在推进区域性集体谈判、社会对话和三方机制、劳工和社会立法等方面开展了大量工作。2003年在布拉格举行的欧工联第十次代表大会关注跨国界的工会协作，将社会对话作为改革的重点，并明确提出欧工联应当在国际舞台上发挥作用，要求各成员国制定更加协调的外交和安全政策，加强欧盟在国际治理中的作用，呼吁欧盟统一步调，促进联合国的民主改革，让联合国在国际治理中发挥关键作用。

2011年，欧工联在雅典举行了第十二次代表大会。代表大会对政府采取的紧缩政策对职工收入、退休金、社会保障带来的负面影响表示担忧。2015年在巴黎召开的第十三次欧工联代表大会上，欧工联提出要促进经济发展，为职工带来更多就业岗位，通过社会对话和集体协商来建立更稳固的社会保障体系，等等。2019年英国“脱欧”之后，欧工联发表声明，呼吁英国在“脱欧”过程中保护职工的权益，防止关税调整和保护主义带来失业。

2020年新冠肺炎疫情暴发以来，欧工联呼吁企业为职工降薪留职，减少失业，争取疫情补贴，帮助职工应对疫情带来的冲击。同年，欧工联为应对数字经济给劳动力市场带来的新变化，发布了“保护平台企业非标准职工权益”决议。欧工联关注疫情、乌克兰局势、气候危机等问题对欧洲劳动力市场的影响，把人权视为优先议题，呼吁欧盟对白俄罗斯进行制裁，要求在中欧投资协定中加入人权相关约束性条款。2021年欧工联将在工作场所争取更多民主列为本年度主要斗争目标，希望通过监督企业合规状况，提升公众对工作场合民主重要性的认识，以应对疫情带来的影响。

2022年俄乌冲突爆发之后，欧工联与国际工联发表联合声明，要求俄罗斯尽快撤出乌克兰。欧工联还举行了谴责俄罗斯的游行，呼吁欧盟领导人采取一切措施停止俄罗斯对乌克兰的军事行动，敦促俄罗斯尽快采取和平对话的方式解决问题。随着俄乌冲突愈演愈烈，欧工联要求暂停俄罗斯独立工联在国际工联泛欧洲区域委员会的会员资格。

第三节　部分国家工会概况

欧洲国家工会大体分为以下几类：一是以英国职工大会为代表。英国职工大会是联合王国工会统一的工会中心，它的活动在企业成效显著，不存在地方性代表机构。二是法国、意大利等国的工会。这些国家工会运动拥有对社会政治的很大干预力，同时对整体劳工社会问题保持着传统的动员力，包括组织全国性总罢工。总工会下属规模较大的地方工会。这些国家大多有两个以上的总工会，工会的多元化和分裂有其历史渊源。三是德国工会和北欧工会。这种工会模式的一个显著特点是共决或工人代表参加大企业的董事会或监事会，参与对企业的管理。

一、英国工会概况

英国是世界上最早实现工业化的国家，也是世界工会运动的发祥地。世界上第一个工人组织和第一个现代意义的工会就诞生在英国。英国工会组织是世界上第一个获得合法地位，也是世界上最早进行集体谈判的工会。在长期的斗争实践中，英国工会积累了丰富的经验，在国际工会运动中占有重要地位。

（一）英国工会运动的发展历程

在18世纪中叶，一些小作坊的工匠开始创立俱乐部、兄弟会等组织，以维护自己的权益。1799年英国政府颁布了《1799结社法》（*Combination Act 1799*），全称《防止劳工非法结社法》（*An Act to Prevent Unlawful Combinations of Workmen*），明令禁止工人组成团体去争取提高工资，处于萌芽状态的工会组织被迫转入地下。在工人运动的巨大压力下，英国政府于1824年最终废除了《1799结社法》，并于1825年通过一项新的《1825结社法》，允许建立工会组织，但对其活动严加限制，熟练工人开始按行业原则组织起来。1851年，英国成立了机械工人混合工会，这标志着英国第一个全国性行业工会的诞生，从而奠定了现代英国工会模式的基础。随后，其他工种的技术工人相继成立了相应的行业工会。1868年，英国全国性总工会——英国职工大会（Trades Union Congress，TUC）成立。1871年，政府颁布《工会法》，从此工会组织完全获得了合法地位。19世纪八九十年代，工人开展了“新工会运动”，大量非熟练工人纷纷成立自己的工会，打破了原来只有技术工人才可以入会的限制，使工会组织面向大多数工人。

随着工人力量的不断壮大，英国工会和几个社会主义组织一起创建了英国工党。工会以集体党员名义加入工党，工党的大部分党员是工会会员，因此工会在工党的事务中拥有相当大的发言权。在第一次世界大战前和大战期间，工会运动发展迅猛，其中最具代表性的是车间代表运动，工会的基层组织也由此发展起来了。在“二战”期间，为了保持国内稳定，政府对工会采取了合作政策，进一步加强了工会的地位和作用。

“二战”末期和战后初期，为了满足广大工人要求社会改革的愿望，英国职工大会出台了一部纲领性文件，要求对燃料、动力、运输和冶金等工业部门实行国有化，成立有工会代表参加的最高中央协调机构——全国工业委员会，并要求进行社会改革。工党在1945年大选中发表了题为《让我们面向未来》的竞选纲领，宣称要实现国有化，因而赢得了民心，获得了大选胜利。从1945年12月开始，工党政府先后将英格兰银行、民用航空、煤矿、电力、煤气以及某些钢铁等工业实行了国有化，并进行了全面而深刻的社会改革。此外，工党政府还对医疗、保险等制度进行了改革。至此，英国宣布建立了“福利国家”。

1951—1964年，保守党上台执政。保守党政府基本上保留了前政府的福利计划和措施。为了扩大工人福利和工会权利，英国工会继续不断斗争。1964—1970年，工党重新执政，为了解决日益严重的罢工问题，工党政府于1968年起草了一份题为《替代冲突》的白皮书草案，建议在某些情况下规定一个28天的调解期，在罢工前要实行强制性的会员投票表决。草案还主张法律制裁可以作为最后手段。但这些建议遭到反对，政府只好放弃。

20世纪70年代以后，历届保守党政府都试图用立法手段来限制工会的权利。无论是保守党政府还是企业界都感到英国工会的权利过大，认为必须对工会的权利加以限制。1970年，保守党政府全然不顾工会的反对，起草了旨在削弱工会权利的《劳资关系法》草案，并于次年在议会获得通过。该法律遭到了英国工会的猛烈抨击。1975年，工党政府废除了该法律，并解散了劳动法庭。

工党自1974年执政后，为了应对通货膨胀的压力，在制定工资政策时一改保守党政府的管制做法，转而与工会订立了“社会契约”。该契约规定，从1975年至1978年分四个阶段限制工人工资的增长。在前三个阶段，工人遵守社会契约，名义上提高了工资，但由于物价涨幅有时超过了工资增幅，工人实际工资并没有增加多少。于是，当工党政府开始实行第四阶段限制工资增长方案时，遭到了工会的反对。

1979年5月以撒切尔夫人为首的保守党上台执政后，英国工会运动遭到了重创。撒切尔夫人上台后不久就公布了改革工会的计划，于1980年公布了《就业法》草案，并于1982年在议会得到了通过。该法案规定，企业工会若要得到企业资方的承认并拥有集体谈判权，就必须证明80%的企业工人是工会会员。这是对工会本身以及集体谈判权的严厉限制。1984年，政府又通过了新的《工会法》。这些法律的陆续出台，不仅剥夺了工会经过长期斗争而争取到的一些重要权利，还借机干预工会的内部事务。20世纪80年代，英国工会运动遭受了严重挫折。一些行业的工人举行了史无前例的罢工，但在多数情况下并没有取得成功。英国煤矿工人于1984年3月开始大罢工，目的是反对政府关闭矿井，保护就业机会。最后罢工仍以失败告终。总之，英国工会运动在撒切尔执政时期遭遇严重困难和挫折，工会运动在国家的政治、经济和社会生活等各个方面的作用日益削弱，主要表现是工会会员人数减少，入会率急剧下降；工会的谈判地位受到严重削弱，集体协议的覆盖面大幅减少。

自20世纪80年代以来，英国职工大会意识到，迫切需要制定一套切实可行的战略和对策，以适应新变化、重振工会运动。1985年8月，职工大会与工党共同发表了一份纲领性文件——《新伙伴，新英国》，号召工会运动在团结的基础上重整旗鼓。20世纪90年代以后，英国工会面临更加严峻的挑战。具体表现在：一是工会组织率持续不断下降，入会率从1979年55%的历史高点下降到2017年的23.7%。二是工会失去了许多权利以及对政府、雇主的影响力。由于入会率的不断降低，集体谈判的覆盖范围减少，工会代表工人的有效性大大减弱，工会的合法性受到质疑。三是日益减少的收入致使许多工会陷入财政危机和紧缩。

进入21世纪以来，英国职工大会采取了许多措施。第一，加大工会组建力度。英国工会力图从“服务型工会”向“组织型工会”转变，专门培训新一代工会组织干部，以期提高已建工会企业的入会率，并在未建会企业中组建工会，尤其是吸收那些新经济企业的工人以及女工、青年工人和移民工人等群体加入工会。第二，调整工会组织结构。英国以行业工会为主的工会结构逐渐发生变化，以几个大工会为主的格局渐渐形成，最终形成有英国特点的走向“社会伙伴关系”的工会结构。许多工会合并后成立了跨行业、跨职业的工会联合会，以便节约成本，提高工作效率及工会的影响力。比如，英国电气工会与混合机械工会合并，组建成机械电气工会；医疗卫生雇员工会、全国与地方工会以及公共雇员工会合并成立公共服务行业联合会。第三，参与立法和政策的制定。如推动通过了《雇佣关系法》、《全国最低工资法》等，为工会营造了一个比较有利的法律环境。第四，倡导“社会伙伴关系”。利用与工党政府的良好关系，积极推动引进欧盟的三方伙伴关系框架。2001 年 1 月，职工大会专门成立了“伙伴关系研究所”，旨在帮助劳资双方组织在自愿的基础上建立有效的伙伴关系，以推广构建良好劳资关系的最佳做法。此外，英国工会主动调整与工党的关系，逐步拉开与工党的距离。一方面，几家有影响的产业工会决定削减对工党的政治捐款，把更多资源用于开展活动；另一方面，工党采取一系列措施降低对工会的财政依赖，进而减少工会对工党的影响力。

英国启动“脱欧”程序后，职工大会曾组织反对“脱欧”行动，认为此举将伤害工人权益。“脱欧”之后，英国政府制定了一个英国退出欧盟法律改革的计划。2022 年职工大会表示，让国内法律优先于欧盟法律的计划，可能会对工人行使自己权利的能力产生巨大影响，尤其是在节假日工资等问题上。

（二）英国工会的组织结构

英国的工会有行业工会、产业工会和一般性工会之分，但以行业工会为主，并呈多元结构。英国以行业工会为主有其历史原因，主要是行业工会是与英国工业革命初期劳资关系状况相适应的一种形式。工业革命初期出现的行业工会，往往只吸收同行业的技术工人参加。直到 19 世纪末，英国才出现了大量的由非技术工人参加的一般工会，但仍保留了传统的行业工会组织结构。也正是由于这个原因，在当代英国工会组织结构中，一个企业有多少个技术工种就会有多少个工会，工厂的技术工种越多，工会就越多。“二战”以后，英国全国性工会组织逐渐形成了以行业工会为主、一般工会和产业工会为次的多元化工会组织结构，英国职工大会也因此而拥有众多的下属工会组织，这些工会规模参差不齐，有会员人数多达几十万甚至上百万的大工会，也有几万，甚至几千、几百乃至几十名会员的小工会。

车间代表制是英国工会组织的一种特殊制度，是其他西方国家所没有的。所谓车间代表，就是指由车间工人选出来的代表，可能是工会会员，也可能是非会员。他们的任务就是代表本车间的工人与雇主进行谈判，签订集体合同并监督其执行。英国的工会组织结构一直以来保持着传统的形式，在一定程度上影响了英国工会运动的发展。从 20 世纪 60 年代起，英国工会内部就不断要求改革组织结构，但由于保守势力影响较大而屡遭失败。到 20 世纪 80 年代，由于政府的强硬政策，工会运动产生了巨大的危机感，英国工会传统组织结构的弊端更加明显地暴露出来，最终迫使英国工会走上了改革之路。

英国绝大多数工会都参加了英国职工大会。职工大会是英国唯一的全国性总工会，成立于 1868 年，是世界上成立最早的全国性总工会。自成立以来，职工大会在英国工会运动中发挥了重要的作用。职工大会没有地方性代表机构或组织，但在企业中的活动取得了显著的成效。根据职工大会的统计，2020 年该会会员总数约 550 万，其下辖的 48 个产业工会中，有三家工会会员较多。这三家工会的会员之和占英国职工大会会员总数的一半以上。其中最大的工会是联合工会（Unite），有 120 万名会员，涵盖汽车制造、印刷、金融、公路运输和卫生服务行业。第二大工会是公共服务业总工会（Unison），拥有 117 万名会员。第三大工会是英国总工会（GMB），拥有近 60 万名会员。这三个工会会员人数占职工大会会员总数的 55%和英国全国工会会员总数的 44%。

（三）英国工会的主要活动

1. 集体谈判。

作为世界上工会运动开展最早的国家，集体谈判早在 19 世纪中期就开始被英国的劳资双方积极运用。这一时期英国大型工厂迅速增加，雇佣了大量半熟练及非熟练工人，工会会员随之从过去的熟练工人扩展到半熟练和非熟练工人。劳资双方为了寻求更便捷有效达成协议的方式，开始把劳资间个体和小范围的谈判扩大到整个工厂、行业甚至地区一级。

1894年，一个由政府任命的皇家劳工委员会首次对集体谈判给予了全面支持，该委员会强调，集体谈判有助于雇主和雇员理解彼此的立场，通过这种谈判就工资和工作条件制定双方都同意的规则，达到以和平方式解决纠纷、实现劳资关系稳定的目的。这意味着集体谈判开始得到英国政府的认可。

1898年，英国工程业的雇主和工会签订了全国性的集体协议。该协议承认工会在集体谈判中的作用，确定了全国和企业集体谈判的内容，制定了避免争端的程序。协议规定在发生争端和采取行动的各个阶段，劳资双方都有义务尽力解决争端。这个协议成为英国产业关系史上最著名的协议，也是英国集体谈判历史上涉及范围最广泛的协议。

1916年，政府任命了一个劳动关系调查委员会。该委员会通过调查再次肯定了集体谈判在确定基本工资和工作条件、实现“工业自治”方面的重要作用。随后，英国许多私营部门也成立了由雇主协会和工会代表组成的联合劳资谈判委员会，称为“联合工业理事会”，公共部门也成立了类似的联合谈判机构，称为“惠特利委员会”。从这一时期开始直到1950年，这种基于产业或区域的多雇主集体谈判模式成为英国私营企业大部分雇员确定基本就业条款的主要方法。

20世纪50年代以后，随着经济发展和市场竞争的加剧，英国一些实力较强的企业管理者越来越不愿受雇主协会的制约，希望在确定工资、工作条件和工作方式等方面拥有更大的自主权和灵活性。与此同时，这些企业中选举产生的工会代表在维护本企业员工利益方面也比全国或区域性工会组织显得更直接、更有代表性。在这种情况下，20世纪70年代，英国实际上存在着两种集体谈判模式，即基于单个企业一级的集体谈判和全国或区域一级多雇主的集体谈判，到1980年，前者所覆盖的雇员比例明显超过后者。

1979年撒切尔执政，在此后的近20年中，英国的集体谈判制度受到了巨大冲击。1980年颁布的《就业法案》规定，基层工会若要得到企业资方的认可和拥有集体谈判权，需证明该企业80%的员工是该工会的会员。这一规定对于工会本身及工会的集体谈判活动是一个严厉的限制。会员人数的下降也直接导致了集体合同覆盖面的萎缩。

尽管现实状况很不乐观，但是英国工会和许多劳工研究机构专家仍然认为有必要重申集体谈判的重要性。工会欢迎工党政府于2000年6月颁布的《产业关系法》，认为工党实现了自己在1997年大选中对工会所作的承诺，即企业工会如能证明所在企业50%以上工人支持工会，工会就有被认可的法定权利。

2. 加强工人参与企业管理。

英国工人参与企业管理制度始于第一次世界大战期间。1916年，英国政府为了保证战时生产、缓和工人对制定军需品法的不满情绪，同时也为了削弱工人中的工厂委员会运动，设立了以下议院议长惠利特为主席的劳资关系委员会。该委员会建议在全国成立劳资关系委员会，在地方成立地方协议会，在企业中成立工厂委员会，以便就生产、经营管理和劳资关系等问题进行协商。工厂委员会由劳资双方代表组成，其性质是一个咨询机构。“一战”以后，这种组织就不复存在了。“二战”爆发后，为了战争的需要，英国成立了由劳资双方代表组成的劳资协议会，重新采用劳资协议制，并得到了工会的支持。“二战”后该制度也被取消了。

“二战”后，英国工人参与管理制度中比较有成效的是20世纪70年代的工业民主运动。英国职工大会在1974年的年会上正式通过了《工业民主报告》草案。该草案认为，只靠原有的集体谈判已经不能完全解决问题，建议制定有关信息披露的立法，其中规定公司或企业必须向工人披露关于工人的解雇条件、工作条件、雇佣前景等要向董事会提供的信息。该草案强调在公司和企业里，只有工会会员有权选举工人代表，并由工会负责推选工人代表的工作。工人代表向受雇于该公司的工会会员负责，而不是向股东负责。该草案建议董事会应该具有以下特点：公司董事会应分为监事会和管理委员会。监事会的半数成员由工会提名，是公司的最高权力机构，负责决定公司的计划并制定实施计划等必要政策，不得强制工人代表放弃他们的工会职务等。

（四）英国工会与中国工会的关系

英国职工大会是最早同中华全国总工会建立和发展关系的主要西方工会之一。20 世纪 80 年代，英国职工大会与中国工会有着正常的交往关系。20 世纪 90 年代后，两会关系一度中断。进入 21 世纪后，两会关系逐步得到恢复和发展。2001 年，职工大会总书记蒙柯斯以来华参加英国-中国协会研讨会的名义拜会了全国总工会。2004 年 4 月，中华全国总工会领导人在访问英国期间拜会了职工大会，与时任总书记巴伯进行了会谈。2004 年 10 月，巴伯率团正式访问了中华全国总工会，标志着两会关系的正式恢复和发展。2005 年 5 月，中华全国总工会主要领导人率团回访。与此同时，两国地方和产业工会之间的交往也取得新的进展。2008 年、2010 年，两会两次实现互访。

二、德国工会概况

第二次世界大战后，德国实行社会市场经济模式，力图把市场自由原则与社会公正原则结合起来，在发挥市场机制作用的同时，建立伙伴式劳动关系，发挥工会作用，维护社会公正，这使德国工会成为国家政治经济社会生活中不可缺少的力量。

（一）德国工会运动的发展历程

1.“二战”前工会运动。

德国工人运动的初创阶段。1848 年革命唤醒了德国工人的阶级意识，出现了第一批工会和工人组织。但是随着 1848 年革命的失败，德国工人运动遭遇巨大挫折。19 世纪 60 年代，德国的工人运动开始复兴，各种工会如雨后春笋般建立起来，罢工斗争也开始显示威力。但这一时期雇主常常用大规模的解雇来对付罢工，甚至借助国家的力量来打击工会，削弱工会的影响和工人的反抗能力。

两次世界大战期间的德国工会运动。第一次世界大战期间，工会通过支持“城堡内的和平”，换取了国家和企业主对雇员利益合法代表和集体劳资协议平等伙伴地位的承认。工会运动有了新的发展。1918 年 11 月签订的《斯廷内斯-列金协议》，包括了保障工人结社自由，承认工会是工人利益的合法代表，通过集体劳资协议调整劳资关系，工会和雇主协会权利平等地参与职业介绍和对劳动的管理，劳资纠纷由双方平权组成的调解机构调解，在雇员 50 人以上的企业中建立工人委员会，等等。该协议还规定普遍实行八小时工作制，并决定成立由工会和雇主协会双方代表平权组成的中央工作委员会。20 世纪 20 年代，法律规定如果劳资谈判不能达成协议，国家有权进行强制性调解，国家强制调解的结果是国家越来越深地卷入劳资冲突，劳资协议自治基本失效，劳资双方都过分依赖国家的权威。在纳粹统治时期，国家对劳动力市场和劳动关系实行全面控制，工会被彻底摧毁，劳资协议制度也被废止。1933 年希特勒上台后取缔了所有工会组织。

2.“二战”后工会运动。

战后半个多世纪以来，德国工会运动随着经济发展和劳资关系的变化而高低起伏。大致分为以下几个阶段。

德国工会的重建。“二战”结束以后，联邦德国工人阶级努力恢复遭到法西斯破坏的工会运动。1949 年德国工会联合会（简称“德工联”）作为联邦德国（西德）全国统一的工会组织应运而生。德工联一成立，就明确提出了自己的四大要求：一是推动实行集中的国民经济计划，即保障充分就业、有目的地使用国民经济的生产力和满足国民经济的优先需要；二是共决权，即制度性地组织职工对经济管理和经济建设的一切人事、社会福利和经济问题施加影响；三是关键工业公有化；四是实行社会保障制度。“二战”后，德国一些大型煤钢企业的企业主因追随法西斯势力而逃亡在外，工人接管了企业，煤钢企业社会化的要求深入人心。迫于压力，1947 年部分企业出现了劳资双方对等的共决制。在德工联的强烈要求和巨大压力下，联邦德国于 1951 年 4 月通过了《煤钢共决法》，该法使得已经实行的煤钢共决权得到了法律的承认，同时也推动了其他企业的民主化运动。

联邦德国经济高涨时期的工会。20 世纪五六十年代是联邦德国创造“经济奇迹”的高速发展时期。工人生活水平显著提高，劳资关系总体较为缓和。这一时期，工资的增长和社会福利的改善主要通过集体谈判的方式实现，当然有时也借助于大规模的罢工斗争。由于社会环境的巨大变化，德工联相应调整了自己的方针，通过提出社会法律政策要求去影响政府的政策与立法，从而达到维护工人权益的目的。1963 年，德工联制定了具有转折性的新纲领——《杜塞尔多夫纲领》。该纲领最突出的变化是从原定的反资本主义的目的转变为工会的改良观念，即走渐进地改变现有制度的道路。20 世纪 50—80 年代，联邦德国工会斗争取得重大成果。在经济迅速发展的条件下，经过工人以及工会的努力争取，大多数工人的生活水平有了显著提高。

工人实际工资也有了较大幅度提高，劳动时间逐步缩短，休息休假时间增加，劳动条件不断改善。中产阶级规模在这一时期迅速扩大。

经济低速增长时期的工会运动。进入 20 世纪 70 年代以后，受国内外经济形势和市场状况影响，加之经济财政政策的失误，联邦德国经济遇到极大困难。80 年代初，德国经济出现罕见的负增长。国民经济的持续缓慢发展，致使联邦德国由一个充分就业的经济大国变成受到失业困扰的国家。1960—1973 年，联邦德国的失业率均在 2% 以下，1981 年增至 5.5%，而 1983—1985 年失业率一直在 9% 上下波动。80 年代以后，保障就业、反对政府削减社会福利的政策，成为工会运动的主要内容。德工联把缩短工时作为解决失业问题的重要途径之一，争取 35 小时工作周的要求被提上了日程。历经艰苦斗争，1985 年 4 月，德国五金产业的工人首先实现了 38.5 小时工作周，后于 1995 年 10 月全部行业实现了 35 小时工作周。

1990 年两德统一，东部的经济调整导致经济动荡和失业人数增加，失业率创战后最高纪录，引发了严重的社会问题。资方采取各种手段转嫁经济风险，削减社会福利，削弱工会谈判地位，限制工会和工人阶级的斗争。德工联围绕缩短工时、反对削减社会福利和争取扩大共决制等要求，开展了包括罢工在内的种种斗争。进入 21 世纪后，经济全球化的加速发展和科技革命引起的经济结构的变化、劳动岗位的减少，致使工会运动面临新的更大困境。工会面临的新问题包括：在工会会员率下降的情况下，如何争取会员和扩大工会组织；面对科学技术的飞速发展以及现代化的不断推进，工会如何进一步争取和维护会员的利益；如何应对全球经济一体化的巨大冲击，等等。所有这些问题对德国工会运动来说无疑都是极为严峻的挑战。为应对挑战，德国工会也采取了一系列的对策措施，包括呼吁工会在全球和区域范围内加强联系与合作等。

（二）德国工会的组织结构

德国最大的工会组织——德国工会联合会是西欧最大的工会组织，下属八个产业工会，现有590万名会员。第二次世界大战后，为改变工会运动长期分裂的状态，工会领袖主张建立一个包括不同党派的统一工会，实行“一个企业，一个工会”的组织原则。1949年10月，拥有17个产业工会、近500万名会员参加的德工联宣告成立。德国的工会按产业原则组成。因此，德工联的直接会员不是个人，而是各产业工会。产业工会有较大的独立性，有自己的章程以及独立的人事权和财政权。

德工联由联邦、州（区）和市镇级联合会以及许多地方分会组成。各级组织都设有理事会。德工联联邦代表大会是工会的最高权力机构。它由各产业工会按会员人数比例选举的代表组成。大会每四年召开一次。德工联本身是一个协调性机构，其主要职责是制定工会社会经济方面的有关政策，对各产业工会的政策进行协调，应邀出面调解工会内部出现的争端，开展国际工会工作，等等。德工联不直接参与劳资谈判以及签订集体合同，集体合同由各产业工会与资方签订。

德工联所属的地方工会包括16个州工会和上百个市镇工会。它们分别在所在州、市镇代表德工联，对本地涉及职工经济与社会利益的问题提出要求和立法建议，执行联邦理事会的指示，指导并协调本地各工会之间的工作，等等。

德工联下属八个产业工会的组织机构与工会联合会相似，各产业工会的结构包括联邦、州、市镇三级。产业工会每三年召开一次全国代表大会，大会直接选举常务理事会，由常务理事会负责日常工作。两次代表大会之间的最高权力机构是中央委员会。各产业工会在各州设州产业工会，作为产业工会联邦理事会的派出机构。产业工会的最基层组织是地方管理处，通常以一个中心城市为核心组织活动。产业工会在企业中，不是建立工会基层组织，而是建立“信任人”工作团体。

在联邦德国，除了强大的德工联，还有三个比较大的工会：德国公务员联合会、德国职员工会和德国基督教工会联合会。德国公务员联合会受德国基督教民主联盟影响，主要由政府官员、铁路和邮政等国有企业部门的公务员、职工及教师组成。德国职员工会受社民党影响。德国基督教工会联合会则受德国基督教民主联盟和基督教社会联盟影响。总体上，与德工联相比，这些工会的影响力都不太大。

德国的工会信任人是企业工会工作的重要环节。在德国，按照有关法律的规定，工会会员可以在企业里活动，但是不能在企业中建立工会。工会在企业中发挥作用主要是依靠工会信任人这一环节。由于工会的大量具体工作是依靠基层工会组织——地方管理处（简称“地管处”）来进行。它的主要工作在企业，因此企业工会信任人（工会代表）的作用十分重要。德国的产业工会和地方工会都非常重视工会信任人的工作。工会信任人是通过基层工会会员大会选举产生的。工会信任人要负责向会员宣传工会的章程、方针、目标和任务，帮助会员了解法律、劳资合同、条例和企业协议规定的权利，动员会员参与执行和确保这些权利，帮助会员了解上级工会机关的决定，收集会员对劳资谈判的要求并向地管处反映。工会信任人的作用是非常独特的，他们就是“工会在企业中的代言人”。一个企业中的工会信任人组成信任人工作团体，领导信任人的工作。工会信任人的重要作用还表现在他们对企业职工委员会的影响上。工会信任人实际上是工会联系企业职工委员会的桥梁。

（三）德国工会的主要活动

1. 集体谈判。

它是德国工会的一项最主要的工作。1949 年 4 月 1 日，美、英、法三国在联合经济区颁布了《集体合同法》。后来，联邦德国在 1969 年和 1974 年又先后对该法进行了修订，劳资集体谈判制度和劳资关系被全面纳入法制化轨道。

德国的集体谈判主要在产业一级进行。每年进行一次的工资谈判是产业工会日常最重要的工作之一。在德国，绝大多数集体谈判是在产业工会和相应的雇主联合会之间进行的。在这些谈判中签订的行业集体合同，其生效范围可以是联邦，也可以是州或地区。但有时，集体谈判也在联邦一级进行，如关于工作时间的集体合同谈判。此外，在一些大的集团公司或没有参加雇主协会的企业，则由工会与这些企业的雇主直接谈判并签订协议。德国工会借助集体谈判手段，在维护职工权利、增进职工利益方面取得了显著成绩。“二战”后，德国工人的工资和其他收入大幅上升，工时逐渐缩短，带薪休假不断延长，劳动条件得到改善，生活水平显著提高。尽管近年来德国的劳资关系领域出现了不少新的问题，但从整体上看，德国法制化处理劳资关系的体制和强有力的工会运动对缓和劳资矛盾、减少劳资冲突、稳定社会发展起到了积极的作用。

2. 参与立法和社会政策的制定。

德工联十分重视参与立法和社会政策制定。德工联专设了劳动立法部和社会政策部，拥有大批经验丰富的法律专家。在涉及劳资关系问题的法律、政策制定中，德工联不仅提出立法草案，而且通过各种渠道和方式向有关方面施加影响，力争体现工会的主张和要求。德国有关劳资关系的许多重要法令，如《煤钢共决法》、《共决法》、《企业法》、《劳动促进法》等，都是在德工联参与下制定的。这种高层次的参与活动，使德工联的地位和作用十分显著。

3. 代表职工参与企业管理。

德国工会参与企业管理主要是通过两个层面来进行。第一个层面是通过企业职工委员会参与管理。德国的职工委员会最早出现于20世纪20年代。《企业法》规定，凡是有五个以上职工的企业均可建立企业职工委员会。企业职工委员会是直接关系到企业全体职工切身利益的机构，不但在工资、工时、休假、补贴、住房、解雇等问题上有参与决定权，而且在企业的基建、投资、劳动组织、职工培训等问题上有咨询权和建议权。企业职工委员会可以代表职工就本企业职工的一切权益问题同企业行政进行谈判和签订协议。委员会的成员可以是工会会员，也可以不是工会会员，但通常情况下，职工委员会大部分成员都是工会会员。因此，职工委员会实际上可以被视为工会在企业里的一个活动平台。

工会参与管理的第二个层面是参与监事会一级的决策。1951年，在德工联的努力争取下，德国联邦议院通过《煤钢工业企业职工在企业的监事会和经理委员会中的共决法》（简称“《煤钢共决法》”），1976年又通过《职工共同决定法》（简称“《共决法》”）。1951年《煤钢共决法》规定，在2000人以上的煤钢工业股份公司，企业监事会由雇员、雇主双方代表对等组成，另设一名双方都能接受的“中立”代表。监事会主席由雇主代表出任，副主席由雇员代表担任。当表决陷入僵局时，由中立代表裁决。公司经理委员会任命一名由工会提名的劳工经理。1976年《共决法》的规定是，在2000人以上的股份公司，监事会由劳资双方代表对等组成，如职工代表是六名，其中四名是本企业职工，两名是工会代表。职工监事中必须至少有一名工人、一名职员和一名高级职员。监事会职工代表候选人由职工委员会和工会协商后提名，工会代表候选人由工会提出，两者均由企业职工选举产生。高级职员代表属于职工代表，资方代表任主席。在表决陷入僵局时，主席有第二次表决权。劳工经理不由工会推荐。在2000人以下的股份公司里，监事会中的职工代表占1/3，工会可以推荐工会代表作为职工代表参加监事会。监事会的职权包括：任命和罢免经理委员会成员；监督企业生产经营活动；参与企业的重大决策，如投资、接受或提供贷款、利润分配和使用、雇用和解雇高级职员等。在监事会中，职工监事具有与资方监事同等的权利和义务。

（四）德国工会与中国工会的关系

德工联是最早同中国工会建立和发展关系的主要西方工会之一。1979年中德两国工会建立关系后，两会领导人隔年互访，1989年后两会关系中断。20世纪90年代中期逐渐恢复接触。2000年5月，德工联主席舒尔特访华，恢复了两国总工会的交往关系。同年10月，中国工会代表团访问德国时会见了德国工会的主要负责人，此访推动了两会关系的发展。随后，两国总工会保持了频繁的高层交往。2005—2018年，中华全国总工会多次派团访问德国，德工联时任主席也曾多次率团访华或拜会中华全国总工会。2013—2019年，中德两国工会先后三次举办中德工会研讨会，就双方共同感兴趣的劳工议题交换意见。近年来，中德两国产业工会及地方工会交往不断增加。

三、瑞典工会概况

瑞典的工业革命起步较晚，工人运动的发展也晚于其他西方国家。“二战”后，瑞典的劳动关系长期保持稳定，经济高速发展，社会不断进步，“福利国家”迅速建成。瑞典工会在其中发挥了独特的作用。

（一）瑞典工会的发展历程

1. 瑞典工会的早期发展。

19世纪80年代以前，瑞典工会运动基本上处于自发和分散状态。1880年，瑞典的第一个工会在斯德哥尔摩的一家细木工厂诞生，并组织了该国历史上第一次罢工。随后的五年中，工会组织迅猛发展，总数多达近百个。1889 年，在社会主义思潮的影响下，50 多个工会组织一起创建了瑞典社会民主党，其主要任务就是帮助建立地区工会组织。1898 年，瑞典总工会（简称“瑞总”）正式成立，其下属的行业工会的会员主要来自蓝领工人。

瑞总成立以后，与社民党一起为争取工人的政治和经济权利进行了长期而艰苦的斗争。1938 年，瑞总与瑞典雇主联合会（简称“雇主协会”）签订了著名的“萨尔茨耶巴登协议”（或称“基本协议”）。该协议规定，劳资双方赞成通过警告、谈判或调解等手段来避免劳资冲突；同意不与对方组织以外的工会和雇主组织开展集体谈判，确立了工会与雇主统一集中的集体谈判模式；决定成立一个由瑞总和雇主协会代表及中立代表组成的劳动力市场委员会，主要负责诠释与执行有关集体协议。该协议的签订正式确立了工会组织的合法地位，奠定了劳资关系的基础。从此，瑞典工运步入平稳发展的轨道。

20 世纪 30 年代以来，瑞典的白领工人运动发展迅猛。1931 年，瑞典私营企业的白领工人成立了工会联合会。1937 年，公营部门的白领职员也组建了自己的工会。1944 年，全国性的白领工人组织——瑞典职员中央组织（简称“瑞职总”）正式成立，逐步发展成为瑞典工会运动中一支强大的力量。

2. 战后初期至 20 世纪 60 年代的瑞典工会。

1944 年，瑞总起草了《战后的瑞典劳工纲领》，提出了充分就业和计划经济应作为政府的主要目标。20 世纪 50—60 年代，瑞典工会一直致力于争取和保持充分就业，瑞总和社民党共同制定了战后振兴国民经济和实现充分就业的行动纲领。1948 年，瑞典国家劳动力市场委员会成立，工会是其重要成员。该委员会借助遍布全国的 319 个职业介绍所，帮助职工安排就业和开展技能培训。到20世纪50年代后期，瑞典将失业率成功地控制在2%以下，实现了充分就业的目标。

20世纪60年代是瑞典经济发展的黄金时代。由于科技革命迅猛发展，经济结构不断调整，生产技术日新月异，结构性失业问题逐渐突出。因此，确保充分就业成为瑞典工会面临的最大挑战。瑞典工会与雇主保持合作，要求雇主在结构调整过程中必须保障工人的权益，同时要求政府和劳动力市场委员会鼓励其他行业在关闭工厂的地方办厂，创造新的就业岗位。不久，瑞典各地制定了自己的职业恢复计划，推进地区开发补贴、职工培训等活动。工会给予积极配合，配备了专门为失业工人服务的咨询人员。在工资方面，瑞典工会提出了“团结一致”的工资政策，其核心就是同一产业的工人实行同工同酬，因而受到了工人，尤其是低收入工人的欢迎和支持。中央级的集体谈判则有助于消除不同行业的工资差别。

3. 20世纪70—80年代的瑞典工会。

从20世纪70年代起，瑞典工会的工作重点出现重大转变。面对技术创新、结构调整和合理化运动等挑战，瑞典工会认识到，必须拥有参与讨论和进行监督的权利，在生产上也必须享有发言权。工业民主的问题成为瑞典工会的主要工作目标。在执政的社民党支持下，工业民主化进程不断向前推进。1971年，政府成立了由三方组成的劳动立法委员会，专门负责研究有关劳动立法的问题，颁布了一系列劳动法规，其中包括《就业保险法》、《工作环境法》、《车间工会代表法》、《公司董事会代表法》、《劳动生活共决法》等。这些法律的颁布在一定程度上使工人能够参与企业管理，提高了工会在与雇主谈判中的地位，工会拥有了较大的咨询权和否决权。

从20世纪80年代起，瑞典工会的奋斗目标转向了经济民主。瑞总认为，战后瑞典工人获得了比较好的经济权益，但在所有制领域却毫无进展可言。1975 年，瑞总发表了其经济学家麦德内尔主持撰写的研究报告，即“麦德内尔方案”。该方案建议用征收利润的办法将企业部分高额利润的所有权从雇主手中转为本企业雇员集体所有，然后由工会代表雇员使用该笔基金购买本企业的股份。该方案还列举了具体操作办法。由于该方案触及了资本的所有权，因而遭到了雇主的强烈反对。资产阶级及其政党动用手中的一切宣传机器，发动了一场全国性的反基金运动，导致连续执政 44 年的社民党在 1976 年大选中下台。1982 年，社民党再次上台执政，1983 年议会通过了建立雇员投资基金的立法。这一基金虽与麦德内尔的原方案相去甚远，但总算有了结果。这是瑞典工会在经济民主化方面迈出的重要一步。

4. 20 世纪 90 年代以后的瑞典工会。

进入 20 世纪 90 年代以来，瑞典工会面临着严峻的形势。在 1991 年大选中，瑞典保守党等组成的“非社会主义政党集团”上台执政。新政府上台不久就开始出售国家财产，削弱公共部门，废除国家垄断。此时，瑞典全国失业者总数达 16 万人，失业率为 4%，通胀率则达两位数。在这种形势下，瑞典工会把工作重心放在保障就业和反对削减社会福利上。但总体上看，瑞典工会运动较为被动，面对新的形势反应乏力，许多人对工会的表现感到失望。

近年来，瑞典进行了“重塑失业保险”的改革，废止了失业保险费的“社会连带主义再分配”，并废除了对 25%工会会费、40%事业保险基金的免税政策。这些改革严重打击了劳动者加入工会和参保的积极性。瑞典工会入会率连续 30 年持续下降。

（二）瑞典工会的组织结构

1. 瑞典工会的组织结构。

瑞典工会是按照产业原则组织的，但体力劳动者和脑力劳动者分别属于不同的工会。瑞典有四家全国性的总工会，即瑞典总工会（Swedish Trade Union Confederation-LO，简称“瑞总”）、瑞典职员中央组织（Swedish Confederation of Professional Employees-TCO，简称“瑞职总”）、瑞典专业人员工会联合会和瑞典监工工会联合会。其中，瑞总和瑞职总在国家和企业中发挥主要作用。

成立于1898年的瑞总是瑞典历史最悠久、会员人数最多的全国性工会组织，其会员主要是蓝领工人，分布在传统的制造业。瑞总的最高决策机构是全国代表大会，一般每五年召开一次。代表大会选举产生总理事会并任命执委会成员。总理事会由140人组成，包括执委会执委和一些产业工会的代表，是大会闭会期间的最高权力机构。执委会由15名成员组成，其中包括主席、副主席、书记和集体谈判书记，每两周开一次会。瑞总在地方有21个大区一级（相当于省一级）的总工会和258个基层（社区）工会组织。这些地方工会主要是提供一些信息服务，同时也组织政治性集会、参加选举等活动，但没有组织罢工、集体谈判等实质性的工会职能。目前，瑞总有142多万名会员，下属16个全国性产业工会，比如市政工人工会、五金工会等。产业工会机构设置与瑞总相同，也由全国代表大会、理事会、执委会组成。产业工会享有较大的自主性，基本上都独立地开展活动。产业工会下面是以地区为基础的地区工会。基层的工会组织是建立在企业一级的工人俱乐部基础上的，在车间还有工会小组。人数在1000人以上的分会通常雇用1名以上专职的“信托人”，发挥着上通下达的作用。而在有的企业里，工人俱乐部在代表工人与雇主进行集体谈判时有着重大的作用。

瑞职总成立于1944年，会员主要为白领工人，其中51%分布在私营部门，49%在政府等公共部门。其地方组织机构与瑞总基本相似。

2. 瑞典工会的主要活动。

（1）集体谈判。随着19世纪下半叶瑞典工业革命的兴起，瑞典的集体谈判制度逐步发展了起来。到了20世纪初，瑞典的集体谈判已在蓝领工人中广泛开展起来，同时在不同的产业部门中也出现了全国一级的集体谈判。但在20世纪30年代以前，雇主在集体谈判中占据上风。1906年，瑞总与瑞典雇主联合会达成了著名的“十二月妥协”协议，该协议赋予雇主很大的权利，而给工会的权利却很有限，工会对招工、解雇和生产管理等问题没有发言权，只可对工资、劳动条件等问题进行集体谈判。1928年，瑞典议会通过了《集体合同法》、《劳工法庭法》，进一步强化了雇主的管理权。直到1936年，在执政的社民党支持下，瑞总与瑞典雇主联合会开始谈判，并于两年后签订了著名的“萨尔茨耶巴登协议”（也称“基本协议”），保证了工会在集体谈判中的权利，并对雇主的管理权限进行了限定。该协议成为后来瑞典调处劳资纠纷的基本原则，迄今仍在发挥作用。由于“基本协议”是劳资双方的合作协议，所以自20世纪30年代末至“二战”结束，工会和雇主进行了广泛的合作，极大地推进了集体谈判工作。劳资双方就有关工人的问题开展谈判，在大多数情况下都能达成一致。集体协议成为瑞典解决劳资冲突的主要手段。1965年，公共部门的雇员获得了集体谈判权，自此之后，瑞典的所有工人都有权参加集体谈判。

瑞典的集体谈判一般包含三个级别层次：中央（全国）级、产业级和企业级。20世纪80年代以前，中央级的谈判一直占主导地位。80年代以后，各个产业开始进行分散性谈判，但集体谈判的总体模式并没有发生根本性改变。自90年代以来，无论在私营部门还是在公共部门，集体谈判都呈现出不断分散化、企业化的趋势。1990年年初，原瑞典雇主协会退出了中央一级的谈判，随后瑞典总工会、瑞典职员中央组织和瑞典专业人员工会联合会也被迫退出中央一级的谈判。此后，瑞典的集体谈判只在行业和企业的层次上进行。

从内容上看，瑞典集体谈判大致有三种类型：一是利益谈判或工资谈判；二是争端谈判，主要解决对有关法律条文和协议的诠释及实施标准中的分歧；三是共决谈判，主要解决企业管理权的问题。虽然雇主对企业管理有最终决定权，但工会可通过谈判获得影响雇主决定的机会，因而工会积极主张这类谈判。集体谈判的结果是集体协议。集体协议分为三级：中央级、产业级和企业级。时限一般为一年或两年，也有的为三年。在协议有效期内，如果物价上涨且幅度达到一定的限度，可合法地提前终止协议的履行。在瑞典，所有工会会员和非会员都可以享受集体协议所带来的成果，集体协议的覆盖面比较广泛。集体协议具有法律效力，对劳资双方组织的成员都有约束力。如在协议的执行过程中发生争执，双方有义务按照法定程序解决，包括提请仲裁和劳工法庭裁决。实际上，在集体谈判过程中很少发生争议。此外，为了避免发生冲突，劳资双方一般都签订“工业和平协议”，规定在双方商定的时限内不得采取罢工行动，以此保障生产经营的正常运行和劳资关系的稳定。

（2）开展工人参与活动。工人参与的基础层面在企业。长期以来，瑞典工会采取不同的组织形式和参与方式推进工人参与企业管理的工作，以更好地维护工人权益。1946年，根据瑞总和瑞典雇主联合会的协议，瑞典企业建立了企业职工委员会，由本企业劳资双方对等人数的代表组成。企业职工委员会的指导方针是共同协商，但其职能只限于协商，没有共决权。委员会的主要职责是促进生产和为工人争取权益。企业职工委员会有权了解企业的经济和财务状况，并讨论人事政策。企业职工委员会的工作目的是把企业的发展前景告知工人，起到加强劳资双方相互沟通的作用。随着《共决法》的颁布和实施，企业职工委员会也消失了。瑞典的工人参与主要体现在工会的作用和劳资共决制中。瑞典的《共决法》规定，劳资双方在制定和废除就业合同、监督和分配工作或管理等方面都必须共同作出决定并签订集体协议。《共决法》还规定了工会享有直接参与管理的四项权利：谈判权、知情权、“共决合同”的谈判权和优先诠释集体协议权。

职工董事和职工监事制度。瑞典有关公司职工董事和职工监事的制度在1973年和1975年颁布。1987年，瑞典对《职工董事和监事代表法》进行了修改。该法规定，凡职工人数在25人以上的有限责任公司、银行、保险公司和经济协会等都必须实行职工董事和监事制度。企业工会有权选派两名职工董事和两名候补职工董事（候补职工董事只享有参加董事会会议的权利，没有决策权）。凡雇佣1000人以上的企业，企业工会有权委任三名职工代表参加公司董事会。不过，瑞典的公司董事会一般由七名董事组成，其中两名是职工董事。如果工会之间对指派的人选意见不一致，则由公司中拥有会员人数最多的两个工会各挑选一名代表。实际上，工会之间在人选委派问题上很少出现不一致。法律规定，职工董事必须是本企业的职工，非本企业的专职工会干部被任命为公司职工董事的情况非常少见。根据法律规定，职工董事的任期不能超过四个财政年度，且只有职工董事的委任机构才有权解雇职工董事。职工董事不能涉及属于集体谈判范畴的问题，也不能参加罢工行动或其他与公司利益相冲突的活动。

瑞典工会的宏观参与主要表现在两个方面：一是直接参加

政府机构，保证工会在涉及劳工的问题上有发言权；二是利用同社民党的密切关系来实现工会的目标。劳动力市场管理局是瑞典最大的行政机构之一，领导该局的是一个由 17 人组成的劳工市场全国理事会，该理事会中有工会代表六人、雇主代表三人。理事会中的工会代表往往是各工会的重要官员或专家，在社会上表达工会的意见和施加影响。这保证了工会在劳工市场问题上的发言权和参与决定权。

（3）兴办企事业机构。瑞典工会兴办失业保险是瑞典工会运动的重要特色之一，也是瑞典工人入会率高的原因之一。瑞总拥有瑞典大众银行股份，还在 1973 年创立了报刊公司。瑞总还有旅行社、建筑公司、住房合作社等。瑞总重视工人的培训和教育，拥有 6 所学校用于培训工会干部。

（三）瑞典工会与中国工会的关系

瑞总在 20 世纪 80 年代与中国工会保持着密切的交往关系，两会高层领导人多次互访。苏东剧变后，两会交往较少。随着两国经济交往的发展，两国产业工会交流活跃，主要形式是在华举办工会业务培训班和接待中国工会交流团组访瑞。2005 年 4 月，瑞总主席万嘉·伦德碧·维丁率代表团正式访华，标志着两国工会关系的恢复和发展。此后，中华全国总工会与瑞典五金工会等北欧国家工会先后参加了四届中国–北欧工会工作研讨会。

四、法国工会概况

（一）法国工会的发展历程

法国取得反封建王朝的革命胜利后，其议会于 1791 年通过法律，禁止工人按照职业联合，阻止工人组织起来进行斗争。其后，法国于 1864 年承认工人有罢工权，并于 1884 年承认工会的合法地位。由此，于 19 世纪 60 年代产生的法国工会在以产业为主、按产业和地区两个系统联合的基础上，先后于1886年和1892年成立了全国工会联合会和全国性的劳动介绍所联合会。1895年，在这两个全国性联合会的基础上成立了法国总工会（简称“法总”）。第一次世界大战后，法国社会党发生分裂，其左翼建立了法国共产党。法总随之分裂，其左翼建立了法国统一总工会。1936年，两个总工会在反对法西斯主义的基础上合并，但1939年再次分裂。1947年，法总第三次发生分裂。右翼社会党人、改良主义的工会领导人在美国劳工联合会的支持下，在法总全国委员会会议上提出支持“马歇尔计划”的提案，并在提案被否决后于12月19日宣布退出法总，同邮电和铁路两个独立工会联合，于1948年4月成立了法国工人力量总工会。同时，高级职员联合会、全国教师联合会以及其他工会的部分会员也相继退出法总，成立独立工会，一直延续至今。在法国还有天主教工会运动，它是从1887年开始形成独立体系的。1905年，法国所有天主教教徒组织的行业工会、产业工会和地方工会合并成立法国天主教工人联合会。1964年，天主教工人联合会召开“三十三大”，主张更名并将会员范围扩大到非天主教工人，大会采纳了这一意见，决定成立法国劳工民主联合会。持反对意见的少数派坚持保留原工会名称及组织原则继续活动，天主教工联从此一分为二。1968年5月，法国工人和学生掀起了席卷全国的“五月风暴”，1000多万名工人为要求增加工资、反对解雇、保障就业举行罢工，罢工持续了一个多月。当时，法国大部分工厂被占领，经济活动处于停摆状态。1974—1975年，法国经历了战后最严重的经济危机。此后，工业生产回升缓慢，通货膨胀持续发展，失业情况日趋严重，广大劳动者反抗垄断资本向工人转嫁危机的斗争此起彼伏。20世纪70年代以来，由于技术革命带来产业结构的变化，工会力量历来薄弱的第三产业以及新兴工业部门的就业人数相对增多，持续的经济困难削弱了工会的谈判地位，再加上工会运动内部的分歧，参加工会的职工人数逐年下降。

（二）法国工会的组织结构

法总成立于1895年，现有72万名会员，拥有33个产业工会，21个大区工会委员会、96个省级总工会。基层工会组织同时隶属地方总工会和省级总工会，大区工会委员会负责同一个大区内不同省级总工会之间的协调工作。法总最高权力机构是代表大会，每三年举行一次，隔届邀请国际代表出席。领导机构是常委会和执行委员会。其中常委会是由全国委员会从执行委员会中选出的。常委会每年召集省、大区和产业工会的代表举行三四次会议，相当于法总的“议会”。现任总书记菲利普·马尔蒂内。

法国劳工民主联合会（简称“民主工联”）前身是1905年成立的法国天主教工联。1964年11月，70%的会员同意将天主教工联去宗教化，正式成立民主工联。该会是法国会员人数最多的全国性工会组织，共有会员约87万人，覆盖各行各业，2/3会员来自私有部门。法国劳工民主联合会的最高权力机构是代表大会，每四年举行一次，常设领导机构是全国委员会、执行局和书记处。全国委员会选举执行局，执行局选出书记处。全国委员会的委员是来自产业工会、地方工会以及干部、退休人员和公务人员三大工会的代表。现任总书记洛朗·贝尔热。

法国工人力量总工会成立于1948年，会员60万人，下属103个省工会、28个产业工会。最高权力机构是全国代表大会，领导机构为全国委员会、执行委员会和执行局。执行局由总书记、司库及委员组成，主持日常工作。现任总书记帕斯卡尔·帕瓦乔。

（三）法国工会的主要活动

法总宣称其目标是组织职工，引导职工表达诉求并提供行动支持，维护职工的物质与精神利益，为职工争取民主和工会权利，反对种族歧视和各种形式的排斥，力求实现真正的社会正义。宣布对雇主、教会、政府和一切政党保持独立。法总国内工作的重点主要包括：一是争取充分就业和享有培训权。二是确保及发展社会保险，实现平等、正义和社会互助。三是发扬民主，个人有参加工会活动及罢工、发表言论、参与企业、社会和经济生活的自由。法总主张振兴国际工会运动，1995 年年底退出世界工联，1999 年加入欧工联，2007 年 11 月 1 日加入国际工联。法总在国际活动中主张和平、裁军，支持各国人民争取自决权的斗争，愿意加强同发展中国家工会的团结，主张建设一个和平、民主、团结互助、社会进步、民族独立、享有主权和支持裁军的欧洲。法总主张从根本上与新自由主义划清界限，要求政府为实现能源转型加大公共政策支持和资金投入，以适应可持续发展的需求。四是推动加大在公共服务领域的投入。五是呼吁政府提供面向所有人的更高水平的社会保护。

法总一贯坚持“抗议性”的工会路线，近年来却遭遇挫败。法国总工会的斗争主张与“黄马甲”运动的诉求存在较高的重合度，但也有不同之处，主要集中在对外来移民和气候变化的态度，“黄马甲”是反对外来移民和《巴黎协定》的，而法总则支持维护外来移民工人的合法劳动权利，赞成《巴黎协定》，要求欧盟和法国就气候变化和环境问题采取更加稳妥有效的措施以减少碳排放。

法国劳工民主联合会的首要目标是为工人争取权利，减少社会不公。劳工民主联合会作风务实，主张通过对话来解决问题，但不排除组织示威活动反对社会不公。强调工会应根据形势变化及时调整利益诉求，以适应不断发展的劳动力市场需求。

（四）法国工会与中国工会的关系

1966 年以前，法总和中国工会有友好交往，后来关系中断。1982 年以后，法总及其下属产业工会同中国工会多次派团互访。2002 年、2003 年法总与中华全国总工会领导互访。2019 年 5 月，中华全国总工会派团出席了法总第 52 届代表大会。法总下属的农林工会、能源矿山工会、建筑工会与中国相应的产业工会建立了友好关系。

1974 年和 1983 年，法国劳工民主联合会总书记和副总书记分别率团访华。1980 年以后，法国劳工民主联合会同中国工会派团进行过互访。1985 年和 1988 年中华全国总工会代表团应邀参加该会代表大会。

五、俄罗斯工会概况

（一）俄罗斯工会的发展历程

19 世纪 70—80 年代，俄国就有了初期的工人组织，而工会运动的出现则是在 1905 年至 1907 年的第一次俄国资产阶级民主革命时期。俄国的第一批工会是在布尔什维克党的领导下，按产业原则建立的。1917 年 6 月成立了全俄工会中央理事会，当时有会员 200 万人。工会积极参加了 1917 年的俄国二月革命和十月革命。1922 年，苏联成立后，全俄工会中央理事会改称为全苏工会中央理事会。

苏联时期，俄罗斯一直没有建立共和国工会（当时在其他共和国均有共和国一级工会）。1989 年根据全苏工会中央理事会的建议成立了俄罗斯工会联合会。1991 年苏联解体后，该会成为独立的国家级工会组织，并改名为俄罗斯独立工会联合会

(简称“俄独立工联”)。其会员最多时曾有约9000万人。但是，此后会员人数不断减少，目前拥有1940多万名工会会员(截至2021年年底)。

(二) 俄罗斯工会的组织结构

俄独立工联拥有14.1万个基层工会组织、120多个成员组织和82个地方工会联合会。代表大会是俄独立工联的最高权力机构。俄独立工联总理事会按照决议每年召开不少于两次会议，总理事会选举执行委员会，负责总理事会的日常管理。1993年，俄独立工联选举米哈伊尔·维克多维奇·什马科夫为该会主席，并任职至今。

(三) 俄罗斯工会的主要活动

俄独立工联以代表和维护劳动者及会员的社会和经济利益为自身主要职能。其主要活动方式是：支持工会议员参与国家杜马的立法活动；在国家三方委员会中代表工会参与会谈和签订社会总协议，在产业、地方和企业代表职工参加集体谈判和签订集体合同；有时组织游行示威和罢工活动，向政府施加压力并提出自己的要求。俄独立工联还开展面向职工和会员的教育和培训活动，支持国家走市场经济和私有化道路，但反对以损害劳动群众的利益为代价。

俄独立工联成立后曾连续举行了几次全国性抗议活动，1998年10月组织的抗议活动规模空前，影响较大。这些抗议活动的主要诉求是要求尽快归还拖欠的工资和退休金，以及为职工群众提供就业保障，也有一些示威者提出要求总统和政府下台的政治性诉求。总的来看，这些抗议和示威活动除造成了一定的声势和影响外，实际收效甚微。1999年，俄独立工联放弃“秋斗”方式，此后未再组织全国性的示威活动。

俄独立工联当时的处境十分困难，主要表现在会员大量流失，会费收缴十分困难，财政状况拮据，不得不一再减员和精简机构，这在很大程度上限制了其对内和对外活动。尤其严重的是，深陷困境的俄独立工联内部分裂倾向进一步加剧。例如，列宁格勒州周围地区的 11 个州工会为了加强彼此的合作与协调，联合成立了协调委员会，并一致推举列宁格勒州工联主席马卡洛夫为该委员会主席，这一举动遭到了俄独立工联的强烈反对。1998 年，一些地方和产业工会拒绝参加俄独立工联组织的全国性抗议示威活动，批评俄独立工联向政府提出的要求过高，不现实。面对困难形势，一些地方和产业工会开始寻找出路，一些产业工会选择加入国际自由工联系统的国际产业工会联合会，寻求西方工会的帮助。

1999 年俄罗斯独立工联调整战略，参加了国家杜马选举。以俄独立工联为基础成立的“劳动联盟”参加了普里马科夫和莫斯科市市长卢日科夫领导的“祖国-全俄罗斯”竞选联盟，还有一些工会代表参加了俄罗斯农业党、俄共以及其他党派的竞选组织。最后共有 18 名工会参选代表当选为杜马议员。此外还有 20 名议员在工会的支持下当选，这些议员在竞选前与工会签订了合作协议，承诺在当选后支持工会开展工作。工会议员主要分布在国家杜马下属劳动与社会委员会、北方问题委员会、社会组织联络委员会以及预算、税收、工业改革等委员会中。在俄独立工联的倡议下，这些议员还成立了一个跨委员会的工会议员小组，以便更有效地开展工作。

俄独立工联除加入独联体总工联以外，在国际交往中长期采取独立自主的立场。但自 1996 年年底起，俄独立工联向国际自由工联提出加入要求，2000 年国际自由工联正式批准俄独立工联加入国际自由工联（后成为国际工联成员组织）。2004 年 12 月，在国际自由工联“十八大”上，俄罗斯独立工联被选入自由工联执委会和指导委员会。

随着俄独立工联的力量逐渐增强，在依托国际工联的同时，俄独立工联也开始谋求在独联体地区发挥区域性领导作用。为此，俄独立工联改变了以往与独联体总工联若即若离的态度，转而积极参与独联体总工联的工作。独立工联主席什马科夫亲自担任了独联体总工联的主席一职，希望利用独联体总工联这一现有的区域工会组织扩大俄独立工联在该地区的影响。

2022 年 2 月俄乌冲突爆发之后，俄独立工联第一时间发表声明，支持普京总统的决定。随着俄乌冲突愈演愈烈，国际工联、欧工联和三家乌克兰成员工会发表联合声明，要求暂停俄独立工联的会员身份。随后，俄独立工联主席什马科夫在其总理事会上发表题为“关于工会的现状和任务”的讲话，宣布俄独立工联暂停其国际工联和欧工联的会员身份。

目前在俄罗斯还存在着 200 个左右其他工会组织，但影响力都不大。其中影响力最大的名为“社会工会”的组织对外宣称有 50 万名会员，该组织在国际上受到西方一些反共和、反社会主义工会的支持。

（四）与中国工会的关系

自俄独立工联成立以来，中俄两国工会一直保持着良好的交流关系。两会通过互派高层代表团、举办专题研讨会，建立地方、产业、劳动关系学院友好关系等多种方式，加强交流与务实合作。俄独立工联曾多次派代表来华出席“经济全球化与工会”国际论坛。该会是金砖国家工会论坛发起组织之一，积极推动金砖国家工会合作发挥作用。2017 年，该会主席什马科夫作为国际劳工界代表应邀出席了首届“一带一路”国际合作高峰论坛。2022 年，该会主席什马科夫出席了由中华全国总工会承办的以视频形式举行的第十一届金砖国家工会论坛。

思考题：

1. 简述英国工会运动历史。
2. 简述德国工会运动的主要特点。
3. 德国共决制有哪些可借鉴性和局限性？
4. 苏东剧变后该区域工会运动发生了哪些重大变化？

第五章　美洲工会运动概况

本章主要介绍美洲工运情况。由于美国和加拿大与广大拉丁美洲国家在历史、文化、经济发展水平等方面存在较大差异，因此工会运动的状况和特点也明显不同。美加两国工会力量相对集中，产业工会实力强劲，在国家政治、经济和社会生活中占有重要地位。拉美地区国家众多，工会组织多元，工会力量有强有弱，但参政议政意识较强，在各国社会经济发展中也扮演着重要角色。本章第一节简要介绍美洲工会运动的历史和现状，第二节着重介绍美洲两个主要的区域性工会组织，第三节选取美国、加拿大、古巴、巴西和墨西哥工会作为美洲国家工会代表予以重点介绍。

第一节　美洲工会运动历史和现状

美洲工会运动的发展同该地区的政治、经济和文化的发展进程密切相关。受国别政治、经济和文化等因素的影响，美加工会运动和拉美工会运动有显著不同，因此本节分两个部分，分别介绍美加工会运动和拉美工会运动的历史和现状。

一、美洲工会运动历史

（一）美加工会运动历史

1. 美国工会运动历史。

与西欧国家工运相比，美国工人运动开端较早，但工会运动发展较晚。美国工会早期主要开展两方面的活动：一是争取缩短工时，将八小时工作制作为斗争目标；二是参加选举，争取让能够替工人说话的人进入地方政府工作或当选议员，而不是像西欧国家工会那样，在工人运动的基础上成立自己的政党。从19世纪中叶至今，美国工会一直是民主党的坚定支持者。美国建立了相对完善的调整劳动关系的法律体系。因此长期以来，美国工会是在国家法律框架内开展活动。

（1）美国工会的早期发展。早期的美国工会运动是分散的。在工业革命初期，美国工人组织具有地方性、行业性和临时性的特点。由于受到英国工会的影响，美国工会最早以行业为基础，而且只吸收技术工人参加。1792年，美国出现了历史上第一个行业工会，并组织工人与资方进行了谈判。这时的工会还带有互助会性质。19世纪30年代，随着美国经济的发展和工人阶级的壮大，工会运动进入了快速发展时期。1827年，在费城成立了由多个行业同业工会组成的机械业工会联合会，这标志着美国现代工会运动的开始。与此同时，在美国各地也相继成立了一些规模不等的工会组织，不过其中大多数在1887年的经济大萧条中销声匿迹了。19世纪后半期到20世纪初是美国工会运动发展的一个重要时期，其间规模较大的几个工会组织相继宣布成立。1869年成立的劳工骑士团原是一个秘密工人组织，其会员人数一度多达73万人。由于其内部组织的混乱和会员成分过于复杂等原因，劳工骑士团于1917年解散了。1881年11月成立的劳工联合会（简称“劳联”）由美国和加拿大的部分行业工会组成，最初名为美国加拿大劳工联合会，1886年改名为劳联。劳联以行业工会为基本会员。成立之初，劳联将争取八小时工作制作为主要斗争目标，并取得了胜利。劳联会员最多时有420万人。1905年，另一个具有重要意义的工会组织——世界产业工人联盟（简称“产联”）在芝加哥成立。它按照产业原则组织工会并大量吸收非技术工人入会，对西部移民有很大的吸引力。它成功地组织了几次大规模的罢工，使其影响大增。1929—1933 年世界性经济危机从美国开始，并使美国工会运动遭受重大打击。工会会员人数锐减，多年斗争的成果几乎丧失殆尽，只是到罗斯福新政时期，工会运动才有了新的进展。罗斯福政府颁布了《国家产业复兴法》，工会获得了集体谈判的权利。该法的颁布促进了工会组织的发展，在钢铁、汽车、电气等大企业里成千上万的工人组建了工会。在这个阶段，劳联和产联的力量迅速发展壮大。“二战”期间，劳联和产联的全部会员将近 1020 万人。美国工会运动发展成为国家政治经济生活中的重要力量。美国工会组织结构也基本形成。

（2）战后初期到 20 世纪 50 年代的美国工会。战后前 10 年里，美国工会运动发生了重大的变化。20 世纪 50 年代，美国从战时经济转向和平经济，经济上保持着发展与繁荣，但政治上却日趋保守。1947 年美国国会通过了限制工会活动的《塔夫脱-哈特莱法》。该法的颁布给工会运动带来了较大的消极影响，使工会运动陷入低潮。在不利的情况下，工会为维护工人阶级的权益，大规模地组织罢工，波及制造业、钢铁业、矿山业和交通运输等关键行业。进入 50 年代后，雇主利用严峻的经济形势加紧削弱工会的力量，而广大工会会员强烈要求加强工会之间的团结。从 20 世纪 40 年代末开始，劳联和产联在意识形态方面已逐渐接近。1952 年两个组织达成协议，表明双方相互信任、利益一致。1955 年两会合并，成立美国劳联-产联（American Federation of Labor and Congress of Industrial Organizations，AFL-CIO），美国工会运动由此进入了一个新的发展阶段。

（3）20 世纪 60—70 年代的美国工会。20 世纪 60 年代是美国战后最动荡的10年。社会矛盾不断激化，工会运动也进入了一个特殊的发展时期。其间，美国的政治和经济形势发生了急剧的变化。一方面，垄断势力进一步加强；另一方面，工人阶级的相对贫困日益严重。而越南战争加剧了这一趋势，使社会矛盾进一步激化。美国工会运动受到了影响，并开始复苏。20世纪70年代发端于美国的新技术革命改变了美国的产业结构，改变了过去以体力劳动为主的工人阶级的内部结构，对整个社会生活带来了广泛而深刻的影响。产业结构和就业结构的变化给工会运动提出了许多亟待解决的问题。尽管工会会员人数在20世纪70年代初一度达到顶峰，超过了2300万人，但多年来入会率总体上来说是下降的，从1962年的30%下降至1980年的22%。当然，若不是同期公共部门工会组建率的稳步提高，那么这种降幅可能会更大。总之，从全国范围看，工会的声誉和地位可谓江河日下。

（4）20世纪80—90年代的美国工会。20世纪80年代，由于经济结构的加速调整、里根政府和雇主对工会的敌视和打压，美国工会运动陷入困境。主要表现：工会组织的大规模罢工连年失利，工会组建率连年下降，工会在集体谈判中处于守势。1980年后，入会率急剧下降。在随后的五年中，工会丢失了约25%的会员。1995年，会员人数只有1640万人，只相当于非农职工总数的14.9%和私营部门工人总数的10.4%。

入会率的急剧下降与工会面临的巨大挑战息息相关。1980年和1981—1982年的两次经济衰退标志着工会进入一个集体谈判的退让时期。面对持续的经济压力，工会的谈判工作举步维艰，在集体谈判中被迫不断地妥协让步。同时，全球化进程加速，国际贸易日益自由化，美国经济开始从物质生产向服务业转型。制造业中的蓝领工作岗位不断减少，服务业中的白领工作岗位不断增加。即使在一些就业相对稳定、工会组建率较高的行业也发生了翻天覆地的变化。对民航业、公路运输业、通信和公共事业的解除管制为无工会企业的进入铺平了道路。这些竞争者从已建工会的企业里抢走生意，强化了集体谈判退让的趋势。

除了经济因素，还有其他一些因素导致了工会人数的缩减。在 20 世纪 70 年代，随着工会在私营企业的衰败，雇主制定了更加难以应对的策略来对付工会。此外，雇主公开的违法行为急剧增加。到了 1980 年，雇主常常通过解雇工会的支持者来遏制工会的组织势头。里根总统上台后，任命公开敌视工会的资方律师参加全国劳资关系委员会，开始大举向工会进攻，《塔夫脱-哈特莱法》修正案中反工会的规定得到了充分的实施。里根当政时期，劳资关系委员会对雇主十分纵容，对工会的打击却到了肆无忌惮的程度。更为糟糕的是，对法律的重新诠释使得雇主拥有了更多的反工会的合法途径。该委员会重新诠释了雇主的谈判义务，即是一种为了开展谈判而会面的义务，这意味着允许雇主逃避签订集体合同的义务，进而削弱了工会的谈判力量。与此同时，雇主采用十分强硬的谈判策略以迫使工人罢工，然后雇佣“永久的替代工”取而代之。在权衡新的商业机会和降低劳动成本时，绝大多数雇主愿意选择无工会的企业。在美国，雇主往往采取两种手段来避开工会：一种是“工会替代”模式，即利用人力资源管理的技巧，给工人少量的说话机会，为工人提供比许多已建工会的企业更优越的工作条件，消除工人组建工会的动力；另一种是“工会压制”模式，即在工会开展组建工作时对其给予强力打压，阻挠工会的建立。到 1980 年，那些希望摆脱工会限制的公司已经开始采用上述两种模式把非工会化公司发展起来。1992 年，随着克林顿入主白宫，工会希望通过政治手段摆脱困境的努力得到回报。新总统答应解决工会最关切的问题——劳动法改革。未来劳资关系委员会宣告成立。1994 年，民主党在国会选举中失败，沉重地打击了劳联-产联的政治抱负。1996 年美国政府颁布的联邦福利及改革方案，被称为 60 年以来最大的福利改革方案，大幅减少了工人和移民的收入和福利。美国工人面临着巨大的失业压力。时任美国劳联-产联主席斯威尼表示要重建美国工会运动，并领导工会制定了一系列对策，从而更好地维护工人权益。

在政治领域，美国工会积极支持民主党候选人并支持克林顿连任，不惜重金出资帮助民主党参加议会选举，希望民主党能够在国会中占多数，进而推动工会关于工资、养老金、职业安全等关系工人切身利益的提案在国会得以通过。在经济领域，工会也没有放弃罢工和集体谈判等传统的活动方式。另外，工会组织内部的改革也在积极进行。美国的一些大工会实现了联合，加强了工会的团结。工会组织发展潜力较大，但工会在国家社会政治经济生活中的影响减少和在劳资关系中的守势状况没有根本性的改变。

2. 加拿大工会运动历史。

1827—1834 年是加拿大工会的初创时期。最早的工会是 1827 年成立的魁北克市印刷工人组织。1833 年，蒙特利尔工匠互助会在要求实行 10 小时工作日、改善劳动条件的斗争中宣告成立。在它的影响下，加各地也先后成立了类似的工人组织。从 19 世纪 60 年代起，加拿大的许多工会开始陆续加入美国工会，成为美国工会的加拿大地区组织。1871 年，多伦多行业工人大会宣告成立，领导争取九小时工作日和增加工资的斗争。1872 年，汉密尔顿、多伦多、布兰特福德、蒙特利尔等地工会召开大会宣布成立加拿大工人工会，主张工会民主，提出“会员管理工会”的口号。19 世纪 80 年代后期，许多工会相继诞生，劳动骑士团活跃于全国各地，领导了许多重要的罢工，并与一些行业工会共同成立了加拿大行业劳工大会。后来，在美国劳联的压力下，加拿大行业劳工大会开除了劳动骑士团。从此，加行业劳工大会实际上成为美国劳联在加拿大的分支机构。1903年，劳动骑士团联合其他一些工会成立全国职工大会，1908年改名为“加拿大劳工联合会”，成为一个独立于美国工会的加拿大全国性工会组织。后来，由于它把参加美国工会的加拿大工会拒之门外，并且为了抵制美国势力而与本国资产阶级合作，失去了许多工会组织的支持而瓦解。其中一部分成立了“全加劳工大会”，另一部分成立了“加拿大工会联合会”。1927—1929年，钢铁、汽车、纺织、木材、煤矿等全国性产业工会纷纷成立。在此期间，一些左翼工会先后成立了“工会教育联盟”和“工人团结联盟”，领导工人进行反饥饿、反失业大罢工。1937年，美国产业工会联合会在多伦多设立办事处。加行业劳工大会中的许多工会转入美国产联，引起美国劳联的极大不满。它强令加行业劳工大会开除这批工会。1940年这批工会与全加劳工大会共同创立“加拿大劳动者大会”。

第二次世界大战后，加劳动者大会的领导支持“马歇尔计划”，赞成美加军事合作，支持北大西洋公约，于1949年退出世界工联。继美国产联1950年开除一批进步工会之后，加劳动者大会也在1950年至1952年，把加联合电器、矿山冶炼、皮毛皮革等工会开除。加行业劳工大会和劳动者大会在政治上的一致，以及受美国劳联和产联合并的影响，在1956年合并成立了“加拿大劳工大会”。第二次世界大战结束时，加仅有工会会员71万人，50年代中期发展到150万人。从60年代末开始，由于大批教员、护士、政府雇员和公共事业服务人员加入工会，会员人数大大增加。近年来，与相应的美国产业工会组合成“国际”工会的一些加拿大产业工会要求独立自主的倾向不断加强，它们纷纷与美国工会脱离关系，在国内和国际上发挥独立作用。

（二）拉美工会运动历史

19 世纪中期至末期，拉美各国先后出现工会组织，这个时期的拉美工人运动主要受空想社会主义和无政府工团主义思潮的影响。20 世纪初到第二次世界大战爆发，社会民主主义和共产主义的思想影响逐渐取代了无政府工团主义，工会运动在整个拉美大陆普遍兴起，并开始建立全洲性组织。此外，天主教会在拉美工运中也有一定影响力。1918 年建立了第一个全洲地区性工会组织——泛美工人联合会。它因奉行亲政府和亲帝国主义的政策，1930 年在一些国家工会代表的指责下自动解体。1929 年 5 月，一些支持赤色工会国际的工会在乌拉圭首都蒙得维的亚成立了拉美工会联合会。1938 年 9 月，在墨西哥城召开的拉美工会会议决定成立拉美劳工联合会（简称“拉美劳联”）以取代拉美工会联合会，并选举墨西哥人伦巴多·托列达诺为拉美劳联总书记。拉美劳联积极参与了 1945 年世界工会联合会的建立。

1949 年，世界工联发生分裂，拉美工运受到很大影响。拉美劳联的活动日益减少，1962 年时已趋于消亡。鉴于此，一些属于世界工联系统的拉美工会于 1962 年 9 月在智利圣地亚哥召开拉美工会会议，成立了拉美工人工会联络委员会。1964 年 1 月 24 日至 28 日，该委员会在巴西首都巴西利亚召开拉美工人工会团结代表大会，建立了拉美工人工会团结常设代表大会，常设代表大会与世界工联保持密切合作关系。1949 年国际自由工会联合会成立后，它在美洲的会员组织于 1951 年在墨西哥城开会，建立了包括美国和加拿大工会在内的自由工联美洲区域工人组织。美国劳联-产联在该组织内有相当重要的影响。拉美各国天主教系统的工会于 1954 年在智利圣地亚哥开会，成立了拉美天主教工会联合会。1971 年 11 月该会在委内瑞拉首都加拉加斯举行六大，改名为拉美工人中央工会。拉美工会运动中除这三派工会外还有一些独立工会，它们在 80 年代已逐渐形成一股不可忽视的力量。

80 年代拉美国家陷入严重的经济困难。沉重的外债负担阻碍了经济发展，通货膨胀和失业严重，至 80 年代后期，劳动人民的生活降至 70 年代初的水平。这一时期，拉美的工会运动相当活跃，工人斗争频繁，出现了统一行动的趋势。阿根廷、巴西、秘鲁、玻利维亚、厄瓜多尔、危地马拉、海地等国发生过一至多次的几派工会联合发起的全国总罢工，而全行业的统一罢工更是此起彼伏。罢工斗争的矛头指向政府的经济政策，要求大幅提高工资、恢复工资购买力、改善劳动和生活条件。有些重要国家的工会在斗争中经历了分化、改组和加强的过程，地位有所提高。进入 80 年代，拉丁美洲的民主化进程取得重要成果，工会运动在此过程中发挥了重要作用。阿根廷、巴西、乌拉圭等国工会组织发动的大规模工人斗争是迫使这些国家军人政府交权的重要原因。智利工会的斗争推动了强大的群众运动，在公民投票中挫败了皮诺切特军政权；巴拉圭工人的斗争为推翻斯特罗斯纳独裁政权提供了群众基础。成立文人政权后，工会继续进行推进民主化的斗争。在阿根廷，迫使阿方辛政府颁布了新的工会法和保障工人福利的社会事业法。在巴西，争取在新宪法中列入了保障工会地位和工人权利的内容。拉美工会从斗争实践中认识到，为了有效地维护工人利益，必须参与制定和影响国家经济政策，参加政府的有关机构，同政府、资方一起讨论和制定经济政策。1987 年巴西工会在经济决策机构之一的国家货币委员会中争取到一个代表的名额。阿根廷总工会、墨西哥工人联合会分别向其政府提出了整套发展经济的政策和解决外债问题的主张。委内瑞拉工人联合会把在企业中实行共决作为自己的重要任务。“没有工人参与就没有经济发展”已成为拉美工人的普遍口号。合理解决外债问题是拉美各派工会的一致要求，为此，各派工会分别召开了多次大会，1985年，以世界工联会员为主的拉美各国工会在哈瓦那举行了反对外债大会；1986年9月，国际自由工联美洲区域工人组织的会员在阿根廷召开了“债务和发展”会议；1987年5月，拉美一些国家的独立工会在巴西召开了外债会议；同年11月，拉美工人中央工会“九大”专门设立了一个研究外债问题的委员会。各派工会的具体方案虽有差异，但都认为外债在经济上无法偿还，在政治上不能接受，在道义上站不住脚。此后，各派工会就外债问题进一步采取行动。国际自由工联美洲区域工人组织于1989年5月底派团同当年西方七国首脑会议主席、法国总统密特朗进行对话，寻求解决外债的途径。一些独立工会与非洲工会统一组织于1989年8月在巴西圣保罗举行讨论解决外债问题的工作会议。一些国家的工会则支持本国政府解决外债问题的立场。在具体任务和目标趋同的情况下，拉美国家各派工会对话与联合的趋势有所发展，经过分化和改组，出现了一批重要的独立工会，如乌拉圭总工会、哥伦比亚工人统一工会、巴西工人统一工会、巴西总工会等，它们抵制外来干涉，维护内部团结，不参加国际工会组织，逐渐成为拉美工会运动中一支不可忽视的力量。另外，在厄瓜多尔、危地马拉等国，各派工会成立了协调委员会，以便在重大问题上采取联合行动。这一时期，就整个拉美而言，三个区域组织的联合行动，受各自所属的国际自由工联、世界劳联、世界工联的制约，没有取得明显的进展，但它们都具有强烈的拉丁美洲民族主义情绪，在一些重要问题上观点基本一致。

20世纪70年代，新自由主义经济政策首先在智利（1973）和阿根廷（1976）进行试验；80年代债务危机发生后，其他一些拉美国家逐渐接受了外部强加的带有货币主义色彩的稳定计划；到 90 年代，特别是 90 年代中期卡多佐上台之后领导的巴西转型，标志着新自由主义发展模式在整个拉美大陆居于支配地位。1989 年华盛顿国际经济研究所所长约翰·威廉森将新自由主义范式归纳为 10 条原则，即所谓“华盛顿共识”：紧缩财政和减少赤字，公益事业支出优先，税制改革，金融自由化，单一汇率，贸易自由化，鼓励外国直接投资，公营企业私有化，放宽管制或取消竞争壁垒，保护产权。这些内容是国际货币基金组织、世界银行和西方国家为拉美摆脱经济危机而开的处方，即自由化、私有化和国际化。

新自由主义和全球化在拉美大行其道，对工人带来直接影响。一是失业的增加和非正规部门的扩大。由于没有竞争力的一些企业的破产、国有企业的私有化、政府雇员的裁减、政府财政支出的急剧减少、外国直接投资以并购现有资产为主而新增生产能力和就业岗位不多等原因，失业群体扩大。这些人被边缘化到非正规部门。20 世纪 90 年代以来，80%的新增就业机会是由非正规部门创造的，这一部门的就业人数占非农业部门就业人数的比例已超过 60%。按照新自由主义的理论，他们正处在资本积累的起点上，应该自己解决医疗、教育和社会保险问题。在国家的默许或积极支持下，劳动者变得更容易受到伤害和陷入不安全境地。而这种扭曲现象却被新自由主义正常化了。二是分配日益不均，贫困人口增加。在拉美，新自由主义经济改革的主要获利者是成功的企业家和私人部门的经理，尤其是那些能够成功转型的出口部门、金融部门和国内大公司的老板，下层劳动人民则是受损者。拉美经委会在题为《拉美社会全景》的报告中指出，1980 年，拉美有 40.5%的人口（1.36 亿）生活在贫困线以下，到 1990 年增加到 48.3%（2 亿），到 2002 年虽然下降为 43.4%，但人口总量仍上升为 2.2 亿。经济的快速自由化和外向化也加深了国民经济的脆弱性，1990年以来墨西哥、巴西和阿根廷先后爆发金融危机，并影响到周边国家，拉美外债从1991年年底的4610亿美元上升到2000年年底的7405亿美元，进一步严重制约了拉美经济的发展。国有企业私有化的推行，给拉美工人带来了巨大的冲击，失业、两极分化和社会不公等问题严重。工人失业也造成了工会会员的流失，工会采取了各种措施来应对这一挑战，整个20世纪90年代拉美工会运动的主题就是抵制新自由主义的斗争。受到世界共产主义运动低潮的影响，20世纪90年代共产主义思想在拉美工运中逐渐衰落，世界工联在该地区的力量也大为削弱，而社会民主主义和基督教民主主义思想巩固了其在拉美工运思想体系中的地位。

二、美洲工会运动现状

（一）美加工会运动现状

进入21世纪后，美国工会面临的最大问题仍然是会员人数持续下降，政治影响力日渐衰退，社会作用被进一步边缘化。目前，美国工会会员人数已从20世纪70年代顶峰时的2300万人猛降至2004年的1300多万人，入会率也从30%跌到12.5%，私营部门的入会率只有7.9%，成为西方工业发达国家中工会组建率最低的国家之一。

为了振兴美国工会运动，美国工会采取的一系列举措主要包括：一是转变工作思路。从只重视服务会员、轻视组建工作，转变为将发展会员、组建工会作为工会的头等大事，视会员为工会的力量源泉。劳联-产联将发展会员和组建工会的经费预算增加到30%，同时要求下属产业工会也增加相关投入。二是注重人才建设。1995年以来，劳联-产联从社会上招聘了一批兼具实践经验和理论素养的劳工学者，并委以重任，如担任国际部、教育部、跨国公司事务部、组织部的部长。三是加强组织领导。劳联-产联专门成立了其历史上第一个“组织部”和“工会组织研究所”，负责招募和培训工会组织员。四是面向基层，面向社区，增强基层组织的活力，尤其是发挥中央工会理事会（Central Labor Council，劳联-产联的县市总工会）的作用。五是重视工会对社会和政治活动的参与，寻求与广大社会组织结盟，扩大工会群众基础，增强社会影响力。六是发展国际工运的合作。逐步抛弃“反共”等冷战思维，逐步与世界上的主要左翼工会建立和发展了关系，如欧洲左翼工会、巴西统一工会以及南非工会。尽管近年来劳联-产联不遗余力地推行自身改革，但整个工会运动没有发生根本性变化。原因是多方面的：一是美国工会运动结构松散，而改革成功与否更多取决于全国性产业工会及其基层工会。二是大多数工会干部更习惯于原来的服务工作模式，工作模式和工作重点的改变对基层工会来说绝非易事。与组建工作不同，劳联-产联的振兴计划在政治领域取得了丰硕成果。在1996年、1998年、2000年连续三个选举年中，劳联-产联下属工会凭借雄厚的财力开展会员动员工作。在2000年大选中，美国工会会员在工作场所散发了1400万张传单，邮寄出1200万份宣传册并拨打了800万个电话。劳联-产联的努力使会员的大选参与率急剧提高。1992年，选民中只有19%来自会员的家庭，2000年增加到26%。没有工会的支持，就不可能出现共和党在众议院只占微弱多数，以及在参议院出现民主党与共和党平分秋色的局势。

组织分裂是劳联-产联面临的又一个重大问题。工会的政治活动并没有带来立法上的重大变化。美国工会领导人一致认为，要振兴美国工会运动，就必须对劳动法律进行根本性的改革。在2004年大选中，民主党候选人克里的失败和共和党的获胜是对美国工会的巨大打击，也重新引发了人们对美国工会运动是否走向分裂的关注。早在2002年，包括服务雇员工会在内的几家工会领导人形成了一种“新团结伙伴关系”。他们提出了几个建议：首先，要求劳联-产联对其组织结构和运行方式进行根本性改革，其中包括将其下属的57个产业工会合并为20个左右的大工会，以便能集中力量，各司其职。其次，要求劳联-产联将下属工会上缴会费的一半返还给各工会，以便用于工会的组织工作和对付诸如沃尔玛等反工会的跨国公司。否则，他们就可能脱离劳联-产联，另立山头。实际上，2001年，因为同样的原因，美国木匠工会就离开了劳联-产联。2005年6—7月，劳联-产联下属的服务雇员工会、联合食品商业工会、卡车司机工会、北美劳工协会、纺织酒店餐饮工人工会、联合农场工会等7家产业工会在华盛顿宣布成立“变革谋胜利联盟”(Change to Win Coalition)，宣称代表600万名会员，对美国劳联-产联现行政策提出批评，要求革新美国工会运动。随后，宣布拒绝出席劳联-产联第25次代表大会，并于9月21日在俄亥俄州成立新的全国性总工会——变革谋胜利工会联合会(Change to Win Federation)。这是美国劳联-产联成立50年来最大一次分裂。尽管美国工会面临严峻挑战，私营部门会员持续减少，工会组织出现分化，但工会工作还是取得了一定成效。基层组织的政治参与度在提高，组建工作已被列为头等大事，公共部门会员基本稳定，地方工会的活力在增强。

加拿大工会覆盖率近年来总体呈下降趋势。公共部门入会率较高，约为70%。私营部门入会率逐年下降，为15.9%。加拿大劳工大会（Canadian Labour Congress，CLC）目前是加全国最大的总工会，拥有会员330万人，占全国会员总数的70%，其中约24.1%的会员同时加入了美国工会。加另一个全国性总工会——加拿大工会联合会（Confederation of Canadian Unions，CCU）的会员人数仅占全国会员总数的0.2%。加还有大约

0.7%的会员并未加入加本国工会，而是加入了美国劳联-产联；约19%的会员只加入了产业工会，而不隶属任何全国性总工会。法裔居民集中的魁北克省工运比较发达，当地主要的工会组织包括：加拿大全国工会联合会（Confédération des syndicats nationaux，CSN），占全国会员总数的6.9%，国际上加入国际工联；魁北克工会中心（Centrale de syndicats du Québec，CSQ），占全国会员总数的2.7%；魁北克民主工会中心（Centrale des syndicats démocratiques，CSD），占全国会员总数的1.5%，国际上加入国际工联。

（二）拉美工会运动现状

从20世纪末到21世纪初，拉美工会运动与其他社会民众运动相呼应，主题是反对新自由主义与全球化。2002年10月，巴西前工会领袖、劳工党主席卢拉在总统大选中获胜，是拉美反对新自由主义高潮的标志。受新自由主义的影响，拉美各国国有企业纷纷私有化，工会会员流失，社会保障水平下降，工会力量受到了削弱，但在共同的抗议斗争中，各国工会凝聚了广泛共识，更多地实现了联合行动。这一时期，多种因素促成拉美政治总体向左转，客观上推动了拉美工会运动走向高潮。

2006年11月国际工会联合会成立，原自由工联和原世界劳联的美洲地区会员普遍加入了新的国际组织，部分独立工会也加入了国际工联。国际工联一直试图在拉美地区扩大其影响，曾一度推选巴西统一工会代表担任国际工联主席，但拉美工会总体上仍坚持了基于共同语言、宗教、地域、文化和历史遭遇的拉美主义倾向，与美西方主导的国际工联主流意识形态保持了一定的距离。

2008年全球金融危机以来，由于多种原因，拉美左翼政府普遍执政业绩不佳，拉美的左派力量逐渐失去势力和影响，右翼政府执政回潮。各国政府为应对金融危机，普遍采取了修改劳动法、削减工会权利和工人福利的做法，使得拉美各国工会普遍面临经济、政治和组织的多重压力，拉美工会运动进入相对低潮期。

第二节　美洲工会区域性组织

美洲工会发展的一个重要特点是工会的团结和分裂同时并存。从美洲地区工会运动发展伊始，就开始了建立地区性工会组织的历程。美洲地区性工会组织一直在美洲工会运动中起着重要作用。美洲工会联合会是国际工联在美洲（含加勒比地区）的地区性工会组织，美洲工会民主抉择是从美洲工会联合会中分裂出来的地区性工会组织。

一、美洲工会联合会

1948 年 1 月，17 个美洲国家的工会代表成立了包括美国产联在内的泛美劳工联合会（简称“泛美劳联”），为此后国际自由工联成立美洲区域工人组织奠定了基础。1951 年 1 月，美洲区域工人组织成立，美国、加拿大和 13 个拉美国家工会参加。该组织执行自由工联的方针和政策，主张建立新型的、统一的、多元的、能够参与社会政治事务的工会，为建立一个自由、正义和民主的社会而斗争。美洲区域工人组织成立之后，泛美劳联自行解散。美洲区域工人组织下设中美洲工人联合会、加勒比劳工大会和南美工会协调委员会等三个地区组织。它在美国的支持下，在拉美各国进行了大量的组织工作，成为拉美最大的工会组织。

国际自由工联和世界劳联合并后，美洲工会联合会（简称“美洲工联”）于 2008 年 3 月 28 日成立，取代美洲区域工人组织，成为美洲（含加勒比地区）最大的地区性工会组织。该组织执行国际工联的方针政策，接受国际工联的领导，每四年召开一次代表大会。其主张包括：充分尊重和促进人权，特别是对工会和劳动权利，无论何种国籍、来自农村或城市，来自正规或非正规经济，来自私营或公共部门，有劳动合同或无合同、不同年龄和性别；主张性别平等和妇女充分参与；主张改善工作条件，提高工人的生活质量，减少工作时间，使工作与家庭生活相适应，消除不稳定就业和促进劳动保护；强调各个层面的工人团结和工会组织间的合作；强调与其他社会运动和相关社会活动的合作和战略同盟，以凝聚力量，实现维护社会正义、保障工人权益；强调以主权为基础的政治、社会、劳工和经济民主，并通过参与机制和有效的社会对话丰富民主内容；强调加强法治，认为法治是民主发展和社会公正的基本支柱之一；推动本区域各国经济、社会和文化的融合与团结，以实现平衡、可持续的发展，加强社会参与，努力消除现有的严重不平衡现象，并促进生产发展，推动环境保护；强调和平与人民自决，反对任何形式的侵略。

二、美洲工会民主抉择

2016 年 4 月，在巴西圣保罗召开的美洲工会联合会第三次代表大会上，美洲工会联合会发生分裂，以巴西工会力量、墨西哥工人联合会、墨西哥工农革命联合会、哥伦比亚总工会为首的 12 家工会组织宣布集体退出美洲工联。同年 9 月，13 个国家的 25 家工会组织在墨西哥城宣布筹备成立美洲工会民主抉择（简称“民主抉择”）。2017 年 4 月，15 个国家的 30 家工会组织在哥伦比亚波哥大召开成立大会，哥伦比亚总工会主席戈麦斯当选民主抉择第一届主席，巴西工会力量国际关系书记达希尔瓦当选总书记。成立大会上，民主抉择指责美洲工联面对委内瑞拉、巴西、厄瓜多尔、玻利维亚、尼加拉瓜、智利和阿根廷政府缺乏独立性，称新组织将充实并发展更具包容性的工会主义，并努力应对美洲地区政治、经济和社会重组所带来的挑战。民主抉择制定了广泛的工作计划，其中包括反对劳务外包政策、推动体面劳动、结社自由和社会对话、消除童工和对移民的虐待、反腐败斗争、捍卫人权以及推行保护环境的替代发展模式等。戈麦斯称，民主抉择不仅在美洲大陆寻求加强联盟，而且寻求建立一个世界范围的工会组织。

目前，民主抉择下属23家工会组织，其中仅墨西哥工人联合会、墨西哥工农革命联合会、巴西工会力量、哥伦比亚总工会等少数几家工会组织在国际国内有一定影响力，其他多为实力较弱的小工会，还包括一些反政府的异见工会。由于整体实力尚弱，民主抉择在国际劳工组织和美洲区域内的发声机会不多，对一些区域热点问题，如自由贸易协定等，影响力有限。该组织对外自称为中左派意识形态，却反对古巴、委内瑞拉政府，并批评厄瓜多尔、玻利维亚和萨尔瓦多等国政府。民主抉择呼吁其他拉美工会组织退出美洲工联，以捍卫民主、社会正义和结社自由，但国际工联的核心政策主张也恰恰是以上三点。总体来说，民主抉择的成立和发展是拉美地区工会组织权力斗争的结果，其发展壮大仍面临诸多考验。

2019年国际劳工局理事会第337届会议对是否赋予该组织区域咨商地位进行了激烈辩论，雇主组表示支持，工人组坚决反对，除美国、古巴、乌拉圭外，绝大多数政府代表没有表态。会议最后接受工人组意见，反对给予该组织区域咨商地位。审议过程充分暴露了当前国际工运内部各派力量之间深刻对立和严重分化的现状。

第三节　部分国家工会简况

美加国家工会运动有着与拉美国家工会不同的发展轨迹，本节选取美国、加拿大、古巴、巴西和墨西哥工会作为美洲国家代表性组织予以重点介绍。上述五国工会中，古巴工会是唯一接受共产党领导的工会，拥有广泛的代表性和强大的动员能力。

一、美国工会

（一）美国工会的组织结构和特点

（1）美国工会的组织结构。与欧洲国家工会相比，美国工会的组织结构比较松散，也比较复杂。工会组织结构大体为地方分会、全国性产业工会、劳联-产联。造成这种状况的原因是多方面的：一是美国工人阶级成分复杂，受到不同社会思潮的影响，难以达成内部统一；二是劳联-产联从各自独立发展到合并的历程与其他全国性产业工会发展是平行的；三是工会目前采用的组织结构更便于集体谈判的开展。此外，工会的组织形式还受到雇主组织结构和政治体制的影响。地方分会是美国工会组织的最基本单位，主要处理工会的日常工作及负责组织一个地区、城市或企业的工人。一般地方分会有会员 200—300 人，也有的会员多达 1 万—2 万人。大多数地方分会属于一个全国性产业工会，遵守上级工会的章程和活动原则。地方分会的基层管理体制主要体现在由会员参加的定期会议上。由定期召开的地方分会会议选举参加全国工会大会的代表。全国工会章程的变动一般也是由地方分会会议提出的。全国性产业工会在工会组织结构中具有相当影响力，它们拥有资金和权力，在确定会员的工资、工时和工作条件方面有直接影响。目前，在美国有近100个全国性产业工会，在规模、结构、经济来源、权力范围和政策主张等方面各不相同，但基本上都是按行业或产业原则组织工会。大多数全国性产业工会的主要工作是吸收会员入会，为地方分会和企业工会提供有关集体谈判的服务。全国性产业工会一般每四年举行一次大会，形式和大型政党的全国大会差不多。会议讨论的重点是根据地方分会的意见修改章程和选举产生新一届领导人。近年来，为加强工会的团结，产业工会出现了合并的趋势。1996年，美国汽车工人工会、国际机械师联合会与美国钢铁工会合并为北美五金工人联合会，成为美国最大的全国性产业工会。此举被称为将给工运带来生机的美国工运历史上的重大事件。

1955年合并而成的美国劳联-产联在美国工运中占有举足轻重的地位，拥有1250万名会员，下属55家产业工会、52家州总工会和543个县市总工会。最高决策机构是全国代表大会，每三年举行一次。代表大会休会期间的决策机构是执行委员会，由主席任命的经济政策、教育、人权等12个部门负责日常具体工作。总部下设组织和地区工作部，管辖全国八个地区业务。另有七个行业和产业部，分管一些行业、产业工会。劳联-产联一贯强调应该承担维护工人利益的任务，主张通过对国会的游说活动和参与政府机构的方式改善工人处境，强调政府、工会、雇主三方协商解决问题。劳联-产联的主要职能是协调各个工会组织的团结，促进有利于工会的劳动立法，在国际活动中充当工会的代言人。劳联-产联一般不直接参与集体谈判，它主要是协调下属各产业工会的集体谈判，并帮助它们处理重要的劳资纠纷。劳联-产联的领导人大多出自蓝领阶层，他们也习惯于在传统的产业部门中开展工作。随着美国技术革命的发展和知识经济时代的到来，当传统产业部门趋向衰落时，劳联-产联的领导人没有及时转变工作方针和工作方法，造成工会组织在大量涌现的新兴行业中发展缓慢。到20世纪90年代，劳联-产联领导人才意识到实行自身改革的必要性，进行了领导人的公开竞选、产业工会合并等改革，但成效不大。2005年7月，劳联-产联分裂，其下属最大的产业工会服务雇员工会及卡车司机工会连同劳联-产联的另外五家工会组织宣布脱离劳联-产联，并成立了变革谋胜利工会联合会。2009年，出身于联合矿山工会的乔姆卡当选美国劳联-产联主席，提出了许多工会改革创新举措。此后，新成立的变革谋胜利工会联合会内部发生分歧，加上对劳联-产联新任主席乔姆卡政策的认同，几家产业工会前后脱离变革谋胜利工会联合会回到劳联-产联。如今变革谋胜利联合会下属三家产业工会为服务雇员工会、卡车司机工会和联合农场工会。

（2）美国工会的特点。一是全国性工会组织数量较多，力量分散。除劳联-产联外，美国还有相当数量的独立的全国性工会和产业工会。全国性工会的规模差别很大，有的工会拥有上百万名会员，有大约10%的全国性工会拥有的会员不足1000人。工会的多元化和组织之间不时发生争夺会员的纠纷，影响了工会的团结，分散了工会力量，使工会难以形成强大的势力。二是不同的工会组织原则并存。美国工会按不同的组织原则组成，同一工会组织内既有产业工会，又有行业工会。劳联-产联便是如此。由于历史的原因，劳联在成立之时是按行业原则组织工会的。随后，一些工会领导人坚持按产业原则组织工会，并在劳联内部建立了不少势力强大的产业工会。1935年，许多产业工会成立了产业工会委员会。1938年，这些工会因坚持产业原则而被劳联开除，继而成立了产联。1955年劳联-产联合并时，其章程规定产业工会和行业工会完全平等，尊重每个所属组织的完整性。此后，就形成了不同组织原则并存的局面。三是工会的产业与地区分布不平衡。长期以来，美国工会的会员集中在运输、制造、建筑等传统产业部门。尽管近年来由于工人阶级结构的变化，工会委员中的政府雇员、教员、科技人员的会员比例有所上升，但是十分有限。美国高科技产业的技术人员和白领工人中的会员比例之低，与美国白领雇员的高速增长很不相称。由于历史和工会自身的原因，工会组织在工业发展较早的北方拥有雄厚的组织基础。纽约、加利福尼亚、宾夕法尼亚等六个州的会员人数占会员总数的一半以上。南部各州的工会组织程度更低。

（二）美国工会的主要活动

美国工会一直致力于维护工人权益，为此展开了多种形式的活动，主要是工会宏观参与、工人参与企业管理、集体谈判等。

（1）集体谈判。美国的集体谈判最早出现于19世纪初期，但一直受到雇主的抵制，因此并没有形成规模，仅在个别行业和地区时断时续地进行。经过工会和工人长期不懈的斗争，1929—1933年的经济危机之后，为了恢复生产、振兴经济和保障社会稳定，雇主和政府才不得不承认集体谈判的合法性。1935年美国政府颁布了《国家劳动关系法》（《瓦格纳法》，1947年修改为《国家劳资关系法》）。该法第七条规定：雇员们有权组织起来，有权组建、加入或帮助工会组织，有权通过自己选出的代表与雇主进行谈判。集体谈判在国家法律中得到了正式承认。为了保障工会集体谈判的权利，协调谈判中出现的劳资关系问题，依法成立了国家劳动关系委员会。从此之后，以工会为代表的一方同资方进行的集体谈判广泛开展，成为美国劳资关系中一项最为重要的制度，也成为战后美国工会运动中的一项重要内容。美国法律将集体谈判的内容分成强制性、非强制性内容和不合法等三种。强制性内容即是《国家劳动关系法》确定的双方有义务进行谈判的内容，包括劳动报酬、工时、社会保障，劳动保护等。非强制性内容是国家劳动关系委员会规定的某些内容，如工作地点、工作种类、工作范围、劳保用品等内容。双方有权有选择性地进行谈判，如果劳资双方中有一方不愿意讨论该问题，另一方就必须从中予以删除。不合法的内容必须由国家法律和国家劳动关系委员会双方认定。如是与国家法律相违背或歧视非工会会员的内容，即使双方在谈判中达成了协议，也是不合法。美国集体谈判的原则是：谈判应在国家法律规定的范围内有序平等地进行，劳资双方独立自主地签订集体协议，政府不得进行行政干涉。美国集体谈判的程序一般分成四个阶段：工会作为工人代表进行集体谈判资格的认定，谈判的提出和准备工作，举行正式的谈判，双方达成协议并签订集体合同。美国的集体合同有以下几个特点：一是由于谈判涉及的内容广泛，规定的事项详细具体，因此合同篇幅很长；二是合同一经双方代表正式签署，就具有了法律的效力；三是集体合同一般有固定的期限，若双方一致同意，还可以顺延；四是合同的内容适用于非会员。美国没有全国性的雇主协会，行业性雇主协会的作用也很有限。美国集体谈判的形式很多，大多采用分散谈判的方式。企业或地方级的谈判是在单一的工会与单一的雇主之间进行，很少在大范围内进行。工会一方一般是同单一的大公司雇主谈判（如福特汽车公司），达成协议，签订总合同，然后在此基础上同公司下属的工厂进行谈判，签订厂级合同。这种情况在20世纪80年代以后有所改变。随着经济的发展，集体谈判的内容越来越繁杂，雇主开始联合起来与工会进行谈判以增强自己在谈判中的力量。

集体谈判在维护工人利益、协调劳资关系方面起到了一定的作用。但20世纪80年代以来，工会在谈判中越来越处于不利地位。主要原因在于：雇主逐渐联合起来，增强了谈判力量，而工会的势力相对下降；雇主竭力否认工会具有代表工人进行集体谈判的资格，而国家劳动关系委员会往往对此采取默认甚至纵容的态度；随着高技术企业和小企业的增多，一些传统的谈判方式已经发生变化；有些新技术企业的白领工人对集体谈判的兴趣逐渐减退，等等。由此可见，要使集体谈判发挥应有的作用，就必须进一步进行改革。迄今为止，根据《国家劳动关系法》以及其他联邦、州和地区法规，78%的美国工人享有集体谈判权。剩下的22%没有集体谈判权，他们分别是监工、经理和独立的承包人。另外，有12个州的公共部门工人以及家政工人和30万农业工人也没有集体谈判权。通常在集体谈判破裂或失败之后，工会会组织工人罢工。罢工是工人阶级最早采用也是最后的手段之一，虽然目前国际上工会新的活动方式越来越多，但是罢工依然是工人维护自身利益的重要手段，即使是在经济最为发达的美国也不例外。由于20世纪90年代的经济持续稳定发展并没有给工人带来益处，美国工人多次举行罢工。1997年8月，联合包装服务公司的工人在工会的领导下举行了为期两周的罢工，并且以胜利而告终，双方达成了有利于工人的协议。此次罢工是在1981年里根击败空中交通管制员罢工并解雇1.15万名雇员从而摧毁了他们的工会后，美国工人取得的第一次重大胜利。罢工期间，罢工工人得到了公众广泛的同情，在近20天的时间中，公众第一次与工人站在一起。此次罢工规模虽然不大，但其积极意义不可低估。20世纪90年代以来，面对新情况和新问题，工会的活动内容有所增加。与西方其他国家相比，美国的失业率不算太高，但仍有大批工人失业，下层工人面临生活困难。为此，工会通过集体谈判、罢工、院外游说等方式积极为工人争取更多的就业机会。另外，工会开始更多地关注社会问题，如环境保护、移民和种族问题、打击毒品犯罪等。

（2）宏观参与。美国工会的宏观参与是有传统的，其主要方式是议会院外参与。由于美国不同于欧洲国家的政治背景和工会运动特殊的发展历程，因此美国工会宏观参与的方式与西方其他国家工会不同。美国之所以主要采用院外参与的方式，直接原因有二：一是在工会运动开始之初，美国工人就拥有选举权，从而为院外参与提供了可能；二是在美国，尽管工会与民主党的关系比较密切，但也没有达到类似欧洲的社会党或工党与工会关系的密切程度。因此工会只能通过院外游说来影响立法和竞选捐款两种常用参与形式来谋求自身的利益。对于美国工会，尤其是劳联-产联的领导人来说，进行院外游说，说服议员在通过有关劳工的立法时站在工会一边，是一项重要的工作内容。但是，院外游说能否有成效，主要取决于游说者所代表的组织力量的大小。近年来，工会会员的消减，在相当大的程度上影响了院外游说的成效。自 20 世纪 60 年代以来，工会积极参与美国总统大选，成为民主党最大的竞选捐助者之一。工会一直通过各种非直接的方式在大选中支持民主党。2008 年大选民主党获胜，美国两家全国总工会劳联-产联和变革谋胜利工会联合会对民主党的全力支持是一个非常重要的原因。在支持奥巴马当选的过程中，劳联-产联对民主党的竞选纲领极力施加影响，希望使之更多地反映工会和工人的要求。宏观参与是美国工会运动的一个重要特色。在资本主义的政治体制下，这种参与的过程是极为曲折的，局限性也是很大的。例如，尽管美国工会希望在奥巴马任上通过对工会发展至关重要的《雇员自由选择法案》，但是一直到 2016 年奥巴马卸任，该法案都未能通过。

（3）企业管理活动。“二战”以后，美国成为世界上最为发达的资本主义国家，企业在推动美国经济高速发展方面发挥了举足轻重的作用。通过工会、企业和管理理论专家的共同努力，工人参与企业管理逐步发展起来，也成为美国工会活动的重要内容之一。美国工人参与管理的具体形式有劳资委员会、集体谈判和工人股份制等三种。劳资委员会的组织形式在 20 世纪 20 年代开始形成，在两次世界大战期间曾经得到广泛的推广。“二战”之后一度不被重视，20 世纪 70 年代经济“滞胀”之后再次兴起。现在，企业和一些政府机构都建立了劳资委员会。劳资委员会的成员一半由管理部门指派，另一半是工会的代表。该委员会通常是通过集体谈判的程序建立起来，但并不取代集体谈判。它实际上是一种咨询机构，主要解决集体谈判不涉及而劳资双方都十分关心的问题。劳资委员会基本上是在企业中设立，地区性劳资委员会为数不多。劳资委员会的建立，使工人有机会参与企业管理，并在一定程度上协调了劳资关系。但从美国历史角度看，资本家往往仅在经济困难时才重视劳资委员会的作用，经济情况好转之后就不予重视。

纵观战后美国工人参与管理的进程可以发现，工会在其中虽然起了一定的促进作用，但是十分有限。在劳资委员会的实施过程中工会发挥了相当大的作用，但在实施工人股份制的过程中，工会的作用并不十分明显。这从一个侧面也反映了 20 世纪 70 年代以后工会在经济生活中地位的下降和新技术革命时期工会难以适应新的活动方式。

二、加拿大工会

1956 年 4 月 23 日，加拿大两家全国性总工会加拿大行业劳工大会和加拿大劳动者大会合并成立了加拿大劳工大会（简称“加工大”）。之后几年内，制造业、运输业和采矿业等私营部门的工业化大发展为该会带来了大量会员。60 年代，随着公共部门雇员人数的增加，公共雇员成为工会会员人数增加的主要来源。1963年，代表市政工人和代表更广泛的公共部门雇员的各个独立工会合并成立了加拿大公共雇员工会。60年代晚期和70年代早期，立法修订使得联邦和各省公共服务雇员能够加入工会，进一步充实了加工大下属工会会员人数。在这一时期，越来越多的医院工人也加入了工会。到了90年代，教师、医生和其他类似群体加入了加工大及其下属各省总工会。目前，加工大下属有54家产业工会、12个省总工会和125个地方工会理事会。最高权力机构是每三年召开一次的全国代表大会。大会通过不记名投票选举产生加工大执行委员会和一名主席、一名司库和两名执行副主席，领导人任期三年。大会讨论并通过决议，在各项决议和委员会报告基础上制定行动纲领。行动纲领是未来三年的工作指南，为加工大、省市总工会和各产业工会提供总体指导。休会期间，加工大执委会承担加工大日常工作。执委会由加工大执行官员、下属产业工会领导组成。加工大积极开展组建工作、立法游说、媒体宣传，与社区和其他支持团体发展友好关系，主张在加拿大国内外实现体面工资、健康安全的工作场所、公平的劳动法律、平等权利、退休后的尊严和可持续的环境。加工大是加最大的全国总工会，是新民主党强有力的社会支柱。在制定国家劳工和外贸政策方面对国会和政府具有一定影响。国际上加入国际工会联合会和美洲工会联合会。

三、古巴工会

19世纪60年代，古巴工人开始进行罢工斗争并组建工会。1887年召开了古巴第一次工人代表大会。1890年第一次举行“五一”游行。第一次世界大战后，在无政府工团主义者的领导下，全国各地发生多次罢工斗争，特别是1924年铁路工人罢工斗争的胜利，推动了全国工人运动的发展。1925年举行了全国工人代表会议，成立了古巴全国工人联合会。同年，马查多军人政府上台，建立了同全国工人联合会对立的全国工人联盟。1930年，古巴全国工人联合会发动反对马查多独裁政权的总罢工，罢工被镇压，工联被取缔。1933年马查多下台，新总统格卢推动劳工立法，承认工人有结社权和罢工权，建立了最低工资制和社会保障制度。同年，军人巴蒂斯塔发动政变上台，并于1935年镇压了有20万名工人参加的总罢工，从此工会运动被迫转为地下。1939年1月，在拉美劳联的协助下，古巴工人联合会（简称“古工联”）成立了，由共产党人、烟草工会领袖拉萨罗·培尼亚任总书记，并加入拉美劳联。古工联采取与政府合作的政策，发展反法西斯民族阵线。1947年古工联“五大”上，培尼亚等古工联领导的职务被剥夺，亲政府的穆哈儿集团控制了古工联的领导权。1951年古工联加入国际自由工会联合会和美洲区域工人组织。1952年巴蒂斯塔再次发动军事政变上台，以穆哈儿为首的古工联成为巴蒂斯塔独裁政权的重要社会支柱。1956年年初，在哈瓦那成立了“保卫工人要求及争取古巴工联民主化组织”。1958年10月，以卡斯特罗为首的“七二六运动”、人民社会党、革命指导委员会及“天主教青年工人”共同组织了“全国工人统一战线”，并于1959年1月1日领导大罢工。起义军顺利进入哈瓦那，夺取了政权，巴蒂斯塔外逃。

革命胜利后，古巴政府实施了一系列有利于劳动群众的改革措施，并废除了独裁政府时期的一切反工人法令。古巴工会号召工人捐献一天工资以支持土改和发展甘蔗生产，捐献4%的工资给国家建立发展基金，并组织工人民兵保卫革命成果。政府在改组了各级工会组织的基础上，于1959年10月召开古工联第十次代表大会。大会决定退出自由工联和美洲区域工人组织。1961年11月召开的古工联第十一次代表大会，决定变更组织名称为古巴工人中央工会，并参加世界工会联合会。自1963年开始，古巴工会每年组织50000多名工人参加收割甘蔗的义务劳动。同年，古巴进行了第一次工资改革并颁布了社会保障法，实行全民免费医疗、免费供水、优秀职工退休后发全薪等政策。1964年又宣布每年给5000名优秀砍甘蔗手免费出国旅游及汽车、住房、摩托车、电冰箱等物质奖励。为此，工会每年忙于评选优秀职工和优秀砍甘蔗手以及在工人中按其“对社会的贡献”分配市场紧俏商品。针对这一情况，卡斯特罗进行了批评。1973年召开的古巴工会第十三次代表大会纠正了工会工作中的偏差，提出实行劳动定额、计件工资、包工合同制等措施。从这次大会到1985年的十五大，逐步明确了古巴工会的性质、地位与作用，并在1985年的《劳动法》中作了规定。十五大以来，古巴工会开展了纠偏和反对不良倾向的斗争，批评了过分依赖物质鼓励的倾向，强调要全面加强纪律性。

1989年以来，东欧发生剧变、苏联政局动荡，美军入侵巴拿马，作为美国近邻的古巴遇到严重经济困难，主权、独立和社会主义受到严重挑战。为此，1990年年初召开的古巴工会十六大强调要动员职工保卫社会主义成果，加强对职工的政治思想教育工作，树立社会主义必胜的信念。2011年4月，古巴共产党举行了举世瞩目的第六次全国代表大会。古共六大的主要议题是古巴经济变革和经济模式的“更新”。大会讨论和通过了《经济和社会政策纲要》（简称“《纲要》”）这一纲领性文件，就古巴经济模式的“更新”达成共识。自上届五大到这次六大，相隔14年。这14年，国际形势和古巴国内形势发生了很大变化。总的来说，古巴的政治形势和社会形势基本稳定，共产党的执政地位比较稳固。从经济发展来看，虽然经济每年都有所增长，但速度逐步放慢。从六大通过的《纲要》来看，古巴将坚持社会主义的方向，坚持社会主义计划经济，同时也考虑市场的取向；在坚持以公有制为主的前提下，允许发展其他所有制形式，使所有制形式多样化；古巴将继续实行全民免费医疗和免费教育。变革的重点是实现党和政府职能的分开及政企分开，下放权力，减少国有部门的冗员，扩大个体户，逐步削减不必要的社会开支和政府的补贴，深化农业改革，进一步推行土地承包，进一步吸收外资，增加出口。变革的目的是完善和巩固社会主义，发展经济，提高人民生活水平。

在2014年2月召开的古巴工人中央工会二十大上，古最高领导人劳尔·卡斯特罗指出，古工会要把贯彻落实古共中央政策路线、巩固社会主义制度和推动国家经济发展作为重要的工作方向。他强调，工会要着力加强政治和意识形态工作，维护古巴国家主权和独立自主，维护职工队伍团结，推动国家民主制度不断完善和实现环境可持续发展。随着非公企业和就业人数增多，古工会工作面临复杂挑战，古工会的一项重要任务就是要在落实国家最高领导人指示、团结动员职工群众参加社会主义经济建设的同时，维护计划经济在国家经济中的核心地位，积极调整工作方法，适应非公有制经济发展中遇到的新问题和新需求。古共六大以来，古巴推行的经济模式更新虽取得了一定的积极成效，但诸如计划经济与市场经济的关系、产业结构发展不平衡、内部政治挑战和公平与效率的矛盾，这些长期存在的问题仍然未能得到解决。2016年4月召开的古共七大是古巴进行经济结构调整的一个重要节点。古共七大重点审查了古共六大通过的经济社会政策方针落实情况，形成了新的“五年计划纲要”并提出2030年远景规划，解决了古巴建设什么样的国家和走什么路的问题，确定了古巴继续走社会主义道路、不断更新社会经济模式的发展方向。2017年，古美关系再次遇冷，特朗普政府收紧对古政策，限制美企赴古投资和美国人赴古旅游，美还实施“长臂管辖”，限制别国资本进入古巴。

目前，古巴正经历新的物资短缺和经济困难时期。古巴通过的有关“经济模式更新”的三个纲领性文件和颁布的新版《外国投资法》，鼓励个体经济发展、欢迎外资。非公有制经济增长较快，目前已占经济总量的 29%，但随之产生的收入不公、贫富分化等问题也引起了政府的担忧，有关革新措施的推进速度有所放缓。2019 年 4 月召开的古巴工人中央工会二十一大上，古共中央第一书记劳尔·卡斯特罗、古巴国务委员会主席兼部长会议主席迪亚斯-卡内尔、古共中央第二书记马查多、古巴国务委员会第一副主席兼部长会议第一副主席巴尔德斯、古巴全国人民政权代表大会主席拉索等当前古巴国内最重要的领导人出席。大会宣布了古巴工人中央工会新一届领导班子，由吉拉特担任总书记，洛佩兹担任第二书记，另有 15 名书记处成员。古共中央第二书记马查多作闭幕式总结讲话，向吉拉特等新当选的领导班子成员表示祝贺，强调这是一次成功的大会，是对帝国主义的进攻、威胁和封锁的最有力回击，呼吁广大劳动者共同努力，团结一致，共同捍卫革命成果。

四、巴西工会

巴西工会运动始于 19 世纪末。最早的产业工人大多是以意大利、西班牙、葡萄牙工人为主的欧洲移民，他们将当时在南欧工人运动中占统治地位的无政府工团主义带到了巴西。在他们的推动下，1906 年成立的巴西工人联合会领导了要求实行八小时工作制的斗争，并于 1917 年发动了声援俄国十月革命的大罢工。其后由于政府的镇压，加之工运内部的分裂，工人联合会解体。1922 年巴西共产党成立后，推动了 1929 年巴西工人总工会的成立。

1930—1945 年瓦加斯执政期间，执行第三条道路的民众主义路线，一方面取缔巴西共产党，建立政府控制的工会；另一方面立宪规定最低工资、八小时工作制，保护劳工利益，并禁止雇佣童工、无故辞退劳工、保障带薪休假。他着手构筑“新国家”框架，设计并建立起具有职团主义色彩的工会体制。1943 年实施的“强化劳工法案”（Consolidation of Labor Laws）奠定了巴西工会体制的基础：一是实施三级组织结构，即基层工会（union）、产业工会（federation）和工会联合会（confederation）。二是实行“单一工会”原则和劳资力量平衡原则。“单一工会”原则就是规定每个产业或职业领域里只能建立一个工会组织；劳资力量平衡原则是指在巴西不仅可以根据行业分类建立全国性的工会组织，也可以相应地建立资方的全国性雇主协会，并且在此结构下建立地方性的工会组织和雇主协会，以平衡劳资关系。三是强化国家对工会的控制。首先是通过行政和司法手段规范劳动关系和工会活动。1930 年成立劳工部；1931 年颁布“科勒法案”，规定只有合法的工会组织才能得到国家的承认，而要想取得合法的工会身份必须满足许多具体条件；1939 年建立三级劳工法庭。其次是通过经济手段来加强国家对工会的控制。1940 年 7 月设立工会税，规定巴西所有工人都要缴纳工会税，金额为年薪的 1/365，所有缴纳的税费由政府按一定比例（基层工会 60%，产业工会 15%，全国性工会组织 5%，巴西政府劳工与就业部 20%）在各工会组织中进行分配。在经济利益的驱使下，工会对政府的依附性进一步增强。通过以上三个方面，巴西的工会体制逐渐成为国家政治体系的组成部分，并形成依附性结构。

第二次世界大战后，巴西工人频繁罢工，要求释放政治犯，召开立宪大会。1945 年在巴西共产党的倡议下，成立了工人统一运动。1946 年，为了同政府共同召开全国工人代表大会，工人统一运动自行解散。但在大会进行过程中，因双方意见分歧，共产党影响下的工会成立了巴西工人总工会，官方成立了全国工人联合会。1947 年，新政府颁布了“镇压法”，封闭巴西工人总工会，解散全国工人联合会，禁止成立总工会性质的组织，禁止工会参加国际工会组织，并在政府控制下成立了巴西产业工人联合会、全国商业职员联合会等产业工会。50 年代后期，巴西经济状况恶化，在反对生活费用上涨、要求民主权利的罢工浪潮中成立了以共产党人为主的罢工总指挥部。在 1957 年 10 月 50 万人的大罢工中成立了“工会团结契约组织”，该组织除工会外，还包括学生组织、政治组织等。1958 年各派工会联合召开了全国工会代表大会。1962 年 7 月，为了反击右派势力的政变阴谋，在巴西历史上首次全国总罢工中成立的“工人指挥部”于 9 月发动了更大规模的总罢工。罢工有 300 多万名工人参加，历时三天，抗议亲美势力的颠覆活动。在此期间，农业工人的斗争有较大发展。1961 年召开了第一届农民和农业工人代表大会，要求进行土地改革，没收大庄园主的土地，要求农业劳动者与城市工人享有同样的法律地位。1963 年 12 月全国工业工人联合会成立，其领导人分属共产党、人民联盟以及天主教教会。1964 年 3 月，发生了亲美军事政变，军政府残酷镇压工人斗争并颁布了各种镇压性法令，工会运动陷入低潮。

70 年代出现以贝尔纳多冶金工人工会主席卢拉为代表的“真正工会派”或称“阶级工会派”。他们反对产业工人联合会等工会的领导人与军政府勾结，主张工会摆脱政府的控制，进行自下而上的全面改组。1979 年，菲格雷多总统执政后，实行“政治开放”，一些长期被禁止活动的政党，如巴西共产党恢复活动并加强了在工运领域的工作。在群众斗争浪潮以及卢拉派的积极推动下，1981年8月召开了第一届巴西工人阶级代表大会，代表着1200万名工会会员。大会选出由56人组成的巴西工人统一中央工会筹委会。筹委会决定在1983年8月举行全国工人阶级代表大会。但在开会前夕，筹委会发生分裂。一部分工会认为时机已经成熟，在8月如期召开“全国工人阶级代表大会”并成立了“巴西工人统一中央工会”；另一部分工会则在同年11月召开“巴西工人阶级代表大会”并成立了“巴西工人阶级代表大会协调委员会”。“协调委员会”于1986年3月召开了第二次全国代表大会。执政党以及巴西共产党和“十月八日革命运动”等的代表出席了大会，20多个国家的工会组织和三个国际工会组织派观察员参加了大会。巴劳工部长出席了闭幕式并讲话。大会决定成立巴西劳工总中心，多年来存在的全国八大产业工会中的五大产业工会，全国产业工人联合会、全国信贷银行工人联合会、全国出版通信工人联合会、全国陆路交通运输工人联合会，全国农业工人联合会加入了总中心（后退出）。1989年4月总中心召开代表大会，更名为巴西工人总工会。八大产业工会中的全国商业工人联合会和其他一些工会于1986年年初成立了独立工会联盟，该派在工运中的影响不大。八大产业工会中的全国自由职业者联合会和全国空运、航运、海运工人联合会仍保持独立的立场。三个总工会组织的出现结束了40多年来巴西只有产业工人联合会而无全国总工会的局面。

90年代巴西各工会持续分化组合。1995年4月全国农业工人联合会加入巴西工人统一中央工会，统一工会会员达到近700万人，代表约2000万名基层工人，占国内工运力量的70%以上。1991年3月，以拉美最大产业工会——圣保罗市冶金工会为基础建立的“巴西工会力量”成为巴西第二大工会（370万人）。巴西工人总工会是第三大工会，此外还有1997年以信贷银行工会为主体建立的巴西社会民主工会等。这一时期，统一工会创始人卢拉凭借工会的支持和在劳动阶层中的广泛影响转而从政，担任巴西劳工党主席（1990—1995），并连续三次参加总统竞选，于2002年10月当选，连任至2010年，其继任者劳工党总统罗塞芙（2011—2016）延续了卢拉的政策路线。在卢拉和罗塞芙执政期间，工会成为政府的重要支持力量，巴西工会影响力不断扩大，在国内国际均较为活跃。

2017年11月，特梅尔政府改革劳动法，主要内容包括：集体协议可凌驾于劳动法之上；劳动法中的部分内容不可通过集体协议修改，如13薪、工时保障金、产假、失业保险金；工作时间可以商议但不能超过宪法规定的上限；休息时间（例如午休）可以商议，但若工作时间超过六小时，则休息时间不得少于30分钟；集体协议可以修改法定假日的日期；员工年假可以分成三次，但不可低于五天，其中每次不得少于14天；工会税不再是强制性支付；对于居家办公进行了规定；在企业工作的员工在离职后的18个月的期限内不可被聘请为外包员工；孕妇和哺乳期的妇女在有医生许可的情况下，可在有损健康的情况下工作，等等。根据新劳动法的解释，工会费（税）应是工人自愿缴纳的，而非强制性的，只有工人通过书面方式通知工会，允许其征收工会费，工会才有权向其征收。该项改革动摇了长久以来巴西工会的经济基础，目前巴西各工会均面临着严峻的挑战。

2018年巴西社会自由党人博索纳罗当选总统后，其右翼政策立场激起了工会的强烈反对，工会与政府的关系日趋紧张。2022年10月，工人出身的巴西劳工党候选人卢拉再次当选巴西总统，巴西工会运动有望迎来复苏。

五、墨西哥工会

墨西哥工会运动主要受革命制度党的影响，但分裂成许多派别，主要的大工会为墨西哥工人联合会（Confederación de Trabajadores de México-CTM，简称“墨工联”）和墨西哥工农革命联合会（Confederación Revolucionaria de Obreros y Campesinos-CROC）。此外还有一些独立的有影响的产业工会，如墨西哥教师工会、电力工人工会等。革命制度党为了便于对工会运动施加更大的影响，1966年通过调停协商，将其影响下的28个全国性工会组织组成了墨劳工大会（Congreso del Trabajo-CT）这样一个松散的协调性机构，其任务是调解劳资纠纷，使工会运动不脱离合法斗争的轨道。墨劳工大会与墨工联一起与雇主组织及政府进行谈判，签订全国性的协议或契约，其中较重要的协议为1996年签订的“新劳动文化原则”协议。此外，劳工大会还兴办社会福利事业，有较大影响的是消费合作社和体育协会。

墨西哥工人联合会成立于1932年2月，现有会员400万人，是墨西哥最强大的工会组织，同时也是拉美最大的工会之一。1938年，墨工联就以集体方式参加了革命制度党，成为该党的三大支柱之一——工人部（另两个支柱是农民部和人民部）的骨干力量。在革命制度党执政期间，墨工联与政府是一种联盟关系，原则上支持政府的内外政策，主张在宪法范围内把墨社会改造成一个自由、繁荣、正义和平等的新社会，捍卫各国人民的自决权、自由独立的原则，建立公正的国际经济新秩序，开展南北对话、南南合作。

墨工联开展多种与劳工有关的活动，在宏观上，包括管理其各层级组织，进行卫生、住房、工资、劳工公正管理；在微观上，各个工会依据集体合同管理企业内部的劳动关系。墨工联代表墨西哥劳动者处理与社会保障机构以及诸如劳工竞争规范化等地方机构的关系。此外，墨工联还参加国家最低工资委员会等三方论坛及生产部门对话论坛。墨工联及其所属工会兴办了许多企事业，但近年来由于效益差，关闭了工人银行、工厂等，现主要有消费合作社、休假中心、工人住宅建设等企事业。

墨西哥工农革命联合会成立于 1952 年，现有会员 400 万人，支持革命制度党并接受其政治影响。工农革命联合会认为低工资、失业所造成的社会分化已经威胁到了墨西哥社会的可持续发展，工会要通过社会计划和共同行动来帮助劳动者获得工作岗位、消除贫困和饥饿的威胁，推动国家的可持续发展。该会认为，由于生产投资下降、企业倒闭、技术性停工和裁员，墨西哥工会力量被大大削弱，会员不断流失。新自由主义模式的冲击要求工会必须重新规划战略，向工人提供更好的服务。为此，工农革命联合会进行了改革，提出的“21 世纪的工会运动”，旨在延伸工会服务范围，关注劳动者及其家庭所面临的问题，提出了“凡是劳动者的事情就是工农革命联合会的事情，必须有计划、有行动、有结果”的口号。工农革命联合会推行了一系列与劳动者息息相关的社会活动计划，同时主张坚持独立、民主和透明的原则，强调工会在调整企业劳动关系、推动劳动领域的平衡、提高企业生产力和竞争力方面的传统工作，重申了罢工权、集体合同权、结社自由权及培训、工资和性别平等权利等。

根据法律规定，墨工会会员费为工人工资的 2%，工会可通过企业收取会费，这也是墨工会的主要经费来源。从企业层面看，墨大多数企业成立了工会，企业一级劳动关系总体稳定。此外，企业工会也采取多元化做法，同一家企业可允许存在两个以上的工会组织，会员按照企业生产线和职工岗位划分，互不干涉，每年定期与企业方进行集体谈判、签订集体合同，共同维护企业职工的权益。

思考题：

1. 谈谈美国工会运动与拉美工会运动的主要不同之处。
2. 当前拉丁美洲工会运动的特点是什么？
3. 古巴工会在古巴政治社会生活中起到了怎样的作用？

第六章　国际组织与工会多边合作机制

第一节　国际劳工组织

国际劳工组织（International Labour Organization，ILO）成立于 1919 年 11 月 29 日，总部位于瑞士日内瓦，现有成员国 187 个。国际劳工组织是联合国下属负责劳工事务的专门机构，是联合国系统中唯一具有三方性机制的组织，其主要机构都由成员国政府、工人、雇主等三方代表组成，三方代表享有同样平等的地位，各自独立地发表意见，独立地进行投票。

一、历史沿革

第一次世界大战后，战胜国在巴黎举行和会（1919 年 1 月 18 日至 6 月 28 日），签订了《凡尔赛和约》。巴黎和会初期，包括英、美、法、比四国工会领导人在内的“国际劳工立法委员会”成立，美国的塞缪尔·龚帕斯任该委员会主席。该委员会提出的报告成为《凡尔赛和约》第 13 篇的基础，这也是《国际劳工组织章程》的基础。1919 年 10 月 29 日至 11 月 29 日，第一届国际劳工大会在美国华盛顿举行，国际劳工组织宣布成立，成为国际联盟的一个下属机构。1944 年 5 月在美国费城举行的第 26 届国际劳工大会通过了《关于国际劳工组织的目标和宗旨的宣言》，即《费城宣言》。1946 年 5 月 30 日，国际劳工组织同联合国达成协议，接受联合国领导。同年9月举行的第29届国际劳工大会修改了章程，决定国际劳工组织正式成为联合国所属的负责劳工事务的专门机构。国际劳工组织的成员国从战前的42个发展到1948年的58个。

第二次世界大战后，美国加紧了对国际劳工组织的控制。美国劳工部副部长莫尔斯从1948年至1970年任国际劳工组织总干事长达22年之久；在此期间，国际劳工组织大约76%的高级管理人员是美国人。20世纪60年代末70年代初，美国的霸主地位遇到挑战。1977年8月，美国以国际劳工组织“三方性受到损害”、“日益政治化”为由退出国际劳工组织。1980年2月18日，美国又宣布国际劳工组织“有了进步”，因而决定回到国际劳工组织。

1934年，苏联在参加国际联盟后也参加了国际劳工组织。1939年10月，国际联盟将苏联开除，国际劳工组织也随即于1940年2月将苏联开除。1954年后，苏联、东欧各国相继参加了国际劳工组织。第二次世界大战后，大批发展中国家陆续参加了国际劳工组织。到20世纪80年代，发展中国家占国际劳工组织150个成员国的2/3，成为劳工组织中一支不可或缺的重要力量，为实现国际劳工组织的宗旨和目标以及推动技术合作发挥了重要作用。

1989年，来自比利时的米歇尔·汉森当选国际劳工组织总干事。汉森上任后强调把社会正义置于国际经济和社会政策核心位置的重要性。汉森在任期的最后一年，即1998年第86届国际劳工大会上，推动通过了《国际劳工组织关于工作中的基本原则和权利宣言》（简称“《98宣言》”）。《98宣言》要求所有成员国无论是否批准基本国际劳工公约，都必须遵守这些公约中的基本劳动权利和原则。随后，一些发达国家极力推动在关贸总协定和其后取而代之的世界贸易组织协议中写入以

《98 宣言》为主要内容的“社会条款”(Social Clause),用经济制裁手段强制执行国际劳工标准,以解决在经济全球化中出现的劳工权益问题。可以说,《98 宣言》为增强国际劳工标准的约束力、使劳工组织摆脱其长期以来“没有牙齿的老虎”形象、更好承担起章程赋予的权责开辟了新的思路,因此,对《98 宣言》及其后续措施的讨论至今仍是国际劳工组织的一项重要议程。

1999 年 3 月,来自智利的胡安·索马维亚出任国际劳工组织总干事。在同年举行的第 87 届国际劳工大会上,索马维亚首次提出“体面劳动”的概念。在其带领下,国际劳工组织制定并实施了《体面劳动议程》和“体面劳动国别计划”。之后,“体面劳动”一词被联合国、世界银行集团、国际货币基金组织等国际多边组织广泛使用,实现“人人享有体面劳动”也成为一个全球性共识,并被列入联合国可持续发展目标(目标八)。20 世纪八九十年代,经济全球化浪潮快速发展,全球化在有力推动各国经济发展繁荣的同时,也产生了许多社会层面的问题,甚至在许多国家引发了反全球化的社会运动。2002 年,在索马维亚提议下,国际劳工组织成立了由 26 名专家组成、芬兰总统塔里娅·哈洛宁和坦桑尼亚联合共和国总统本杰明·威廉·姆卡帕任联合主席的全球化社会影响世界委员会。经过两年的工作,委员会于 2004 年 2 月发表了题为《一个公平的全球化:为所有人创造机会》的研究报告,对全球治理的政策和体制进行了“紧急再思考”,认为当时全球化进程不够公正,必须改变,提出“建设包容公正的全球化已经成为全世界的首要任务”。2008 年 6 月,国际劳工组织通过了《国际劳工组织关于争取公平全球化的社会正义宣言》,重申了国际劳工组织的价值理念,表达了国际劳工组织在全球化时代对其权责的认识,也成为索马维亚给国际劳工组织留下的另一份政治遗产。

2012年5月，来自英国的盖·莱德当选第十任国际劳工组织总干事，并于2016年11月获得连任，于2017年10月1日正式开始其第二个五年任期。莱德上任后在推动将国际劳工大会缩短为两周等各项改革措施的同时，开始着手部署迎接劳工组织成立百年的工作。在2013年第102届国际劳工大会的总干事报告中，莱德提出了治理举措、标准举措、企业举措、消除贫困举措、绿色举措、工作中的妇女举措和劳动世界的未来倡议“七项百年举措”，并在之后几年的大会报告中对这些举措进行了详细阐述。2017年10月，国际劳工组织成立了劳动世界的未来全球委员会，开始着手研究下一个百年的全球劳工治理问题。2019年是国际劳工组织成立一百周年。2019年1月22日，未来全球委员会发布了题为《为了更加美好的未来而工作》的报告，探讨了在劳动世界面临前所未有的变革和特有挑战的特殊时刻，如何为所有人创造一个更好的劳动世界。在2019年6月第108届国际劳工大会（也称“百年大会”）上，莱德把委员会报告作为总干事报告向大会推荐，供大会全会讨论。大会最后通过了《国际劳工组织关于劳动世界的未来百年宣言》（简称“《百年宣言》”），作为国际劳工组织百年成果文件。《百年宣言》明确了劳工组织在第二个百年的目标和方向，在国际劳工组织历史上具有里程碑意义。

新冠肺炎疫情暴发后，全球经济社会发展遭受重大挫折，劳动世界受到严重冲击，为探讨如何应对疫情影响、推动经济社会复苏，国际劳工组织于2020年7月召开了“劳动世界应对新冠肺炎疫情”全球视频峰会，成员国政府、工会、企业齐聚一堂，共商如何利用国际劳工组织《百年宣言》构建后疫情时代更好的劳动世界未来。为追踪、反映疫情对劳动力市场的影响，国际劳工组织加强研究工作，于2020年3月至2022年先后发布了10期《新冠肺炎疫情与劳动世界监测报告》，分析疫情暴发以来劳动力市场的发展变化情况，梳理国际劳工组织及成员国为应对疫情而采取的政策举措。2021 年 6 月，第 109 届国际劳工大会专门成立了新冠肺炎疫情应对委员会，讨论通过了题为《全球行动呼吁：从新冠肺炎危机中实现包容性、可持续和有韧性的以人为本的复苏》的成果文件，在全球范围内凝聚各方共识，更好地团结和指导成员国应对疫情对劳动世界的影响，促进经济复苏、维护社会公平。

二、组织机构

（一）国际劳工局

国际劳工局（International Labour Office）是国际劳工组织的常设工作机构，负责国际劳工组织的总体事务，也是国际劳工大会、理事会及其他会议的秘书处，受理事会的监管和总干事的领导。国际劳工局由局长负责，局长即为国际劳工组织总干事。自 1919 年以来，先后 11 人担当此任。第十任局长盖·莱德的任期于 2022 年 9 月结束，新任局长吉尔伯特·洪博于 2022 年 3 月当选国际劳工组织第十一任总干事，其任期从 2022 年 10 月 1 日开始。

1. 主要职责。

国际劳工局的主要任务是：负责为大会和专门会议起草必需的文件、报告以及背景材料；征聘和指导国际劳工组织在全世界进行技术合作的专家；出版各种专门性出版物和期刊；对世界各国的技术合作计划进行指导和提供咨询；从事教育和研究工作，并与各国劳工和社会事务部门、雇主组织和工人组织（工会）紧密合作。从这些意义上讲，国际劳工局既是一个行政机构，也是一个研究和文献中心与活动中心。目前，国际劳工局日内瓦总部和地区局共有来自 100 多个国家的 3300 多名职员。

2. 机构设置。

国际劳工局机构设置情况如下：

（1）内设部门。包括国际劳工标准司、就业政策司、企业司、社会保护司、部门政策司、治理和三方机制司、工作条件和平等司、研究司、统计司、内部事务与行政司、信息技术管理司、战略规划与管理司、通信与公共信息司、财务管理司、人力资源开发司、会议司、伙伴关系与区域支援司、多边合作司、局长办公室、雇主活动局、工人活动局、道德操守办公室、法律顾问办公室、内部审计与监督办公室、评估部、国际劳工组织常驻联合国办公室、国际劳工组织华盛顿局。

（2）区域机构。包括非洲区域局、拉美加勒比区域局、阿拉伯区域局、亚太区域局、欧洲中亚区域局，各区域局分别下设次区域分局或国家办公室。

（3）其他机构。包括都灵国际培训中心、行政法庭、国际社会保障协会、国际劳工组织文体协会、职员工会。

3. 工人活动局。

工人活动局是国际劳工局的组成部门，直接向国际劳工局局长汇报工作。工人活动局作为国际劳工局与成员国工人和工会间沟通联系的桥梁，代表三方机制中的工人方，负责协调工人和工会事务，确保国际劳工局在制定政策和开展活动的过程中考虑到工人组织的关切和利益。同时，工人活动局与理事会工人组紧密协调，辅助工人组秘书处开展工作。现任局长为玛利亚·赫莲娜·安德蕾（女，葡萄牙）。

4. 都灵国际培训中心。

国际劳工组织都灵国际培训中心（简称“都灵中心”，ITC-ILO）是国际劳工组织下设唯一的高级培训机构，由国际劳工组织和意大利政府于1964年共同建立，坐落在意大利都灵，主要任务是为国际劳工组织成员国的政府、工会、雇主培训专业干部。中心具体培训工作主要由都灵中心的专家负责实施，同时还邀请部分来自国际劳工局总部和社会的专家协助培训。工人教育活动项目部是中心专门负责工会干部能力建设的部门。该项目部通过先进的培训方式，提供实地和远程教育培训教材，同时还提供顾问咨询和具体服务项目，以满足成员国工会和工人培训的需求。

（二）国际劳工大会

国际劳工大会（International Labour Conference）是国际劳工组织的最高权力机构，正常情况下每年 6 月在瑞士日内瓦举行，截至 2022 年 6 月，已举行了 110 届国际劳工大会。出席国际劳工大会的各国代表团由政府代表两人，工人和雇主代表各一人，共四人组成，每个代表可有若干名顾问陪同参会。联合国和其他政府间组织以及各国际工会组织也派代表以观察员身份参加大会。亚太、非洲、美洲和欧洲中亚等四大地区每 4—6 年分别举行一次区域性会议。

国际劳工大会的主要工作是：审议国际劳工组织总干事和理事会主席报告；制定和通过以公约和建议书为形式的国际劳工标准，并审查各国执行公约和建议书的情况；制定和修改本组织章程；审议通过理事会提交的两年度计划和预算草案；每三年改选一次理事会理事；成立技术委员会，就劳工和社会领域的专门问题进行讨论，以决定本组织活动方向。

（三）理事会

理事会（Governing Body）是国际劳工组织的决策机构，在国际劳工大会闭会期间决定该组织的各种重要事项，指导国际劳工局的各项工作，对国际劳工组织的事务进行监督；负责拟定国际劳工大会和国际劳工组织其他会议的议程；为国际劳工大会通过公约和建议书进行必要的技术准备；讨论两年度预算并提交大会讨论通过；决定设立国际劳工组织的其他机构和任命国际劳工组织总干事等。理事会一般每年召开三次会议，时间分别在 3 月、6 月和 11 月。

理事会成员包括 56 名正理事和 66 名副理事，包含政府正理事 28 名、工人正理事 14 名、雇主正理事 14 名，政府副理事 28 名、工人副理事 19 名和雇主副理事 19 名。理事会成员每三年改选一次，其中 10 名常任政府正理事由“主要工业国”（中国、美国、英国、法国、俄罗斯、日本、德国、加拿大、印度和意大利）委派，18 名非常任政府正理事由成员国政府代表在国际劳工大会投票选举产生。工人和雇主正、副理事由出席国际劳工大会的工人和雇主代表在各自选举团中分别选举产生。理事会设主席一名、副主席两名，每年改选一次。按照惯例，主席从政府理事中产生，副主席分别从工人理事和雇主理事中产生。享有咨商地位的国际工会组织可列席理事会会议。理事会一般还会从国际工会组织中选一名代表担任工人组秘书，常驻日内瓦，代表工人组与国际劳工局联系。理事会下设若干委员会专门讨论各种技术性问题。

三、主要活动

（一）国际劳工立法

1. 国际劳工标准的制定。

国际劳工立法即在工人就业、劳动条件、物质待遇和社会保障以及基本人权等问题上规定最低国际标准。国际劳工标准包括国际劳工公约和建议书。国际劳工组织理事会首先将有关劳工问题列入国际劳工大会的议题，同时提出通过一个文书（公约或建议书，或两者兼而有之）的建议。国际劳工局在征求各国意见的基础上草拟国际劳工标准文本。公约和建议书一般需要通过国际劳工大会的两次讨论，并且在表决中得到 2/3

与会代表的同意，才能获得正式通过。公约与国际条约相似，需要得到批准，当一个成员国批准了一项公约，它就必须保证实施其条款的规定，同时还要接受劳工组织的监督。而建议书无须批准，其涉及的范围比公约广泛，且不要求承担正式的义务，其目的是在某些领域为各成员国制定劳工政策提供参考。

1919—2022 年，国际劳工大会共通过了 190 项公约、206 项建议书以及六项议定书。国际劳工公约可分为基本劳工公约（核心公约）、治理劳工公约（优先公约）和技术劳工公约（一般公约）。核心公约旨在保护工作中的基本人权和劳工权，主要涉及五个方面：结社自由和集体谈判，废除强迫劳动，禁止童工劳动，消除就业职业歧视，保障职业安全卫生。这类公约主要有 10 项，包括 1948 年《结社自由及保障组织权利公约》（第 87 号）、1949 年《组织权与集体谈判权利公约》（第 98 号）、1981 年《职业安全卫生公约》（第 155 号）等。优先公约主要涉及各国劳工制度与政策，包括以下四项公约：1947 年《劳动监察公约》（第 81 号）、1964 年《就业政策公约》（第 122 号）、1969 年《农业劳动监察公约》（第 129 号）和 1976 年《三方协商公约》（第 144 号）。一般公约主要涉及劳动条件和社会保障方面的问题，如促进充分就业、职业培训、工作和就业条件（工时、带薪休假、工资）、保护工人的生命和健康、社会保障和劳动关系等。有些标准适用于所有工人，有些只适用于某些类别的工人，如移民工人、海员、妇女或青年。

2. 国际劳工标准的实施和监督。

国际劳工组织章程规定了一系列监督程序，以监督和审议各项公约的执行情况。国际劳工组织的监督机制主要有两种：一是常规监督制度，审查成员国提交的关于为执行已批准公约的规定而采取措施的定期报告；二是特别程序，包括一般的抗议程序（representation）和控诉程序（complaint），以及结社自由的特别程序。

国际劳工组织为此设立了专门的监督机构：一是公约和建议书实施专家委员会（CEACR），成立于1926年，由20名法官组成，主要审议成员国提交的履约报告，同时听取雇主和工人组织对报告的意见，专家委员会的审议意见上交国际劳工大会。二是国际劳工大会标准实施委员会（CAS），由政府、雇主和工人代表组成，负责在国际劳工大会召开期间审议专家委员会提交的审查报告。三是结社自由委员会（CFA），成立于1951年，由政府、雇主和工人代表共九人组成，每年召开三次会议，主要受理关于成员国违反结社自由权的申诉。即便是未批准关于结社权的第87号和第98号公约的成员国，也受到结社自由委员会的管辖。结社自由委员会的报告交由理事会审议，其审议结论送达有关成员国。

（二）发展合作

第二次世界大战后，由于发展中国家的崛起，技术合作成为国际劳工组织的主要活动之一，它在开发人力资源、提高生活水平、促进充分就业以及其他方面，向发展中国家提供多边、双边技术援助。技术援助主要有两种形式：一是直接派调查组与成员国进行接触，共同探讨问题所在，并找到解决途径。二是促进性行动，包括举办研讨会和进修班，以增强标准意识、加强能力建设。此外，国际劳工组织都灵国际培训中心就国际劳工标准问题，向政府官员、雇主、工人、律师、法官和法律教育者提供培训，培训主题主要包括劳工标准、生产力提高和企业发展、全球化与劳工标准以及女工权利等。目前，在120个发展伙伴的支持下，国际劳工组织在100多个国家有超过700个合作计划和项目。

（三）研究、教育和出版活动

国际劳工组织在劳工与社会领域开展大量调查研究工作及

数据的汇编和分析工作，作为制定国际劳工标准和开展技术合作的依据。同时，除出版定期和不定期刊物外，它还出版内容广泛的有关劳工与社会问题的专著、丛书，以及职业安全与卫生的法规和指南、工人教育课程教材、各种参考书等。

四、国际劳工组织与中国工会

（一）国际劳工组织与工会

国际劳工组织成立后，各国工会和国际工会组织都非常重视参加国际劳工组织的活动。国际工会联合会、世界工会联合会和非洲工会统一组织都在国际劳工组织中享有咨商地位。根据国际劳工组织章程规定，凡与其建立咨商关系的非政府国际组织，均有权派代表到国际劳工组织召开的会议参加讨论，但无表决权。

工人代表在这个三方性组织中，成为一支最活跃的力量。这是因为：第一，工人期望国际劳工组织制定切实保障工人和工会权益的国际劳工标准，因此在这个组织里提出立法要求的，常常是工人代表。第二，工人要求国际劳工组织监督各国政府和雇主认真执行国际劳工标准，倘有违反，能够借助它向有关国家的政府施加压力。因此在国际劳工组织中，对于违反国际劳工公约、侵犯工人和工会权益的行为向有关国家的政府提出控告的，也往往是工人代表。第三，国际劳工组织是举世公认的工会与政府、雇主平等对话、协商解决问题的唯一国际机构。第四，全世界几乎所有的国家都参加了国际劳工组织，一年一度的国际劳工大会成为世界各国各种政治倾向的工会，能够坐在一起讨论共同关心的问题的唯一场所，有益于相互增进了解和交流经验。第五，发展中国家的工会，希望通过国际劳工组织所提供的技术合作来提高自己的工作能力和工作水平。

然而，国际劳工组织内部矛盾错综复杂，其解决问题的实际能力有一定局限性。其原因主要基于以下三点：一是世界各国的经济、政治、社会制度不同，发展程度不同；二是政府、工人、雇主三方有着各自不同的具体利益；三是国际工人运动的分裂，各国工人代表的团结一致受到诸多因素影响。第二次世界大战后，尽管国际劳工组织成员国数量有所增长，但发展中国家的代表性和发言权并没有在国际劳工组织实际领导权中得到应有体现。由于历史、政治、经济等因素，西方国家明显居于优势地位，往往在国际劳工事务中拥有更大的话语权。

（二）国际劳工组织与中国工会

1920 年 7 月 16 日，中国加入国际劳工组织，是该组织创始国之一。从 1919 年到 1928 年，历届国际劳工大会开会时，北洋政府都指派驻外使领馆人员作为政府代表参加会议。从 1929 年开始，国民政府每年都派包括政府、雇主和工人三方代表的完整代表团出席国际劳工大会。1934 年，中国当选为理事会政府组非常任理事。自 1944 年起，中国成为国际劳工组织的 10 个常任理事国之一，更多地参与该组织活动。1944 年，中国劳动协会理事长朱学范当选为理事会工人正理事。

新中国成立后，政务院总理周恩来于 1950 年 6 月 5 日以外交部部长名义要求国际劳工局局长必须将蒋介石反动残余集团的所谓代表从国际劳工组织各项机构和会议中驱逐出去。1971 年 11 月 16 日，国际劳工局理事会第 184 次会议通过了恢复中国合法席位的决议，驱逐了台湾的三方“代表”。中国在 1983 年 6 月派出三方代表团参加了第 69 届国际劳工大会，从此恢复了在国际劳工组织的活动。1985 年 1 月，国际劳工组织在北京设立国际劳工组织“北京局”（即中国和蒙古局），负责与中国政府、雇主、工人组织以及其他学术团体等联系，广泛开展技术合作、研究咨询等活动。

中国工会积极参加国际劳工组织的活动，如国际劳工大会和理事会会议，以及它举办的各种讨论会、学习班、实习活动等，中国工会还多次派团赴都灵国际培训中心参加培训项目。中国工会同国际劳工局及其北京局合作，先后在我国举办了介绍国际劳工组织的学习班，关于职业安全卫生、人口问题的讲习班，并在北京先后举行了有关工人教育、劳动保护和工作条件的亚太地区研讨会。双方还合作开展涉及职业安全卫生、女工保护、绿色就业、全球产业链下的体面劳动等主题的技术援助和发展合作项目。此外，中国工会还与国际劳工局开展了其他有关工人教育的多边、双边技术合作项目，包括在国际劳工组织南南和三方合作框架下与工人活动局合作开展的亚太地区工会能力建设项目。中华全国总工会下属全国产业工会也经常性派员参与国际劳工组织的一些产业会议。多年来，中华全国总工会多次接待国际劳工局局长、副局长和部门负责人，以及劳工局其他主要官员和专家来华考察访问、讲学，并主办讨论会等。

中国工会代表在 1984 年国际劳工组织理事会的选举中当选工人副理事，并于 1987 年、2002 年、2008 年分别再次当选副理事。在 2011 年的第 100 届国际劳工大会上，中国工会代表首次当选工人正理事，并于 2014 年、2017 年、2021 年连续当选工人正理事。

第二节　国际工会组织

一、世界工会联合会

世界工会联合会（World Federation of Trade Unions，WFTU，简称“世界工联”）成立于 1945 年 10 月 3 日，总部原来设在布拉格，2006 年 1 月迁往雅典，是第二次世界大战结束后不久成立的一个具有广泛代表性的国际工会联合组织，拥有来自 133

个国家的1.1亿名会员（2022）。现任主席是米兹旺迪勒·迈克尔·马克瓦伊巴（南非），总书记是潘皮斯·凯里西斯（塞浦路斯）。该组织最高权力机构是代表大会。

（一）历史沿革

第二次世界大战爆发后，世界各国工人阶级要求联合起来共同反抗法西斯主义的愿望日益强烈。在苏联工会和其他各国工会的共同努力下，1945年2月6日在伦敦召开的世界工会代表会议决定建立世界工会组织。同年9月25日至10月9日，在巴黎召开了世界工会第一次代表大会，大会通过了世界工联的章程，选举了领导机关，正式建立了世界工联（具体宣布成立时间为1945年10月3日）。当时世界各国主要的工会组织，除美国劳工联合会外，都加入了世界工联。它的建立实现了世界各国各种政治倾向的工会组织的广泛团结。1948年3月，英、美工会以世界工联拒绝讨论“马歇尔计划”为由，召集了“马歇尔计划国家工会会议”，成立了“欧洲复兴计划工会咨询委员会”。1949年1月，世界工联举行执行局会议时，英、美（产业工会联合会）、荷各一名执行局委员借口世界工联反对“马歇尔计划”，退出了会议，随后又宣布退出世界工联。在英美工会的策动下，共有29个工会相继退出了世界工联。1949年12月，这些工会在伦敦成立了国际自由工会联合会。

英美工会等退出后，世界工联一度受到削弱。但中国革命的胜利，以及中国工会和一些取得民族独立的国家的工会参加世界工联的工作，使世界工联有了新的发展。60年代中苏关于国际共产主义运动大论战波及世界工联。由于坚决反对将国际性群众团体作为推行一国外交政策的工具，从1966年12月起中国工会停止参加世界工联的活动。但苏联工会仍推行把苏共对外政策强加给世界工联的做法，使世界工联内部矛盾继续发展。意大利总工会将自己同世界工联的关系先是从正式会员降格为“联系会员”，最后于1978年3月正式退出世界工联。接着法国总工会也反对世界工联“根据社会主义国家的外交考虑行事”，要求它“进行深刻的改革”，并在1978年世界工联九大时宣布“决定不再为世界工联总书记职位提出候选人”，使世界工联自成立以来的总书记职位第一次不由法国人担任。一些工会多次在世界工联的会议上提出，处理世界工联内部关系的指导方针应是“严格尊重每个工会的自治”，并要求“世界工联领导机构的人选应轮流担任”。1986年9月16日至22日，世界工联第十一次代表大会在柏林召开，会议出现了“革新”的“新风”；强调“对话和谅解的气氛”、“民主的”“建设性的”讨论，一些社会主义国家的代表就本国的工会问题做了自我批评。苏联工会代表也根据苏共二十七大的精神，在会上谈到了工人自治的问题。

世界工联第十二次代表大会紧接着在苏联工会十九大之后，于1990年11月13日至20日在莫斯科举行。大会通过了《九十年代的工会战略》的主题报告，强调世界工联要“更新”，要以“新的思想”、“对世界尤其是对劳工世界里所发生的各种新变化作出敏锐的反应”；强调世界工联要成为一个维护世界工人利益的单纯工会组织，不再过问政治性问题；强调世界工联应独立于任何国家和政党，是对话的论坛和协调机构，并要求同国际自由工联对话。大会根据主题报告的精神，对世界工联章程作了相应修改，将反对帝国主义和殖民主义、进行阶级斗争等提法改为反对剥削与压迫、消除扩张主义，强调会员团体一律平等，要发挥地区性机构和产业工会国际的自主性。大会调整了世界工联的领导班子，原总书记扎卡里亚改任主席，由苏联工会全国总联合会国际部部长扎里科夫任总书记，新设副总书记一职，由法国总工会总书记克拉苏基担任。

20世纪80年代末至90年代初苏东剧变后，世界工联在东欧各国的会员团体除波兰全国工会协议会外，或自行解散或改变名称，均已不再是世界工联的会员。1990 年，世界工联在非洲的一些会员团体宣布退会。同年 12 月 20 日，全波工协在参加世界工联十二大后也宣布退会。1991 年 8 月 30 日，苏联工会全国总联合会宣布“终止”在世界工联的会籍。世界工联总书记扎里科夫曾于 1991 年 10 月对外宣称，世界工联恢复了同阿尔巴尼亚工会联合会的关系，与全波工协建立了“联系会员”关系，吸收了捷克和斯洛伐克私营部门雇员全国工会为新会员，并与捷克和斯洛伐克工会中心建立了工作关系。

1990 年，捷克和斯洛伐克联邦议会决定要求世界工联总部撤出布拉格，经世界工联多方交涉，捷外交部于 1991 年 3 月正式照会世界工联宣布撤回联邦议会的上述决定。但在 1991 年 8 月，捷克和斯洛伐克联邦共和国总统哈维尔签署命令，再次要求世界工联将总部撤出布拉格并停止在捷的一切活动。2005 年 12 月，在哈瓦那举行的第十五次代表大会上，希腊全体工人战斗阵线总书记乔治·马瑞克斯首次当选为该会总书记，次年世界工联将总部从布拉格迁往雅典。

（二）组织机构

代表大会是最高权力机构，自 1990 年十二大起改为每五年举行一次。总理事会由代表大会选出，是代表大会闭会期间的权力机关，每 18 个月举行一次会议。主席团由主席、副主席、总书记、财政管理委员会主席、各产业工会国际总书记组成，每五年开会两三次。书记处由总书记、副总书记及若干名书记组成，负责日常工作。在哈瓦那、新德里、大马士革、布拉柴维尔和巴黎各设地区局，在纽约设驻联合国观察员办事处。各地区局由分管的副主席和书记组成，处理与各国总工会的关系，负责工会教育和组织声援活动。

2022 年 5 月 8 日，世界工联第十八次代表大会选举产生了该组织新一届领导人，泛塞浦路斯劳工联合会原总书记、世界工联副主席凯里西斯当选为总书记，马克瓦伊巴连任主席。

（三）主要活动

1. 政策主张。

世界工联的宗旨和任务是不分种族、国籍、宗教信仰和政治见解，组织和团结全世界的工会共同斗争，反对一切侵犯劳动人民经济权益和民主自由的行为，保障就业、提高工资、缩短工作时间、改善劳动条件。世界工联是“二战”后成立的具有广泛代表性的国际组织，在联合国经济及社会理事会、粮食及农业组织、国际劳工组织、贸易和发展会议、工业发展组织以及教育、科学及文化组织中享有甲级非政府组织咨商地位。

早在1990年11月的十二大上，世界工联提出过本组织的目标、立场和主张，包括：主张和平与裁军，认为裁军可以防止另一次世界大战爆发，可改善资本主义国家的经济，创造更多的就业，改善工人群众的福利并可帮助发展中国家。支持第三世界人民反帝、反殖、反对种族主义的斗争，认为发展中国家与社会主义国家联盟在反对剥削和奴役的斗争中具有战略意义。主张发展中国家走“非资本主义发展的道路，并接受苏联的援助”。根据国际形势特别是东欧形势的变化修改了章程，将“进行阶级斗争”、“与帝国主义进行斗争，最终消除殖民主义、新殖民主义……”等条款，改为“与一切形式的剥削和压迫进行斗争”、“为争取最终消除扩张主义而奋斗”。主张采取紧急措施阻止发展中国家的经济社会状况继续恶化，解决发展中国家外债问题的根本办法是建立国际经济新秩序，并制定本国的发展政策。主张暂缓交付直至不定期缓交外债本息，也可停付外债本息。在新的国际经济秩序下，各国应实现经济及政治独立，在平等的基础上开展国际合作，改革货币、金融制度，发展无歧视的贸易关系。支持资本主义国家工人通过罢工来保卫自己的经济社会要求、工会自由和民主权利。认为只有通过工人和工会充分参与和制定民主计划才能解决失业问题。强调各国工会和国际工会组织加强统一行动以维护工人和工会的权利。认为科技革命及产业结构改革给工人处境带来不利影响，“要求工会更加积极地在企业和产业范围内进行干预”。主张加强与国际自由工联的对话，开展国际工会统一行动。认为保护工人利益、保障社会进步和正义、建立世界和平、保障工会自由和人权仍然是工会的基本任务和人类社会面临的重大挑战，呼吁国际工会运动实现新的团结，以适应时代的要求。关于苏东剧变，世界工联认为这是“新的历史性的选择”，认为东欧工会变化的特点是深刻的民主化进程，是会员行使其不可割让的权利；工会与政党及其他力量的关系发生的根本变化，符合世界工联章程中的独立概念；工会的活动集中在维护工人的权益方面是正当的。

2016年11月，世界工联在南非德班召开第十七次代表大会，大会根据新的形势阐述了世界工联的政策主张，认为要以满足工人阶级的需求为斗争目标，把各国劳动者从资本主义野蛮行径给他们造成的贫困和战乱中解放出来。工人阶级要与政府、资本主义、宗教团体和黄色工会等剥削阶级的组织坚决斗争，以维护自身利益。要始终和各国人民站在一起，坚持支持各国人民争取民族独立和摆脱资本主义、帝国主义、殖民主义剥削和压迫的斗争。认为资本主义由于自身存在的根本性矛盾，已经爆发结构性危机，并将带来更多和更大规模的危机，这将极大地影响各国工人和人民的福祉。认为科技进步催生了生产力的迅速发展，但劳动创造的财富却越来越集中在少数人手里，贫富差距拉大，失业率上升，非正规就业不断增多，公共服务遭到破坏，社会保障水平下降。为应对资本主义危机的影响，政府对劳动力市场政策和法律法规进行了许多反工人的改革，工人权利受到严重侵害，包括集体谈判权、罢工权和集会权，无薪劳动、不公平解雇、现代奴役成为普遍现象，妇女和青年人成为失业、贫困、不公平、奴役和暴力的最大受害者，工会运动面临前所未有的压力和挑战。帝国主义通过自己创立的经济工具，如世界银行集团、国际货币基金组织和自由贸易协定，不断加深对发展中国家的奴役和剥削，侵犯它们的主权和民主权利。帝国主义还通过推行《跨太平洋伙伴关系协定》、《跨大西洋贸易与投资伙伴关系协议》、《国际服务贸易协定》等手段企图垄断和把控全球贸易。会议强调加强各国和国际工会运动团结、共同反对反劳工的政府和跨国公司垄断的重要性。会议指出必须坚持工会运动的阶级方向，才能吸引最大多数的工人加入工会，才能开展强大进步和有战斗力的工会运动，从而夺取反对帝国主义和资本主义剥削、争取工人权利斗争的最后胜利。呼吁工会运动要争取贫农、自雇业者和进步知识分子、艺术家的支持，建立最广泛的社会联盟，共同反对资本主义、帝国主义和殖民主义。会议宣布世界工联的会员人数已达到 9200 万的历史新高，同时确定了在第十八次代表大会前达到 1 亿名会员的目标。

2022 年 5 月 6 日，世界工联第十八次代表大会在意大利罗马举行。世界工联主席迈克尔・马克瓦伊巴向大会致欢迎词。国际劳工组织工人活动局副局长安娜・拜昂迪、阿拉伯工会国际联合会总书记贾马尔・高迪利、非洲工会统一组织总书记阿里兹基・马祖德、中华全国总工会副主席、书记处书记作为特邀嘉宾线上发表致辞，对大会胜利召开表示祝贺。随后，世界工联总书记乔治・马瑞克斯向大会作五年工作报告。马克瓦伊巴在欢迎词中指出，本届大会在世界形势十分复杂严峻的背景下召开，具有重要的历史意义，当前形势给工会运动提出了新的任务和挑战，世界工联将团结一切可以团结的力量，争取和平、发展友谊，与种族主义、排外主义、新法西斯主义作更加坚决的斗争。拜昂迪转达了国际劳工组织总干事盖·莱德和工人活动局局长玛利亚·赫莲娜·安德蕾对大会的祝贺，指出，新冠肺炎疫情造成南北差距、不平等、非正规化、女性就业等问题更加凸显，工会组织作为重要的社会伙伴应关注气候变化、公共服务等议题，通过社会对话参与经济社会政策的制定和实施，为实现可持续发展以及《百年宣言》所确定的体面劳动和社会正义的目标而努力。高迪利和马祖德分别介绍了阿拉伯和非洲地区工会运动状况，特别是职工生产生活遭受疫情冲击的情况，赞扬世界工联为加强国际工会运动团结、维护发展中国家劳动者权益所作的贡献，表示将继续与世界工联一道，为改善工人福祉、实现国际工会运动的民主和团结而携手努力。马瑞克斯在工作报告中分析了当前国际形势，指出新冠肺炎疫情正在引发新的全球经济危机，暴露了资本主义制度的深层次矛盾，国际竞争加剧，大国博弈日趋激烈，全球治理赤字、信任赤字、和平赤字持续扩大。马瑞克斯认为，2018—2019 年的中美贸易摩擦和当前的乌克兰危机都是由于美国为了维持其全球霸主地位所造成的。马瑞克斯指出，各国政府应对当前地缘政治竞争和经济危机的措施给广大劳动者造成了沉重负担，严重损害了他们的权益，工人阶级是最大的受害者。马瑞克斯回顾了过去六年来世界工联及其成员组织为争取劳动者合法权益所开展的重要活动，表示今后将继续把提高工资收入、扩大社会保障范围、减少失业、反对私有化、消除童工、保护移民工人权利等作为优先斗争事项。他号召世界工联及其成员组织认真总结斗争经验，开展批评和自我批评，巩固群众基础，与时俱进，不断丰富工会运动国际主义的内涵，发扬无产阶级的国际主义精神，为实现各国工人和人民之间的和平、友谊和合作而不懈奋斗。凯里西斯在就任演说中指出，世界工联面临复杂艰难的斗争环境，当前国际工会运动并不团结，各方对世界的认识并不一致，一些为资产阶级服务的组织试图排挤和削弱世界工联。他号召世界工联及其成员组织放下幻想，团结起来，为消灭剥削阶级、争取和捍卫工人阶级权利、建立由无产阶级当家作主的世界而斗争到底。

总体上看，世界工联初期的主要政策为争取和平、裁军，支持第三世界反帝、反殖民主义、反对种族主义的斗争。随着世界政治经济形势的发展变化，世界工联进而提出了“与一切形式的剥削和压迫进行斗争”，致力于建立新的、公正的国际经济新秩序；争取实现社会、经济和政治民主，维护劳动者和工会的权利和自由；反对帝国主义、殖民主义和扩张主义等政策主张。建会 70 多年来，世界工联始终是代表社会主义和发展中国家工会及工人阶级的国际性工会组织。苏东剧变后，世界工联遭遇严重的组织力量和财政状况危机，在国际劳工组织中的代表性和话语权被削弱，影响力日渐式微，但在亚太、拉美等发展中国家和一些行业产业中仍有一定数量的追随者。

2. 主要活动。

1986 年 1 月 15 日戈尔巴乔夫发表了到 2000 年全部销毁核武器的声明，世界工联立即发表声明表示欢迎。它再次要求美国“同意全面禁止核试验，并着手进行裁军谈判”。它还认为，“进行关于销毁全部核武器的谈判的一个重要条件，是停止执行在外层空间布置这些武器的任何计划”，并呼吁国际自由工联及其他国际性、区域性工会组织促进所有国家工会争取全面销毁核武器的联合行动。此后世界工联在历次领导机构的会议上均重申这一要求。1986 年 9 月，世界工联第十一次代表大会就和平、裁军问题通过“致苏共中央总书记戈尔巴乔夫、美国总统里根和联合国秘书长德奎利亚尔的信”，并专门组织重要工会领导人代表团，要求会见上述三位领导人。世界工联为支持第三世界人民和工人反对外来干涉、维护民族独立与主权、争取民主与人权，反对种族主义和种族隔离以及争取经济独立的斗争，开展了多种活动，包括在80年代同非洲工会统一组织等区域性工会组织以及一些国家的工会组织，共同召开声援巴勒斯坦、南非及纳米比亚工人正义斗争的国际会议，举办了有关非洲及拉丁美洲外债问题的国际会议并发表倡议。1989年4月，世界工联在捷克的帕尔蒙成立了国际工会环境保护委员会，以协调反对环境污染的工会活动。此外，世界工联以直接出面或支持一些工会组织的方式，组织召开了地区性或专题性的国际工会会议，例如青工、女工的会议等。1990年11月，世界工联第十二次代表大会根据1989年以来国际形势和国际工会运动发生的变化，决定调整工作方法，改革内部结构，将工作重心放在地区性、产业性的专题活动上。1990年12月，在非洲工会统一组织举行“五大”期间，参加会议的世界工联、阿拉伯工联、世界劳联和非工统等四个组织的总书记就海湾危机举行会晤，一致反对海湾爆发战争，并发表联合公报，要求伊拉克和外国军队全部撤走；尊重海湾地区各国人民的主权和自决权；执行联合国安理会有关中东地区的所有决议包括巴勒斯坦人民自决权的决议；在联合国主持下召开国际会议解决中东地区所有争端，有关各方包括巴解组织都有权参加会议。

20世纪90年代至21世纪第一个10年，随着国际自由工联和世界劳联的合并，以及国际工联的成立，世界工联在国际劳工组织等场合被边缘化，加上经费困难、人才缺乏等原因，世界工联在国际工运中的影响力下降，越南劳动者总联盟是给予世界工联最大经费支持的成员工会。尽管如此，从总体上看，世界工联在亚非拉发展中国家中仍有一定的影响力，同时积极在行业和新工人群体中开展工会工作，取得一定成效。比如在印度银行工会、马来西亚全国银行雇员工会、菲律宾全国银行工会等亚太地区银行业工会的支持下，世界工联于2011年成立了银行保险金融工会国际。2015年，世界工联在马来西亚召开银行和金融工会行业区域会议。2014年，世界工联在巴塞罗那召开了世界工联退休和退职人员国际会议，宣布成立退休人员工会国际，作为该组织下属国际性产业工会。

（四）世界工会联合会与中国工会

中国工会是世界工联的创建组织之一，1966年12月后，未再参加世界工联的活动。世界工联自1993年第十三次代表大会以来，多次表态希望中国工会重返世界工联。中国工会根据独立自主的对外活动方针，奉行不结盟政策，不再重新参加世界工联，但以观察员或特邀嘉宾的身份参加了其第十二次至第十八次代表大会、周年纪念大会，以及一些区域性和产业工会的会议及活动。2004年至2014年，世界工联派代表来华出席历届“经济全球化与工会”国际论坛。近10年来，两会曾多次实现高层互访和高级别会晤。根据两会之间达成的协议，中华全国总工会与世界工联多次在华共同举办青年和妇女工会干部培训活动，10年来有200余名来自亚非拉地区的工会干部来华，就工会权益保护、职业安全与卫生、财务等工作进行考察交流，受到发展中国家工会普遍欢迎。

二、国际工会联合会

（一）历史沿革

国际工会联合会（International Trade Union Confederation，ITUC，简称“国际工联”），是目前世界上最大的国际性工会组织，成立于2006年11月，由国际自由工联和世界劳联合并重组而成。包括来自163个国家和地区的332个会员组织，截至2021年年底，有会员人数约两亿人。“二战”后直至冷战结束，国际工会运动不断调整重组，但国际工运总体上一直保持三大国际工会组织并存的格局。其中，国际自由工联代表西方阵营，主张结社自由、工会独立和工会组织多元化，世界工会联合会代表社会主义和发展中国家工会，世界劳工联合会代表天主教工会。20世纪八九十年代，经济全球化快速发展，面对全球化提出的新问题和新挑战，一直积极推动并深度参与国际劳工组织公平全球化进程的国际自由工联和世界劳联认识到，加强团结协作已成为国际工运的迫切需要，而组织上的统一是实现团结的最直接和最现实的手段。原本在意识形态上就很接近的两组织重拾20世纪60年代两组织联合的话题。2004年3月，国际自由工联领导人与世界劳联总书记举行非正式会晤，商谈了由国际自由工联、世界劳联和其他一些独立工会组织共同组建新的国际工会组织的设想。双方还在国际劳工大会期间动员和游说其他一些独立的地区和国家工会加入新组织。经过多轮谈判，两组织最终达成一致，于2006年10月31日各自宣布解散，于次日即11月1日在维也纳宣布成立国际工联。

国际工联在联合国等多边机构中享有甲级咨商地位，与国际劳工组织、经合组织工会咨询委员会等保持密切工作联系。国际工联还实际主导和把控着国际劳工组织理事会工人组组成。近年来，国际工联积极参加二十国集团、亚太经合组织等多边机制及世界银行、国际货币基金等组织的活动，代表工会在工人权利、气候变化、可持续发展等涉及劳工利益和全球治理的重大议题上发声。因其会员组织大都是所在国家中最有实力的工会组织，有较大的政治和社会影响力，与执政党关系密切，因此国际工联在各国组织召开会议时通常会受到东道国政府的重视，与会代表也经常受到各国首脑及政要的接见。

（二）组织机构

代表大会是国际工联最高权力机构，每四年召开一次，截至2022年年底已召开五次代表大会。根据章程，各会员组织根据会员人数规模可分别派1—20名代表参加大会，大会也会邀请非会员工会、政府组织或非政府组织的代表作为观察员参会。国际工联总书记由大会选举产生。总理事会是代表大会闭会期间的最高领导机构，由代表大会选出的70名委员组成，必须包含六名女工委员会提名的委员和两名青年委员会提名的委员。70名委员按照区域分配名额：非洲11个、美洲18个、亚太15个、欧洲26个。总理事会选举国际工联主席一人、副主席两人、其他主席团成员至少七人、女工委员会主席一人、青年委员会主席一人和区域组织主席若干人，并选举副总书记若干人。总理事会每年至少召开一次会议，负责编制年度预算、审议战略计划和项目的落实等。执行局由国际工联主席、总书记和25名总理事会委员组成，每年至少召开两次会议，在总理事会闭会期间处理紧急和重大问题。书记处由总书记领导，负责处理日常工作，下设宣传联络部、经济和社会政策部、平等部、财务部、全球组织学院、人权和工会权利部、法律部、行政部。

国际工联在各地区均设立了区域组织，包括非洲区域组织（ITUC-Africa）、亚太区域组织（ITUC Asia-Pacific）、美洲工会联合会（TUCA）、泛欧区域理事会（PERC）、国际工联-阿拉伯工联（ATUC）。国际工联还设有多个办事处或代表处，包括日内瓦办事处、独联体国家办事处、华盛顿办事处、东南欧办事处、常驻国际海事组织代表处。

国际工联第五次代表大会（2022年11月，墨尔本）选出的领导人包括：主席乡野晶子（女，日本），总书记卢卡·维森蒂尼（意大利），副主席凯西·法因戈尔德（女，美国）、安东尼奥·里斯本（巴西），副总书记欧文·都铎（英国）、埃里克·姆维兹·曼齐（卢旺达）、乔尔达尼亚·乌雷尼亚·劳拉（女，乌拉圭）。2022年12月，由于卷入欧洲议会成员腐败案，刚刚当选三周的总书记卢卡·维森蒂尼被比利时警方扣押，国际工联随即召开临时会议，宣布中止卢卡总书记职务，由副总书记欧文·都铎任代理总书记，同时决定将在2023年3月该会总理事会上进一步讨论此事。

（三）主要活动

1. 政策主张。

国际工联基本政策主要包括：致力于维护所有工人的权益，确保工人不受歧视，劳有所得，拥有安全的工作条件和体面的工作环境；捍卫工作场所基本原则和权利，提倡结社自由和集体谈判，反对童工、强迫劳动、就业歧视；推动独立民主工会运动；提倡财富公平分配，工人公平享有公共服务，加强社会保护；推动包容、多样化的工人运动，积极回应各产业工人诉求；提高会员组织能力，扩大会员数量，加强工会国际团结。国际工联主要围绕“四大支柱”开展工作：捍卫和平、民主和权利，对资本力量进行监管，推动公平转型，促进平等。

2. 主要活动。

国际工联于其四大时确立了本组织的三大重点行动：一是“人人享有民主——改变规则”行动，呼吁政府重塑经济规则，实现共享繁荣和发展，增加透明度，尊重法制，让工人充分享有民主权利和自由。二是“新型社会契约”行动，国际工联宣称现行经济全球化的模式对工人不利，跨国企业频频损害工人权益，全球供应链中94%的劳动力面临隐性剥削和压迫。政府、企业和工人之间需要建立新型社会契约，为所有工人提供最低保障，包括保障基本权利、设定最低工资标准、推进集体谈判、加强社会保障、增强企业社会责任等。三是“推动公平转型”行动，国际工联认为气候变化导致极端气候事件频发，如果不加控制，就会让地球更加不宜居，威胁人类的生存。国际工联敦促各国政府落实气候变化承诺，采取更加积极的应对措施，确保实现公平转型，保护工人利益。

国际工联在联合国经社理事会、国际劳工组织、教科文组织和粮农组织中均享有甲级非政府组织咨商地位，深度参与国际劳工组织事务，掌握着国际劳工组织中工人方的话语权，在国际劳工标准制定中发挥着很重要的作用。国际工联还充分运用国际劳工标准监督机制，通过其下属工会组织或直接对违反工会权利和劳动标准的国家政府向国际劳工组织提起控诉或申诉。

(四) 国际工会联合会与中国工会

中国工会于 2008 年与国际工联正式建立对话交流关系。2010 年、2012 年、2014 年、2016 年，国际工联主要领导人曾率团访华或受邀出席二十国集团劳动会议，多次受到中央领导同志接见。2013 年 6 月，中华全国总工会副主席、书记处第一书记访问比利时，在国际工联总部与巴洛等国际工联主要负责人会面。2018—2019 年，国际建筑工会、国际网络工会和国际运输工人联合会等国际工联系统产业工会相继派高级别代表团访华，与全国总工会及下属产业、地方工会开展了务实对话和交流。

三、主要国际产业工会组织

(一) 世界工联系统国际产业工会组织

世界工联下设 11 个国际性产业工会组织，这些组织大多经历过合并重组，一般被称作“产业工会国际”(Trade Union Internationals，TUIs)。由于近年来世界工联影响力的减弱，这些组织的会员人数规模和活动影响力不如从前。表 6-1 列出了这些组织的基本情况。

表 6-1　世界工联系统的产业工会国际

工会名称	成立时间	总部所在地	主要负责人
世界教师工会联合会（FISE）	1946 年	印度海得拉巴	主席：阿米娅·库玛尔·穆罕迪 总书记：马里亚诺·加西亚
建筑木材建材工会国际（UITBB）	1949 年	塞浦路斯尼科西亚	主席：丹尼尔·狄伟罗 总书记：米哈里斯·帕帕尼古拉乌
公共事业工会国际（PS）	1949 年	南非约翰内斯堡	主席：亚瑟·塞基拉 总书记：左拉·萨彼塔
运输工人工会国际（TRANSPORT）	1953 年	巴西圣保罗	主席：理查德·奥利瓦雷斯 总书记：阿里·利扎
农业食品商业纺织工会国际（UISTAACT）	1997 年	法国蒙特勒伊	主席：阿利乌·恩迪亚耶 总书记：朱利安·哈克
化学能源金属石油工会国际（CHEMISTRY - ENERGY）	2007 年	法国巴黎	主席：普拉桑塔·南迪 总书记：艾瑞克·塞里尼
采矿冶金金属工会国际（TUI MMM）	2008 年	—	主席：达斯 总书记：弗朗西斯科·何塞
旅游酒店工会国际（HOTOUR）	2009 年	埃及开罗	主席：贾纳卡·艾迪卡利 总书记：马哈穆德·穆罕默德
银行保险金融工会国际（BIFU）	2011 年	印度金奈	主席：莱哈特洛维奇·亚历山大 总书记：文卡塔查拉姆
退休工人工会国际（PyJ）	2014 年	西班牙巴塞罗那	主席：蒂莫斯·库姆普利斯 总书记：奎因·布瓦克斯
纺织服装皮革工会国际（TEXGAL）	2020 年	埃及开罗	主席：埃内斯托·特里戈 总书记：易卜拉欣·阿卜杜勒·法塔赫

（二）国际工联系统国际产业工会组织

国际工联系统并无下属的国际产业工会组织，而是以“全球工会联合会”（Global Union Federations，GUFs）的形式存在。某一全球工会联合会是代表一个或多个相关行业工人的国际性产业工会组织，其前身或为某个国际职业书记处（International Trade Secretariats，ITS），或是由多个产业工会合并而成。这些组织与国际工联关系密切，定期召开对话协调会议。目前共有九家全球工会联合会，分别为国际运输工人联合会（ITF）、国际建筑工会（BWI）、国际网络工会（UNI）、国际产业联盟（IndustriALL）、国际教育工会（EI）、国际公共事业工会（PSI）、国际食品农业酒店餐饮烟草工人联合会（IUF）、国际新闻工作者联合会（IFJ）、国际艺术娱乐联盟（IAEA）。

部分工会的基本情况如下：

1. 国际运输工人联合会（International Transport Workers' Federation，ITF）。

国际运输工人联合会，简称“国际运联”，是以保护运输工人利益为宗旨的国际性运输工人联合组织。1896 年成立，总部设在英国伦敦，包括来自 150 个国家的 700 个会员组织。2019 年会员人数约 2000 万。现任总书记是斯蒂芬·科顿（英国），2014 年当选，2018 年连任；主席是帕迪·克拉姆林（澳大利亚），2010 年当选，2018 年连任。

执委会为该组织决策机构，执委会委员由每五年召开一届的国际运联代表大会选举产生，执委会委员包括主席、副主席、总书记、产业部门主席、女性运输工人委员会主席、青年运输工人委员会主席以及来自各地区会员组织的委员。目前来自亚太地区的执委会委员有九人，其中住野敏彦（日本私铁总联合）为国际运联负责亚太地区事务的副主席。

国际运联是成立时间最长、最具影响力的国际性产业工会组织，在国际航运、民航、铁路和公路运输等行业运行规则和劳工标准制定和监督执行方面有着较大话语权。该组织在世界主要海港均设有分支机构，并拥有一支100多人的检查员队伍。国际运联制定发布其在世界海员最低工资标准，凡船员工资低于标准水平，一旦被其发现，运联将通知船舶所到港口检查员或其下属工会抵制给该船装卸货物。

国际运联与中国工会有着长期的对话交流关系。中国工会与运联于2014年签署的谅解备忘录作为副本，被普遍包括在我国外派海员的劳动合同中，标志着中国工会海员维权工作与国际基本接轨，受到国际航运业各方的肯定和欢迎。2018年中国工会派代表出席了该组织在新加坡举行的第44届代表大会。2019年11月，以总书记斯蒂芬·科顿为团长的国际运联代表团一行六人来华访问，与中国工会签署了新的谅解备忘录。

2. 国际建筑工会（Building and Wood Workers’ International，BWI）。

国际建筑工会成立于2005年12月9日，是由国际建筑和木工工人联合会（IFBWW）及世界建筑和木工工人联合会（WFBW）合并成立的一个全球性工会联合会，涉及建筑、建材、木工、森林开采和相关行业，包括来自127个国家的351个会员组织，2018年会员人数约1200万。总部位于瑞士日内瓦，现任主席是佩尔·奥洛夫·斯优（瑞典），2013年首次当选，2017年连任；总书记是艾伯特·尤森（菲律宾），2009年当选，2013年、2017年连任。

国际建筑工会在联合国经济及社会理事会享有特别咨商地位，并与国际劳工组织、联合国粮农组织、国际热带木材组织、国际承包商联合会、世界银行集团和世界贸易组织等国际和区域性组织保持密切联系，在国际工运中有较大影响力。2018年4月，国际建筑工会主席和总书记率团访问中国工会。

3. 国际网络工会（UNI Global Union）。

国际网络工会成立于2000年1月，由国际商业文书专技人员联合会（FIET）、国际传媒娱乐工会（MEI）、国际图画联合会（IGF）、国际通信工会（CI）等四家组织合并而成，2009年3月变更为现名称。总部位于瑞士尼庸，包括来自150个国家的900多个会员组织，2022年有会员约2000万。现任总书记是克里斯蒂·霍夫曼（女，美国），于2018年6月当选；现任主席是鲁本·科蒂娜（阿根廷），于2018年6月当选。

国际网络工会的会员主要来自技能性工作岗位和服务业，代表着清洁、安全、商业、金融、游戏、图文设计、美容美发、信息通信、娱乐传媒、邮政物流、体育等领域的工人和从业人员。该组织的主要工作方向是参与劳动力市场的规则和标准制定，确保公平和正义，为会员争取体面的工作条件和环境，保护工人的权利，包括参加工会和集体协商的权利。

近年来，国际网络工会非常关注集体谈判和工会组建工作，重点提高服务行业的就业标准和社会保障，主张在资本高度流动的全球化时代，加大对金融行业的监管力度，截至2022年7月，国际网络工会与跨国公司签订了50多个全球框架协议，旨在促进相关企业在非洲、美洲、亚太及欧洲的运营中对劳工权益的保护。

2017年9月，国际网络工会副总书记霍夫曼率团访问中国工会。

4. 国际产业联盟（IndustriALL Global Union）。

国际产业联盟成立于2012年6月19日，由国际金属工人联合会（IMF）、国际化学能源矿山工会联合会（ICEM）、国际纺织服装和皮革工人联合会（ITGLWF）合并而成，主要为油气开采、采矿、电力、金属制造、造船、汽车、航空航天、机械工程、电子、化工、橡胶、造纸、建材、纺织、服装、皮革和制鞋等领域的工人和从业者争取权利和发声。

国际产业联盟拥有来自140个国家的5000万名会员（2019年），总部设在瑞士日内瓦。现任主席是犹格·霍夫曼（德国），2016年10月当选，2021年9月连任；总书记是阿特勒特·豪威（挪威），2021年9月当选。

5. 国际教育工会（Education International，EI）。

国际教育工会是代表教育人员的全球性产业工会联合会，成立于1993年6月19日，由世界教师行业组织联合会（WCOTP）和国际自由教师工会联合会（IFFTU）合并而成。原世界劳联（WCL）下属的世界教师联合会（WCT）于2007年并入国际教育工会。该组织拥有来自178个国家和地区的384个会员组织，会员人数3250多万（2018年），总部位于比利时布鲁塞尔。现任主席苏珊·霍普古德（女，澳大利亚），2009年当选，2011年、2015年、2019年连任；总书记大卫·爱德华（美国），2018年当选。

国际教育工会致力于维护教师和教育人员的权利；推动教育行业的发展；保持教师行业的专业性；改善教育人员的工作条件和环境；支持教育人员参与制定有关教育的政策；支持结社自由，反对各种形式的歧视；支持实现全民教育的普及；支持自由民主的教育工会运动，维护教育人员的人权和工会权利。该组织与联合国教科文组织保持密切工作联系，在联合国经济及社会理事会享有咨商地位。

6. 国际公共事业工会（Public Services International，PSI）。

国际公共事业工会是代表全球公共服务部门工人的全球性产业工会联合会。其前身是成立于1907年的“国际公共事业工人书记处”，1925年更名为“国际公共事业雇员联合会”，1935年国际公务员联合会并入该组织，遂更名为“国际公共事业雇员和公务员联合会”，1945年又更名为“国际公共事业雇员和公务员工会联合会”，1958 年开始使用现名称。

该组织拥有来自 154 个国家的 700 个会员组织，会员人数约 3000 万（2019 年），总部位于法国费内-伏尔泰。现任主席大卫·普伦蒂斯（英国），2012 年当选，2017 年连任；现任总书记罗莎·帕瓦内利（女，意大利），2012 年当选，2017 年连任。

国际公共事业工会代表公共部门工会发声，积极维护公共行政管理人员、水电环卫人员、公共交通从业人员、公共文化教育设施工作人员、医护人员、社工、消防人员、应急救援人员、警察等群体的利益和权利；致力于推动人人公平享有公共服务，反对公共服务的私有化；反对企业的权利和影响过于壮大，提倡向企业和富人增加税收；积极参与国际劳工组织事务，与国际工联、其他国际产业工会组织以及相关非政府组织保持密切工作联系，反对世界贸易组织、世界银行和国际货币基金组织关于公共服务市场化的有关提议和做法。

7. 国际食品农业酒店餐饮烟草工人联合会（International Union of Food, Agricultural, Hotel, Restaurant, Catering, Tobacco and Allied Workers' Associations, IUF）。

国际食品农业酒店餐饮烟草工人联合会是代表农业和种植业从业人员、食品饮料加工业工人、旅游餐饮住宿行业从业者和烟草工人的全球性产业工会联合会，由国际烟草工人联合会、国际种植业和农业工人联合会、国际旅馆饭店酒吧工人联合会等行业工会合并而成。

该组织前身是成立于 1920 年的“国际食品和有关工人协会联盟”（IUF），现有来自 127 个国家的 425 个会员组织，截至 2020 年 8 月有会员人数约 1000 万。总部位于瑞士日内瓦，现任主席马克·劳里森（美国），2017 年当选；现任总书记苏·朗利（女，美国），2017 年当选。

该组织致力于维护食物生产、加工、服务部门从业人员的权益，推动制定有关食品安全和健康、国际贸易和投资方面的政策；参与劳动力市场规则和标准的制定，确保公平和正义，为会员争取体面的工作条件，保护工人结社自由和集体谈判权；积极与跨国企业开展集体谈判，签订行业集体协议，维护跨国企业工人的权益。

第三节　工会多边合作机制

一、二十国集团劳动会议

二十国集团（G20）由七国集团财长会议于 1999 年倡议成立，最初为财长和央行行长会议机制。2008 年国际金融危机爆发，当年 11 月于美国华盛顿召开第一次领导人峰会。2009 年 9 月举行的匹兹堡峰会将二十国集团确定为国际经济合作主要论坛。二十国集团由中国、阿根廷、澳大利亚、巴西、加拿大、法国、德国、印度、印度尼西亚、意大利、日本、韩国、墨西哥、俄罗斯、沙特阿拉伯、南非、土耳其、英国、美国以及欧盟等二十方组成，成员涵盖面广，代表性强，构成兼顾了发达国家和发展中国家以及不同地域利益平衡，人口占全球的 2/3，国土面积占全球的 55%，国内生产总值占全球的 86%，贸易额占全球的 75%。2016 年 9 月 4 日至 5 日，G20 杭州峰会成功举行。峰会主题为“构建创新、活力、联动、包容的世界经济”，四个重点议题为“创新增长方式”、“更高效的全球经济金融治理”、“强劲的国际贸易和投资”、“包容和联动式发展”。中国国家主席习近平全程主持 G20 杭州峰会并在开幕式发表题为《构建创新、活力、联动、包容的世界经济》的致辞，系统阐释了对当前世界经济形势的看法和 G20 面临的最紧迫任务，提出加强宏观经济政策协调，合力维护国际金融稳定；创新发展方式，挖掘增长动能；完善全球经济治理，夯实机制保障；建设开放型世界经济，继续推动贸易和投资自由化便利化；落实2030年可持续发展议程，促进包容性发展五大方向，全面呼应杭州峰会主题议题设计，有力引领峰会有关讨论。杭州峰会发表《二十国集团领导人杭州峰会公报》，核准《二十国集团创新增长蓝图》等28份核心成果文件，形成“放眼长远，综合施策，扩大开放，包容发展”的“杭州共识”，指明了G20从危机应对向长效治理机制转型的新方向，进一步彰显了G20的引领作用。

二十国集团劳动会议是二十国集团认可的配套活动之一，是国际工会运动在二十国集团机制中发挥作用的重要平台。二十国集团劳动会议于2008年成立，2011年正式得到二十国集团认可。二十国集团劳动会议一般是由国际工联和经合组织工会咨询委员会牵头，由二十国集团领导人峰会东道国工会承办。狭义的二十国集团劳动会议指二十国集团成员国工会领导人会议，广义的二十国集团劳动会议指参与二十国集团政策制定过程的全体二十国集团成员国工会。二十国集团劳动会议期间，二十国工会积极讨论国际劳工领域热点议题，通过会议声明对二十国集团领导人峰会或二十国集团劳工就业部长会议产生影响。休会期间，国际工联、经合组织工会咨询委员会和其他国际或大国工会代表，以二十国集团劳动会议的名义，积极参与二十国集团峰会、劳工就业部长会议、财长和央行行长会议、协调人会议等会议及其磋商过程，提出自己的观点和解决方案，对政治领导人进行游说，单独或联合二十国集团其他配套活动如二十国集团工商峰会、民间社会会议等发表声明，对二十国集团相关政策进行评估，旨在通过对二十国集团政策施加影响来维护劳动者利益。

长期以来，二十国集团劳动会议持续推动以下工作：增加投资以创造高质量的就业机会，扩大高质量的学徒制和技能培训，通过最低工资、劳工权利和社会保护底线确保工作正规化，实现可持续、绿色和包容性增长，确保收入分配公平，重新规范金融部门，对二十国集团承诺的落实情况进行评估。未来一个时期，二十国集团劳动会议的政策主张和工作重点包括：继续开展二十国集团劳动收入份额小组的工作，特别是供应链和工作转型方面的体面劳动；用最低工资和集体谈判解决收入不平等问题，尊重劳工权利和社会保护；增加对基础设施和护理经济的投资；缩小性别工资差距以及增加妇女劳动力市场参与的措施；培训工人，为就业岗位多、报酬丰厚的未来劳动世界做好准备；解决数字化和多边电子商务规则对劳动力市场和监管机制的不利影响；促进税收透明度和问责制；推动政策协调，实现向碳中和经济和数字化转型的公平过渡；保护移民的劳工权利；推动落实 2030 年可持续发展议程。

2010 年以来，中华全国总工会派代表团参加了历次二十国集团劳动会议。2016 年 7 月中华全国总工会承办了二十国集团劳动会议，中华全国总工会党组书记、副主席、书记处第一书记出席开幕式并致辞。2020 年，受新冠肺炎疫情影响，二十国集团劳动会议没有召开，但其代表劳动者发声的各项工作照常开展。针对二十国集团机制下的系列相关会议，二十国集团成员国工会进行多轮书面磋商，发表了四个联合声明。2021 年 10 月 27 日至 28 日，二十国集团劳动会议在意大利罗马以线上视频形式召开，由意大利三家全国性总工会共同承办，中华全国总工会代表团在北京视频参会。2022 年二十国集团劳动会议于 11 月 13 日至 14 日在印度尼西亚巴厘岛举行，由印度尼西亚繁荣工会联合会（KSBSI）和印尼工会总联合会（KSPI）共同承办。2023 年二十国集团劳动会议将于 6 月 22 日至 23 日在印度召开，由印度劳工工会（BMS）主办。

二、金砖国家工会论坛

2001 年，美国高盛公司首次提出 BRICs 概念，用巴西、俄罗斯、印度、中国四国英文名称首字母组成缩写词。因“BRICs”拼写和发音同英文单词“bricks”（砖）相近，中国媒体和学者将其译为“金砖国家”。2011 年，南非正式加入金砖国家，英文名称定为“BRICS”。2006 年，金砖国家外长举行首次会晤，开启金砖国家合作序幕。金砖国家合作的影响已经超越五国范畴，成为促进世界经济增长、完善全球治理、推动国际关系民主化的建设性力量。金砖国家国土面积占世界领土总面积 26.46%，人口占世界总人口的 41.93%。据估算，2021 年五国经济总量约占世界的 25.24%，贸易总额占世界的 17.9%。2022 年，五国在世界银行的投票权为 14.06%，在国际货币基金组织的份额总量为 14.15%。

金砖国家在国际政治经济领域影响不断增强的同时，金砖国家工会组织在国际工会运动中的地位也日益提升，相互间交流合作日趋紧密，特别是随着金砖国家领导人会晤机制的不断发展，加强金砖国家工会组织合作机制化建设成为各方共识。2012 年 12 月，俄罗斯联邦劳动与社会保护部、俄罗斯独立工会联合会和俄罗斯企业家联盟在莫斯科联合举办了体面劳动三方高层会议。中国工会代表团出席了会议。会议期间，金砖五国的工会代表举行了会晤并在合作协议上签字，标志着金砖国家工会论坛正式启动。

金砖国家工会论坛自成立至今，共举行了十一次会议，讨论的议题不仅包括维护工人合法权益、完善就业政策和社会保障制度、加强社会对话和三方机制、消除工作场所歧视和不平等现象、实现人人享有体面的工作和发展等劳动世界的普遍关切，还紧跟金砖合作主题和全球发展大势，就数字经济发展和产业升级、气候变化和绿色转型、贸易公平和可持续发展、抗疫合作和经济复苏等热点问题阐明工会立场和建议。历次论坛都形成了宣言，并提交给金砖国家政府。金砖国家工会论坛促进了金砖各国工会间的交流与合作，丰富了金砖国家合作机制的内容，发出了发展中国家和新兴市场国家劳动者的声音。

中国工会是金砖国家工会论坛的积极倡导者和推动者，在促进金砖国家工会合作中发挥着积极作用。自论坛成立以来，中国工会代表团出席了论坛历次会议，积极参与会议讨论和会议文件的修订。金砖国家工会论坛已成为中国工会配合国家整体外交，对外宣介中国理念、中国成就，协调国际劳工领域重大事件立场，消除国际社会对中国和中国工会的误解，巩固和发展与新兴市场国家及广大发展中国家工会的关系，推进“一带一路”建设和推动构建人类命运共同体的重要平台。2017 年 7 月 24 日至 25 日，中华全国总工会在北京主办了第六届金砖国家工会论坛，中华全国总工会领导出席了开幕式并致辞。2022 年我国第二次担任金砖机制轮值主席国。中华全国总工会以“深化伙伴关系，共创美好未来”为主题主办了第十一届金砖国家工会论坛。会议通过了《第十一届金砖国家工会论坛宣言》，并修订了论坛议事规则。

思考题：

1. 国际劳工组织是个什么样的组织？其关注重点是什么？工会组织在其中的作用是什么？

2. 什么是国际劳工标准？其核心和优先国际劳工标准指什么？中国目前批准了哪些国际劳工标准？

3. 世界工联是什么时候成立的？其宗旨是什么？其政策主张与国际工联有何本质差异？

4. 二十国集团劳动会议如何对全球治理产生影响？

5. 金砖国家工会论坛宣言是提交给金砖国家领导人还是金砖国家劳工就业部长们？

第七章　新时代中国工会的对外交往与合作

党的十八大以来，以习近平同志为核心的党中央深刻把握新时代中国和世界发展大势，着眼实现中华民族伟大复兴的中国梦的战略全局和世界百年未有之大变局，积极推进外交理论和实践创新，形成了习近平外交思想，实现了中国外交理论的重大飞跃。中国工会是中国共产党领导的职工自愿结合的工人阶级群众组织。工会外事工作是党的对外工作的重要组成部分，是我国民间外交的重要组成部分，是中国工会全局工作的重要组成部分。新时代中国工会外事工作必须以习近平外交思想为根本遵循和行动指南，紧紧围绕党和国家外交战略布局，充分发挥工会民间外交优势，为实现中华民族伟大复兴的中国梦、推动构建人类命运共同体、增进各国劳动者福祉作出新的更大贡献。本章重点介绍了新时代中国工会外事工作面临的国际环境、党的十八大以来中国工会在服务国家总体外交中发挥的积极作用、做好新时代中国工会外事工作的任务要求等内容。

第一节　新时代中国工会外事工作面临的国际环境

当前，世界之变、时代之变、历史之变正以前所未有的方式展开。国际格局深刻变革，新兴市场国家和发展中国家快速崛起，在世界政治经济中的地位进一步提升，但发达经济体在经济、军事、科技、货币金融等领域仍具有相对优势。世界经济复苏艰难，全球产业链供应链重构、大宗商品价格持续上涨、能源供应紧张、地区冲突激化等风险相互交织，保护主义升级或将成为国际经济政策协调和世界经济复苏的重要掣肘。全球发展进程遭受严重冲击，南北差距、复苏分化、发展断层、技术鸿沟等问题更加突出，和平赤字、发展赤字、安全赤字、治理赤字加重。新冠肺炎疫情反复延宕，劳动世界受到巨大冲击，国际工会运动面临诸多问题和挑战，全球劳工治理任务艰巨。中国是世界上最大的发展中国家，中国工会是世界上会员人数最多的国家工会组织。中国工会外事工作必须科学分析国际形势、准确把握时代脉搏，才能在危机中育先机、在变局中开新局，在实现中华民族伟大复兴的中国梦、推动人类和平与发展的进程中发挥更大作用。

一、国际关系格局变化深刻影响国际工会运动

（一）世界进入新的动荡变革期

和平与发展仍是时代主题。世界正处于大发展大变革大调整时期。世界多极化、经济全球化、社会信息化、文化多样化深入发展，全球治理体系和国际秩序变革加速推进，各国相互联系和依存日益加深，新兴市场国家和发展中国家在全球政治经济格局中的分量越来越大，国际力量对比更趋平衡。和平发展大势不可逆转，国际关系民主化不可阻挡，维护多边主义、加强团结合作、共同应对挑战的呼声更加强烈。

世界不稳定不确定不安全因素日益突出。全球经济复苏脆弱乏力，经济全球化遭遇逆流，发展鸿沟进一步拉大。民粹主义抬头，贸易保护主义升温，国际投资限制加强，地区热点问题此起彼伏。公共卫生、恐怖主义、气候变化、能源安全、粮食安全、网络安全、生物安全等一系列全球性问题亟待解决，

人类社会面临传统领域和非传统领域安全的双重挑战。

新冠肺炎疫情加速国际格局调整。全球疫情自暴发至今已三年有余，全球产业链与供应链调整重构，全球经济陷入严重衰退。我国在中国共产党的坚强领导下取得了疫情防控重大决定性胜利，成为2020年世界唯一实现经济正增长的主要经济体，各方对我期待与借重上升。美国在疫情中的表现使其全球领导力受到质疑，中小国家的“政治觉醒”在疫情中激发，新兴市场国家和发展中国家参与全球治理的意愿上升。疫情对各国的深层次影响持续发酵，各国加紧谋划在疫后世界格局中的角色地位，大国关系经历新一轮调整互动，国际秩序变革加速推进。

全球治理体系变革迫在眉睫。全球性挑战增多，新冠肺炎疫情暴露出全球治理体系特别是在全球公共卫生领域的制度缺失和能力缺失，国际上要求变革全球治理体系的呼声高涨，加强全球治理、推进全球经济治理体系变革成为大势所趋。美西方国家试图继续保持其在国际事务中的主导地位，东西方争夺全球治理和国际规则制定主导权的较量日趋激烈，建立符合时代要求和大多数国家发展利益的国际规范和更加公正合理的国际治理体系依然任重道远。

（二）国际工会运动面临诸多挑战

工会组织化水平受到严重侵蚀。据国际劳工组织对其成员国工会入会率的统计，近年来除少数国家入会率偶有小幅上升外，多数国家入会率总体呈持续下滑态势。经合组织数据显示，自2000年至2020年，经合组织成员国工会入会率总体呈下降态势，工会平均入会率从20.9%降至15.8%。除少数国家工会入会率在2018年和2019年略有上升外，多数国家的工会入会率都是持续走低，个别国家20年间工会入会率下降幅度高达20多个百分点。

工会传统谈判能力总体弱化。自 2008 年国际金融危机爆发以来，许多国家的集体谈判面临压力。国际劳工组织在《集体覆盖率的趋势：稳定、侵蚀和下降》报告中指出，从 2008 年至 2013 年，在 48 个国家中，集体谈判的覆盖率平均下降了 4.6 个百分点。经合组织数据显示，该组织成员国的集体谈判覆盖率从 1985 年的 45%下降到 2019 年的 32.1%。其中，仅奥地利、比利时等少数国家的覆盖率保持在较高水平，德国、匈牙利、葡萄牙、斯洛伐克、斯洛文尼亚、新西兰等国降幅都超过两位数，希腊最为严重，从 1985 年至 2015 年的三十年间，该国集体谈判覆盖率降幅超过 60 个百分点。

工会集体行动的外部性加速扩大。移动互联网和新兴传媒的广泛应用，使工会集体行动的“溢出效应”更为显著，从企业内部转向企业外部，从劳动领域扩散到社会领域，从利益博弈演变为政治冲突，从一国传播到多国。劳动者的集体诉求和工会的主张往往很快突破劳工领域，在更广泛的经济政治社会生活中持续发酵。同时，受民粹主义和逆全球化等社会思潮的影响，一些工会组织在某些国家政府和非政府组织的引导和扶持下，其主张出现脱离劳动者核心诉求、反映某种国家意志和政治图谋的趋向。

工会组织的全球行动力加强。在国际工运整体低迷的背景下，工会组织更加注重通过国际多边平台和合作机制来参与和影响相关劳工政策、规则和标准的制定与实施，进而提升工会在全球治理体系改革、应对新一轮技术变革中的话语权和影响力。在各国工会组织的大力推动和积极参与下，国际劳工组织先后于 2019 年、2021 年通过了《百年宣言》和《全球行动呼吁》，为各国共同构建更加美好的劳动世界、应对新冠肺炎疫情冲击提供了行动指南和现实路径。二十国集团框架下的社会伙伴对话会、二十国集团劳动会议和金砖国家合作机制框架下的金砖国家工会论坛等，业已成为各自区域范围内反映工会和劳动者现实诉求、协调和磋商劳动社会政策的重要平台。

（三）当前影响国际工会运动走势的几个重要因素

中美关系在曲折中前行。中国和美国分别是最大发展中国家和最大发达国家，是世界前两大经济体和联合国安理会常任理事国。中美建交以来，尽管两国关系经历了一些曲折和困难，但总体不断向前，且取得了丰硕成果，造福了两国人民，也促进了世界和平、稳定、繁荣。2017 年特朗普上台后，美视我为主要战略对手，在外交、经贸、科技、劳工等多个领域对我实施全方位遏制和打压，中美国家关系、工会组织关系健康发展的不确定因素增多。

欧美民粹主义抬头。近年来，随着欧盟多重危机的震荡，民粹主义的政策影响力在欧洲出现全面发展和阶段性爆发之势。2018 年以来，民粹或者有民族主义倾向的政党在欧洲各国总统和议会选举中接连获胜。2022 年法国大选中，极右翼党派取得历史最佳战绩，其他国家的极右翼也在积极采取行动，试图在欧洲大陆进一步扩大话语权。美国前总统特朗普大力推动“美国优先”战略，大肆“退群”，挑起全球贸易战。一些国家民粹精英为转移国内矛盾，对外“甩锅”推责、渲染意识形态对立，对内推动针对移民、工会权利、社会福利等政策和相关法律的改革，欧美工运和劳工权益遭遇巨大挑战。

乌克兰危机影响外溢。乌克兰曾是苏联加盟共和国之一。2014 年 2 月，乌克兰政权发生更迭，随后爆发克里米亚危机及顿巴斯战争，俄乌紧张关系加剧。2015 年 2 月，俄、乌、法、德四国领导人在白俄罗斯首都明斯克举行“诺曼底四方会谈”，俄乌关系趋于平缓。2022 年 2 月，俄罗斯在乌顿巴斯地区发起特别军事行动，俄乌矛盾再度激化。乌克兰危机导致全球粮食价格上涨、肥料供应紧张、能源价格剧烈波动。美西方对俄实施全方位制裁，国际劳工组织在2022年3月理事会上通过决议，暂停对俄技术合作和参会邀请。同月，俄独立工联发表声明，鉴于国际工会运动中的反俄运动，该组织暂时中止其在国际工联的成员资格。

二、新一轮技术革命挑战工会传统工作模式

进入21世纪以来，以互联网技术为核心的新技术革命的演进为全球经济发展注入了新的动力，其影响逐渐过渡到社会、政治和文化等领域，重塑了政府与企业、政府与个人、企业与个人间的关系，工会工作遇到前所未有的新情况、新问题和新挑战。

（一）新技术革命带来工作领域新变化

新技术革命对就业的影响具有两重性：一方面，新技术的研发和应用、新商业模式的出现，催生了新的行业、职业及就业岗位，为一些就业弱势人群，如妇女、残疾人、年轻人和移民工人等提供了更多增加收入的机会，扩大了就业需求，改善了就业结构；另一方面，新技术的智能化、自动化加快资本替代部分人工的进程，可能导致许多原有的生产或流通中间环节减少或消失，引起一定规模的结构性失业和技术性失业。

新技术革命促进就业形式更加灵活多样。当前，互联网技术应用和平台经济的发展带来多元化的工作方式，灵活就业、弹性就业、分享经济等就业比例显著上升，“零工经济”、“独立工人”现象应运而生。世界经济论坛对全球120多个国家的调查表明，全球有13%的劳动力从事“零工”，50%的劳动力从事全职工作，越来越多以前没有工作的人和厌倦全职工作的人开始转向“零工经济”。远程工作安排在新冠肺炎疫情暴发后显著增加，数字经济的增长和影响进一步扩大。

新技术革命导致劳动强度与劳动标准反向增长。国际劳工

组织《随时随地工作：对工作世界的影响》报告显示，通信技术移动工作虽然给予劳动者更多的工作自主性，但对带薪工作与个人生活用时的界定变得更加困难，劳动者工作时间被“技术性”拖长，产生了更多的生理疲劳和精神压力。平台凭借其在用工自由度方面的优势，以较低的劳动标准吸引了大量自雇劳动者和灵活就业人员，进而拉低了相关行业劳动标准，加剧了非正规就业向公正转型的难度。

（二）保障工人权利的制度基础更加脆弱

2008 年国际金融危机爆发后，一些秉承新自由主义执政理念的西方政治精英认为，利益集团（如工会、环境保护主义者或贸易游说团体等）的介入，导致政府决策带有较强的倾向性，不利于形成公平自由的营商环境，因而倡导削弱包括工会在内的一切阻碍竞争性活力的社会组织力量，撤销和免除国家提供社会福利的义务。

新自由主义改革与实践往往以劳动法改革为切入点，进而影响和改变政府对劳动力市场的监管与规制的理念。受其影响，有些国家的劳动政策从以往向劳动者提供较多的保护转向降低企业劳动用工成本，雇主拥有了更多的自主权和用工灵活度；还有些国家新修订的劳动法直接剥夺了部分劳动者的社会福利，斩断了工会经费来源，削弱了工会权利，集体协议效力降低，工会经过长期斗争所取得的政治遗产面临削弱和丧失的风险。

随着数字经济的飞速发展，平台就业的劳动者数量激增。相对于传统企业工人，新就业形态劳动者大多是非正式和非标准工作者。这类劳动者在社会保障、劳动时长、工作条件、职业安全卫生等方面的权益更容易受到侵害，但维护这一群体利益的相关法律法规和标准都还不尽完善，新冠肺炎疫情使这类劳动者面临的风险和不平等问题愈加凸显。

（三）工会的组织能力和活动模式遭遇挑战

新业态及相关劳动者的特点催生了工会工作新课题。数字经济催生了大量新就业模式，电话召唤工作、零小时合同工作、自雇工作、虚假独立就业、志愿工作、社会方便工作、协作/合作工作、共享工作等层出不穷。与传统企业从业劳动者相比，新就业形态劳动者具有组织方式平台化、工作机会互联网化、工作时间碎片化、就业契约去劳动关系化、流动性强、收入不确定等特点。工会在吸纳会员、组建基层组织、整合劳动者诉求、开展集体谈判、推动从业和劳动标准制定、保障其合法权益等方面面临诸多新情况、新问题。

信息革命深入发展推动工会工作改革创新。以人工智能、大数据、物联网、区块链为代表的新一代信息技术加速应用，成为推动社会生产方式变革、创造人类生活新空间的重要力量。互联网已经成为人们学习生活的新空间，成为人们获取信息、沟通交流的重要平台。在互联网时代，传统的工会宣传模式、组建模式、维权模式和服务模式，在推广手段、推广力度、推广范围、群体接受度、工作时效等方面面临许多新情况新问题，“互联网+”工会工作模式日渐得到越来越多工会组织的认同。

三、新冠肺炎疫情深度冲击劳动世界

新冠肺炎疫情反复延宕，给人民生命安全和身体健康带来威胁与伤害，给劳动世界也带来了严重冲击。受疫情影响，全球经济活动水平显著下降，就业和工作时间急剧减少，工人和工会权利受到巨大冲击，全球正经历一场前所未有的劳动力市场危机。

（一）全球劳动者和工会运动面临诸多挑战

全球劳动力市场复苏艰难。国际劳工组织在《世界就业和社会展望：2022 年趋势》报告中指出，新的新冠病毒变异株对劳动力市场的影响尚不确定，全球劳动力市场复苏所需的时间可能比之前预计的更长，而且就业市场在地区、收入水平、性别等方面将会出现不平衡加剧的状况。该组织预测，2022 年全球失业率将为 5.9%，这一数字低于 2021 年的 6.2%，但仍高于 2019 年的 5.4%。从人数上看，2022 年有约 2.07 亿人失业，比 2019 年疫情前增加 2000 万人。在未来几年里，世界大部分地区的劳动力市场将难以恢复到疫情前水平。

全球工作时长普遍减少。国际劳工组织的数据显示，疫情暴发后，全世界有 94%的劳动者生活在采取了一定封闭措施的国家中。疫情造成的工作时长损失率在 2020 年第二季度达到高点 18.7%。相对于高收入群体，低收入群体工作时长受到的影响更大，损失率达到 27.5%。2020 年全年，全球相当于损失了 2.55 亿个全职工作岗位。国际劳工组织预测，2022 年全球工作时长较 2021 年的情况将有所改善，但与 2019 年第四季度相比，全球工作时间短缺数量将相当于 5200 万个全职工作岗位，仍比疫情暴发前低近 2%。

全球劳动收入在下降。从宏观角度来看，劳动者庞大的工时损失已转化为大量的劳动收入损失。据国际劳工组织估算，仅在疫情暴发的第一个月，全球非正规工人的整体收入下降多达 60%，全球非正规经济中工人的相对贫困比例可能从 26%增加到 59%。在不考虑各国收入补贴政策的情况下，2020 年前三个季度劳动收入损失的估计数与 2019 年同期相比，全球劳动收入损失了 10.7%，即 3.5 万亿美元，占 2019 年前三季度全球国内生产总值的 5.5%。中低收入国家的劳动收入损失最高，达到 15.1%，中高收入国家则达到 11.4%。

劳动者职业安全与健康风险增大。卫生工作者和从事零售业、物流、运输业的工人是最易受病毒感染的两大群体。各国医护人员在获得医疗保健服务、津贴数额及覆盖面等方面有很大差异，许多从事非标准形式就业或自雇职业的卫生工作者和护理人员得不到必要或充分的保护。零售业、物流、运输业的工人持续接触病毒，工作时间延长，却常常缺少适当的个人保护装备和其他保护措施，感染风险很大。

劳动者和工会的权利进一步被侵蚀。一些国家利用疫情对经济和劳动力市场的影响，在不与工会协商的情况下，推行社会政策和劳工法律的改革。这些法令和政策包含了诸如延长周工作时长、缩减集会人数、降低最低工资水平、限定雇佣时限、中止集体协议等内容，损害了劳动者和工会的权益。

（二）国际劳工界积极施策应对疫情影响

疫情暴发以来，国际劳工组织多次发布监测报告，对新冠肺炎疫情给劳动世界造成的后果进行评估和分析，分享各国疫情危机应对行动，协助成员国拟定和实施行动方案，并于2021年5月发布《新冠肺炎疫情下的劳动世界》报告，重申《百年宣言》构建以人为本劳动世界未来的方针，推动通过《全球行动呼吁：从新冠肺炎危机中实现包容性、可持续和有韧性的以人为本的复苏》，敦促各方携手应对疫情对劳动世界的冲击。

国际、区域和各国工会组织积极行动，通过参与国际多边机制磋商、制定相关应对政策、开展社会伙伴对话、推行行业专项集体协商、签订疫情应急集体协议等多种方式，力求更好保障劳动者权益。具体举措包括：呼吁增加就业机会、稳定就业岗位，以缩短工时等方式确保基本工资收入；推动政府出台救助法案，向受疫情影响的群体提供特别补助；加强职业培训和职业卫生安全教育，以更好维护劳动者职业健康与安全权益；推动有关应对疫情政策向贫困家庭和弱势群体倾斜。有些工会还开设线上课程，提供政策咨询和心理疏导，出台复工复产指南或指导意见，鼓励工人和企业共渡难关。

（三）疫情对劳动世界的影响广泛而深远

2022年，新冠肺炎疫情走势仍将直接影响全球经济未来表现，特别是病毒频繁变异增加了疫情防控和全球经济复苏的不确定性。全球复苏的过程既不均衡，也不完整。发达经济体借助其强大的财政能力和疫苗供应实现了强劲反弹。与之相反，许多发展中国家和新兴市场国家在这两方面都处于严重劣势，经济复苏乏力。据国际劳工组织估算，截至2021年10月，最不发达国家、其他发展中国家、发达国家用于应对新冠肺炎疫情的支出分别占其国内生产总值的4%、8%和16.3%。从绝对值来看，这意味着发达国家人均支出是最不发达国家的477倍。发达国家和发展中国家的经济增长指数和劳动力市场轨迹同样存在巨大差异。疫情加深了国家内部和国家之间的不平等，削弱了许多国家的经济、金融和社会结构，对劳动参与率、家庭收入以及社会和政治凝聚力产生潜在的长期影响，这些损害可能让世界变得更加不平等，其负面影响也许需要数年时间才能修复。

四、劳工问题成为区域贸易协定谈判中的重要议题

（一）区域贸易协定之劳工条款

当今世界，国际贸易格局深度调整，区域经济一体化发展迅速，全球自贸区数量不断攀升，参与双边和多边贸易谈判已成为一国融入世界贸易的一项重要战略抉择。截至2022年5月，报备给世界贸易组织的区域贸易协定累计达579个，其中生效的355个，一个涵盖了全球多数经济体、涉及多个领域、多种规则标准交叉重叠的全球自贸区网络已基本形成。

自由贸易协定的内容主要涉及与贸易、投资相关的一系列规则，涵盖各成员国市场准入和非歧视待遇、管理措施、沟通

与监管机制以及争端解决等执行和操作细则。早期的自由贸易协定并没有纳入劳工条款，主要依据国际劳工组织制定的国际劳工标准规制和处理劳工权益保护相关问题。由于这些标准的实施机制缺乏强制性，往往不能充分有效地实现某些利益攸关方的利益诉求，所以有些国家开始探索通过其他渠道和途径谋求本国经济利益的实现，国际劳工标准与贸易挂钩的问题逐渐走上了国际和区域贸易谈判桌。关于贸易协定是否应该纳入劳工条款的问题，发达国家与发展中国家间一直存在较大分歧。进入 21 世纪，特别是 2008 年国际金融危机爆发以来，世界经济下行压力加大，逆全球化思潮勃起，贸易保护主义抬头，劳工条款被当作一种“隐性壁垒”，逐渐成为贸易谈判的重要议题。

欧美发达国家是推动区域贸易协定纳入劳工条款的主要倡导者。国际劳工组织统计显示，自 1994 年美国首次在《北美自由贸易协定》（NAFTA）中引入可强制执行的劳工条款以来，截至 2021 年，全球已有 113 个自由贸易协定纳入了劳工条款。在美国签署并生效的 14 个自贸协定中均纳入了劳工条款；在加拿大签署并生效的 16 个自贸协定中，有 15 个纳入了劳工条款；日本与其贸易伙伴达成的 18 个自贸协定中，有七个包含了劳工条款；欧盟签署的 39 个自贸协定中，有 26 个包括了劳工条款；在亚太地区签署的 115 个自贸协定中，有 42 个包含了劳工条款。总体而言，包括劳工条款的自贸协定在自贸协定总量中的占比呈上升趋势。

近年来，一些发展中国家迫于欧美国家在政治经济和舆论等方面的多重压力，同时也出于摆脱自身经济困境、提升自身在国际贸易中的地位和影响的考虑，开始逐渐接受在贸易协定中纳入劳工条款。截至 2019 年，发展中国家之间签署的包含劳工条款的贸易协定已占总数的 1/4。目前，全球只有 55 个经济体没有签署任何包括劳工条款的自贸协定，主要集中在南亚和中东地区。

（二）区域贸易协定劳工条款的内容和主要形式

不同时期、不同地域、不同发展水平国家签署的自由贸易协定中的劳工条款内容不尽相同。随着时间的推移，针对国际劳工领域的新情况新问题，劳工条款的内容也在不断变化和丰富。一般来说，条款内容涉及的劳工权利保护范围越全面、处理劳工问题的机制程序越详尽，该劳工条款的执行力越强。劳工条款主要包括以下四个方面内容。

一是劳工标准的范围。劳工条款载明的劳工权利可分为两类：第一类是基本权利。大多数劳工条款都采取援引国际劳工组织 1998 年通过的《国际劳工组织关于工作中的基本原则和权利宣言》的方式，要求缔约国遵循四项基本权利，即结社自由和有效承认集体谈判权、消除一切形式的强迫劳动、有效废除童工和消除就业歧视。有的协定直接引用或用脚注的方式明确纳入八项核心公约。第二类是一般性权利，如最低就业条件、工资、工时、消除对移民工人的歧视等。

二是守则机制。该机制主要包括设立国家联系点和总秘书处。国家联系点是缔约国政府之间以及政府与公众沟通的主要对话渠道，在美加两国，国家联系点可直接接受并处理公众提交的书面材料。有些贸易协定还要求成立劳动理事会或部长理事会，在政府间对话会后举行公众对话会。美国、加拿大和欧盟国家要求建立利益相关方参与机制，如设立企业和工会代表参加的顾问小组等。

三是发展合作机制。多数劳工条款都规定应建立劳工事务合作机制，如开展技术援助与合作、调研、劳工监察培训等。合作机制可限于缔约国，也可包括国际多边机构。劳工条款规定发展合作主要由国家联系点落实，但同时也要求包括工会、企业在内的利益相关方参与。《全面与进步跨太平洋伙伴关系协定》（CPTPP）和《美国-墨西哥-加拿大协定》（USMCA）的劳工章节都有关于建立劳工合作机制的规定。合作机制也适用于解决劳动争端。

四是争端解决机制。贸易协定中的争端解决机制一般包括报告、劳动磋商、仲裁、成立专家组调查和审议、专家组决定等多个程序，只有在对话协商渠道穷尽后才启动争端解决机制，且只有缔约国政府才有权启动争端解决机制。发生劳动争议后，应首先向当事国提供报告，允许当事国审议报告，并根据审议情况提出争端解决程序以外的其他解决方案，包括以行动计划或协商合作的方式解决争端。当事国可以书面形式向贸易伙伴国提请磋商。磋商为前置程序，所有劳动争议必须经过磋商程序，只有磋商无法解决问题时才能进入正式争端解决程序。启动争端解决机制后，可选择成立专家组或寻求仲裁。专家组的决定或仲裁为最终裁决。

根据缔约国谈判情况，不同区域贸易协定的劳工条款形式各有差别。多数劳工条款都采取附属协议或平行协议的形式，即在主协定以外签署“劳工合作备忘录”或“劳工合作协议”。如《北美劳工合作协议》（NAALC）就是《北美自由贸易协定》的平行协议，而《加洪劳工合作协定》则作为《加拿大-洪都拉斯自贸协定》的附属协议用以处理劳工标准问题。近年来，越来越多的劳工条款采取嵌入式，也就是在主协定中包括劳工章节。嵌入式劳工条款可置于协定的不同位置，包括序言、劳工章节、环境和可持续发展章节、发展合作章节等。劳工条款的位置与其在主协定中的法律地位、机制安排以及所适用的争端解决机制密切相关。一般认为，嵌入式劳工条款比平行和附属劳工协议更具约束力。《全面与进步跨太平洋伙伴关系协定》和《美国-墨西哥-加拿大协定》都制定了嵌入式劳工条款专章，分别在协定的第 19 章和第 23 章。

（三）部分区域贸易协定简况

《区域全面经济伙伴关系协定》（RCEP）：2012 年，东盟率先发起倡议。东盟 10 国和中国、日本、韩国、澳大利亚、新西兰共 15 个国家历经八年 31 轮正式谈判，克服新冠肺炎疫情带来的巨大困难，于 2020 年 11 月 15 日正式签署该协定。2021 年 3 月 22 日，中国完成 RCEP 核准，成为率先批准该协定的国家。2022 年 1 月 1 日，该协定正式生效。2021 年，RCEP 的 15 个成员国总人口达 22.7 亿，GDP 总和达 26 万亿美元，占全球总量的近 30%。RCEP 自贸区的建成，是多边主义和自由贸易的胜利，是我国构建新发展格局的重要平台、扩大对外开放新的里程碑，是促进各缔约方经济增长、合作共赢的重要动力。

《全面与进步跨太平洋伙伴关系协定》（CPTPP）：2018 年 3 月 8 日，日本、加拿大、澳大利亚、智利、新西兰、新加坡、文莱、马来西亚、越南、墨西哥和秘鲁代表在智利首都圣地亚哥举行签字仪式，正式签署该协定。同年 12 月 30 日，该协定正式生效。根据智利外交部的数据，CPTPP 覆盖 5.05 亿人口，国内生产总值之和占全球经济总量的 13.2%。参与 CPTPP 的 11 个成员国代表在一份共同声明中表示，这一协定将加强各成员经济体之间的互利联系，促进亚太地区的贸易、投资和经济增长。2021 年 9 月 16 日，中国正式提交申请加入该协定的书面信函。

《跨大西洋贸易与投资伙伴关系协定》（TTIP）：美国和欧盟之间的双边自贸协定，于 2013 年 6 月启动首轮谈判。按双方设计的目标，TTIP 将是一个全面、高水平的自贸协定，谈判内容包括取消所有产品的关税，实现最高水平的服务和投资自由化，减少和取消规制性障碍和非关税壁垒，制定面向 21 世纪的贸易新标准和新规则。2021 年，美国和欧盟的国内生产总值分别是23万亿美元和17万亿美元，合计约占全球经济总量的42%，而人口总数分别是3.3亿和4.5亿，合计约占世界人口的10%。TTIP一旦签署，将对全球政治经济格局演变、经贸规则制定带来重要影响。

《美国-墨西哥-加拿大协定》（USMCA）：由美国、墨西哥、加拿大三国领导人于2018年11月30日在阿根廷首都布宜诺斯艾利斯正式签署。该协定在2020年7月1日正式生效，替代了业已施行24年的《北美自由贸易协定》。该协定由美国主导签订，墨西哥和加拿大在谈判中做了不同程度的让步。《美国-墨西哥-加拿大协定》鼓励汽车制造商在美国或加拿大扩大投资，要求40%的汽车零部件要在时薪不低于16美元的地区生产，同时增添了数字经济内容，美国农产品获得更多加拿大市场准入。在新冠肺炎疫情反复、全球经济下行风险持续的大背景下，美墨加协定风波不断，暴露出三国在贸易领域存在的固有矛盾，给北美地区推进贸易自由化的进程蒙上阴影。

五、人类命运共同体理念产生广泛深远的国际影响

（一）人类命运共同体理念的产生与发展

人类生活在同一个地球村，各国日益相互依存、命运与共，越来越成为你中有我、我中有你的命运共同体。面对层出不穷的全球性问题和挑战，世界各国需要以负责任的精神同舟共济、协调行动，没有任何一个国家可以独善其身。针对“建设一个什么样的世界、如何建设这个世界”这一时代之问，习近平总书记着眼中国人民和世界人民的共同利益，以伟大政治家、战略家的宏大视野和战略思维，高瞻远瞩地提出构建人类命运共同体这一重要理念。

2013年3月，习近平主席在莫斯科国际关系学院发表了题为《顺应时代前进潮流，促进世界和平发展》的重要演讲，首

次阐释了人类命运共同体的理念。2015 年 9 月，习近平主席在纽约联合国总部出席第 70 届联合国大会一般性辩论时发表重要讲话，将建立合作共赢的新型国际关系与打造命运共同体紧密相连，从政治、安全、经济、文化、生态等五个维度描绘了人类命运共同体的路径和布局。2017 年 1 月，习近平主席在联合国日内瓦总部的演讲中，对上述五个维度的行动方略进行了全面充实和升级，提出建设持久和平、普遍安全、共同繁荣、开放包容、清洁美丽的世界。这一主张不仅符合公认的国际准则，还与联合国的可持续发展主张高度契合，凸显了中国角色、中国贡献和中国担当。2017 年 10 月，中国共产党十九大报告把推动构建人类命运共同体作为新时代坚持和发展中国特色社会主义的基本方略之一，并写入新修改的《中国共产党章程》。2018 年 3 月，第十三届全国人民代表大会第一次会议通过《中华人民共和国宪法修正案》，“序言”部分写入了推动构建人类命运共同体的内容。2022 年 10 月，中国共产党第二十次全国代表大会通过《中国共产党章程（修正案）》，将“推动建设持久和平、共同繁荣的和谐世界”，修改为“推动建设持久和平、普遍安全、共同繁荣、开放包容、清洁美丽的世界”。这一修改将有力推动我们党的对外工作和中国特色大国外交向纵深发展，促进中国人民同世界人民一道，携手开创人类更加美好的未来。

人类命运共同体理念的内涵极其丰富、深刻。该理念以“建设持久和平、普遍安全、共同繁荣、开放包容、清洁美丽的世界”为核心，主要从以下五个方面加以推进：一是政治上，坚持对话协商，各国要相互尊重、平等协商，坚决摒弃冷战思维和强权政治；二是安全上，坚持共建共享，各方要统筹应对传统和非传统安全威胁，以对话解决争端、以协商化解分歧；三是经济上，坚持合作共赢，各国要同舟共济，推进开放、包容、普惠、平衡、共赢的经济全球化，让发展成果惠及世界各国；四是文化上，坚持交流互鉴，要尊重世界文明多样性，以文明交流超越文明隔阂、文明互鉴超越文明冲突、文明共存超越文明优越；五是生态上，坚持绿色低碳，要倡导绿色、低碳、循环、可持续的生产生活方式，采取行动应对气候变化，构筑尊崇自然、绿色发展的全球生态体系。习近平主席于2021年和2022年先后提出的全球发展倡议和全球安全倡议，进一步丰富了人类命运共同体理念的内涵，为世界和平与发展事业注入新的动力。

（二）人类命运共同体理念的深层逻辑

人类命运共同体理念继承和发展了新中国不同时期重大外交思想和主张。新中国成立后特别是改革开放以来，中国共产党人高度重视推动构建和平稳定、公正合理的国际关系和国际秩序，先后提出和平共处五项原则、建立国际政治经济新秩序、和平发展道路、构建和谐世界等重要外交理念。推动构建人类命运共同体是中国和平外交政策的延续和升华，是习近平外交思想的核心和精髓，是新时代坚持和发展中国特色社会主义的基本方略之一，是新时代中国外交的总目标。

人类命运共同体理念反映了中外优秀文化和全人类共同价值追求。中华文明5000多年绵延至今，根基在于中华民族血脉深处的文化基因，“天下为公”、“以和为贵”等思想早已融入中国国家和社会治理的理念传承。和平、发展、公平、正义、民主、自由，是全人类共同的价值追求。近代以来的战火与牺牲，让建立公正合理的国际秩序、维护世界和平与繁荣成为各国人民孜孜以求的目标和理想。人类命运共同体理念融合了中国人民和世界人民对和平与发展的追求，反映了全人类的普遍愿望和共同心声。

人类命运共同体理念顺应了中国与世界可持续发展的时代需求。党的二十大报告指出：“我们党立志于中华民族千秋伟业，致力于人类和平与发展崇高事业，责任无比重大，使命无上光荣。”这突出反映了中国发展与世界发展的高度统一，体现了我们党一以贯之的初心使命。构建人类命运共同体，不仅是中国式现代化的本质要求，是实现中华民族伟大复兴的必然要求，是新时代中国特色大国外交的总目标，同时也是解决全球治理困境、弥合发展鸿沟的中国方案，是对联合国 2030 年可持续发展议程的最新诠释，这一理念汇聚了世界各国人民对美好生活向往的最大公约数，是引领世界大变局发展方向、增进世界人民福祉的人间正道。

（三）人类命运共同体理念为全球劳工治理指明方向

劳工问题日趋国际化。随着经济全球化和一体化的深入发展，资本在全球扩张，劳动力作为一种重要的生产要素在全球的流动更加频繁，构成更加复杂，输送形式也更加多样。联合国移民署《世界移民报告 2022》显示，2019 年全球移民总数约 2.72 亿人，其中移民工人 1.69 亿，占移民总数的 62.13%。疫情也没有阻挡移民的脚步，2020 年移民总数较上一年度增长 900 万。由于劳动力输出国和输入国在社会政策、文化传统、宗教信仰及企业管理理念等方面存在较大差异，全球涉及劳动者管理和权益保护的问题日渐凸显，逐渐引起国际社会的广泛关注。跨国劳工问题已经超越了一个主权国家的管辖范围，成为一个需要多方协商解决的全球性问题。

全球劳工治理体系有待进一步完善。目前的全球劳工治理体系主要呈现以下三个特点：一是参与治理的主体多元，国际劳工组织和各国政府，国际、区域和各国雇主及工会组织，环境保护组织、标准组织及相关非政府组织都参与其中。二是治理主体的诉求多元，由于各国经济发展水平、资源禀赋、劳动者素质等差异较大，各方对劳工治理的形式和手段的认识也不同。三是治理形式多元交织，国际劳工组织成立百年来，一直致力于规制劳工标准、协调三方关系、推进体面劳动，为改善劳工处境、保持劳资平衡、维护劳工权益发挥了重要作用。随着区域一体化的深入推进，各种区域组织、自由贸易区、跨国公司也在劳工治理中发挥着作用。与此同时，由于贸易保护主义的抬头，劳工治理在社会领域的影响力日增，其政治重要性日益凸显，有些国家和组织试图从全球劳工治理切入，主导国际劳工事务，为实现其全球战略服务。

构建人类命运共同体为全球劳工治理指明前进方向。人类命运共同体理念的核心要义与联合国《2030 年可持续发展议程》、国际劳工组织《百年宣言》高度契合，更大范围地照顾到不同治理主体的核心关切，凝聚更广泛的共识，为全球劳工治理各参与主体提供了一个可以共同遵循的价值导向和现实路径。2017 年，人类命运共同体理念先后被写入联合国社会发展委员会、联合国安理会、联合国人权理事会、联合国大会等通过的多项决议，随后国际劳工组织、金砖国家工会论坛等重要的国际劳工界多边会议成果文件也吸纳了这一理念。

六、“一带一路”建设成为重要国际合作平台

（一）“一带一路”倡议的提出与建设成就

2013 年 9 月和 10 月，习近平主席在出访中亚和东南亚国家期间，先后提出共建“丝绸之路经济带”和“21 世纪海上丝绸之路”，合称为共建“一带一路”倡议。“一带一路”倡议传承了以和平合作、开放包容、互学互鉴、互利共赢为核心的丝路精神，秉持和遵循共商共建共享原则，坚持开放、绿色、廉洁理念，旨在为我国新时代对外开放和世界经济增长创造新需求、注入新动力。

近十年来，“一带一路”倡议从愿景到现实，在合作中不断发展，在政策沟通、设施联通、贸易畅通、资金融通、民心

相通等方面取得了丰硕成果。一是深化贸易畅通，“一带一路”市场地位显著提高。2013 年至 2021 年，我国与沿线国家年度贸易额从 1.04 万亿美元，扩大到 1.8 万亿美元，增长了 73%。中欧班列累计开行超过五万列，通达欧洲 23 个国家、180 多个城市，陆海新通道建设取得积极进展。二是加强投资合作，产业链供应链融合程度显著提高。2013 年至 2021 年，我国对沿线国家直接投资累计 1613 亿美元，沿线国家在华投资设立企业 3.2 万家，实际累计投资 712 亿美元。三是推进项目建设，互联互通水平显著提高。2013 年至 2021 年，我国在沿线国家承包工程新签合同额累计约 1.08 万亿美元，完成营业额 7286 亿美元，涵盖交通、电力等多个领域。四是完善机制平台，交流合作效率显著提高。双边经贸机制不断健全，已推动建立了超过 100 个贸易畅通、投资合作、服务贸易、电子商务合作机制。截至 2022 年 6 月，中国已与 149 个国家、32 个国际组织签署 200 多份共建“一带一路”合作文件，推动建立了 90 多个双边合作机制。“一带一路”建设的高质量发展为世界经济提供了更多市场机遇、投资机遇、增长机遇，已经成为范围最广、规模最大的国际合作平台和最受欢迎的全球公共产品。

（二）我国在“一带一路”沿线国家投资及企业用工简况

相关智库数据显示，2020 年年末，中国境内投资者在“一带一路”沿线的 63 个国家设立境外企业超过 1.1 万家，涉及国民经济 18 个行业大类，当年实现直接投资 225.4 亿美元，同比增长 20.6%，占同期中国对外直接投资流量的 14.7%，较上年提升一个百分点。从行业构成看，流向制造业的投资 76.8 亿美元，同比增长 13.1%，占 34.1%；建筑业 37.6 亿美元，占 16.7%；电力生产和供应业 24.8 亿美元，占 11%；租赁和商务服务业 19.4 亿美元，占 8.6%；批发和零售业 16.1 亿美元，占

7.1%；科学研究和技术服务业8.7亿美元，占3.9%；信息传输/软件和信息技术服务业8.2亿美元，占3.6%；金融业8亿美元，占3.5%。从国别构成看，主要流向新加坡、印度尼西亚、泰国、越南、阿拉伯联合酋长国、老挝、马来西亚、柬埔寨、巴基斯坦、俄罗斯联邦等国。中国企业对“一带一路”沿线国家实施并购项目84起，并购金额31.5亿美元，占并购总额的11.1%。其中，阿曼、印度尼西亚、新加坡、斯里兰卡和菲律宾吸引中国企业并购投资均超一亿美元。

2020年年末，我国境外企业从业员工总数达361.3万人，其中中方员工142.5万人、外方员工218.8万人。外派劳务主要目的地区依旧集中在亚洲和非洲。2020年，我国向亚洲和非洲地区派出各类劳务人员分别为22.58万人和4.03万人，占当年派出劳务人员总量的75%和13.4%。在外劳务人员主要分布在建筑业、制造业和交通运输业三大传统行业。2020年在这三大行业领域从业的我劳务人员合计约44.62万人，其中建筑业28.14万人、制造业8.48万人、交通运输业8万人，分别占我在外劳务人员总量的46.9%、13.6%和12.8%。随着中国经济高速发展和人民收入水平的逐步提高，我对外承包工程从国内大规模输出劳务人员已经成为历史，企业用工更加趋于多元化，国内带出、属地化用工和第三国劳务并存成为新的用工格局。截至2021年年底，我国企业在沿线国家建设的境外经贸合作园区为当地创造了34.6万个就业岗位，为促进驻在国就业和经济发展、改善民生福祉发挥了重要作用，实现了互利共赢。

（三）国际劳工界高度关注“一带一路”建设

2017年，国际劳工组织总干事盖·莱德应邀来华访问时指出，当前劳动世界面临诸多压力和挑战，“一带一路”倡议对于促进体面劳动、增进民生福祉、完善社会福利具有重要意义，提议加强国际劳工组织与中国在“一带一路”倡议等框架下的多领域合作。国际劳工组织中国和蒙古局时任局长蒂姆·德美尔表示，很高兴看到中国把和平、团结和安全的愿景带到了国际舞台上，用“一带一路”倡议推动国际贸易和投资，这一主张让各国人民在这一古老的丝绸之路和海上丝绸之路上再次团结起来，推动共同繁荣，实现共同发展。世界工联、国际运联、国际工联亚太区域组织和非洲工会统一组织等国际、区域工会组织对与中国工会在“一带一路”框架下加强交流交往表现出积极意愿和浓厚兴趣，哈萨克斯坦、新加坡、孟加拉国、叙利亚、尼泊尔、柬埔寨、苏丹、坦桑尼亚、俄罗斯、白俄罗斯、巴拿马、古巴等亚非拉国家工会对“一带一路”建设给予高度评价，认为“一带一路”已成为融合共同利益、加深经济合作的重要之路，为中国和世界发展注入了新的活力，希望进一步加强与各国发展战略的有效对接，畅通外国工会与当地中资企业经营方的沟通渠道，加强工会间在规范用工和劳动者权益保障等方面的经验交流。

与此同时，随着“一带一路”建设的稳步推进，一些负面噪声、杂音传入国际劳工界。美西方一些国家政府和非政府组织针对“一带一路”广泛散布消极言论，诋毁“一带一路”的初衷，甚至炮制“债务陷阱论”、“地缘战略论”、“环境污染论”、“规则替代论”、“新殖民主义论”、“新朝贡体系论”、“经济渗透论”等谬论和谎言。这些言论对于沿线国家一些不明真相的工会组织和普通劳动者具有较强的迷惑性、煽动性、误导性。正面引导国际劳工界涉华舆论、消除发展中国家工会及劳动者对我的误解和疑虑，是当前工会外事工作重要任务之一。

第二节　中国工会在服务党和国家总体外交中发挥积极作用

新中国成立70多年来，中国工会在中国共产党的领导下，紧紧围绕党和国家工作大局，依据不同历史时期的形势特点，确定和调整对外工作方针政策。新中国成立之初，为打破西方国家的封锁，巩固国家独立、争取于我有利的国际环境，中国工会秉持“广交朋友、广泛联系”的对外工作方针，积极开展对外交流活动。1949年11月至12月，中华全国总工会承办的世界工联亚洲澳洲工会代表会议在北京胜利召开，这是新中国成立后第一次在中国举行的工会国际会议，也是新中国首次承办的重大多边国际活动。毛泽东主席设宴招待了与会的世界工联执行局委员和各国工会代表团团长，时任世界工联副主席、中华全国总工会名誉主席刘少奇致开幕词，这对宣传新中国、扩大新中国中央人民政府的国际影响，起到了积极的作用。20世纪60年代至70年代，中国工会坚决贯彻国家外交方针，对正在开展争取民族独立正义斗争的亚非拉国家工人和工会给予坚定支持和声援，有力配合了国家总体外交战略，在国际劳工舞台上深深镌刻下中国工人阶级和中国工会组织的印迹。改革开放以来，中国工会适应国际形势的变化，将工会对外工作方针进一步充实为“独立自主、互相尊重、求同存异、加强合作、增进友谊”，广泛发展工会对外友好关系，中国工会同各国工会、区域和国际工会组织的双边和多边关系进入快速发展时期。截至目前，中国工会已与150多个国家、400多个工会组织建立了友好关系，在产业工会之间、友好省州的地方工会之间，也建立了广泛的交流合作关系。中国特色社会主义进入新时代，中国工会坚持以习近平新时代中国特色社会主义思想为指导，立足新发展阶段，贯彻新发展理念，在独立、平等、互相尊重、互不干涉内部事务的原则基础上，不断深化同世界各国工会的友好关系与务实合作，提升中国工会在国际劳工领域的话语权和影响力，积极营造于我有利的外部劳工环境，为推动共建“一带一路”、构建人类命运共同体作出积极贡献。

一、大力宣介习近平新时代中国特色社会主义思想

党的十八大以来，以习近平同志为主要代表的中国共产党人，顺应时代发展，科学回答了新时代坚持和发展什么样的中国特色社会主义、怎样坚持和发展中国特色社会主义等重大时代课题，创立了习近平新时代中国特色社会主义思想。中国工会是中国共产党领导的职工自愿结合的工人阶级群众组织，是党联系职工群众的桥梁和纽带。面向国际劳工界宣介党的二十大、党的十九大和党的十九届中央历次全会精神，宣讲习近平新时代中国特色社会主义思想，是新时代工会外事工作的首要政治任务。

（1）发挥民间外交优势，扩大主场外交成果。主场外交是指一国以本国境内为外交舞台、利用主场优势开展的外交活动，其价值在于可以利用主场的天时、地利、人和等多种优势，拟定有利于本国的议题或议程，推动制定有利于本国的国际规则或秩序，从而实现外交目标。党的十八大以来，我国“主场外交”高潮迭起，通过亚信峰会、APEC 峰会、G20 杭州峰会、“一带一路”国际合作高峰论坛、中国共产党与世界政党高层对话会、金砖国家领导人会晤、亚洲政党专题会议等一系列多边峰会，贡献中国方案和中国智慧，彰显中国气派和中国力量，中国的国际地位和影响力显著增强。中国工会积极配合我国重大主场外交活动，邀请国际劳工界代表出席“一带一路”国际合作高峰论坛、二十国集团劳动就业部长社会伙伴对话会等重

要活动，举办“一带一路”沿线国家工会多边会议、二十国集团劳动会议、金砖国家工会论坛等相关工会配套活动，在多边合作机制框架下，协调各国工会立场、凝聚国际劳工界更广泛的共识，为丰富主场外交成果、增强主场外交效果、扩大主场外交影响作出了工会贡献。

（2）中华全国总工会领导率先垂范，讲好中国故事。中华全国总工会领导把习近平新时代中国特色社会主义思想、党的十九大和二十大精神、“一带一路”倡议、人类命运共同体理念等作为工会对外宣传的重要内容，充分利用出席国际劳工大会、国际劳工组织理事会、金砖国家工会论坛、二十国集团劳动会议等国际劳工领域重要会议及国际、区域和国家工会组织代表大会，举办多双边交流研讨活动等机会，巧妙设置和引导议题，用外国工会领导人易接受、能听懂的方式，宣传习近平新时代中国特色社会主义思想，宣传我国经济社会发展成就和抗疫故事，宣传中国特色社会主义工会发展道路的理论和实践，以春风化雨、润物无声的方式讲述中国故事、中国工人阶级故事、中国工会故事，中国发展模式、中国工会道路、中国抗疫举措和中国理念主张得到越来越广泛的理解和认同。

（3）把握重大时间节点，提升宣介效果。中国工会精准把握党的二十大、中国工会十七大、新中国成立 70 周年、中国共产党成立 100 周年等重要时间节点，充分利用工会多边双边交流平台、合作机制，面向国际劳工界开展宣传，大力宣传习近平新时代中国特色社会主义思想和党的二十大、十九大、十九届中央历次全会精神。2021 年，中华全国总工会成功举办“中国共产党领导下的中国工运事业发展”多边视频交流会，面向国际工会界宣传中国共产党栉风沐雨、披荆斩棘的百年奋斗史，与会外国工会领导人盛赞中国共产党百年来取得的伟大成就。协调世界工联总书记马瑞克斯、非工统总书记马祖德参加“世界政党政要和知名人士等谈中共百年、看中共百年”访谈活动，在庆祝中国共产党成立100周年之际接受《人民日报》、中央广播电视总台、中国国际广播电台等媒体采访，获得积极的社会反响。非工统、朝职盟、朝农勤盟、斯里兰卡工会、白俄罗斯工联等多个区域和国家工会组织于“七一”前夕向中华全国总工会发来贺电贺信，在国际劳工领域为庆祝中国共产党成立100周年营造了良好氛围。2022年，中华全国总工会紧紧围绕迎接服务、学习宣传贯彻党的二十大开展工会对外工作。党的二十大开幕前，中华全国总工会与各友好组织保持密切沟通，及时传递会议相关信息。大会闭幕后，中华全国总工会第一时间制定对外宣介方案，向国际劳工界宣讲党的二十大精神。2022年11月24日，中越工会以“中共二十大与工会工作”为主题召开专题视频会议，中华全国总工会、中国宝武钢铁集团，以及越南劳动总联合会总部五个部门与其下属六个产业工会、12个省市工会的代表参会，会议加深了越南工会干部对中国和中国共产党的了解，增进了中越两国工会之间的友谊。

二、积极服务“一带一路”建设

习近平主席在2013年出访中亚和东南亚国家期间，先后提出共建“丝绸之路经济带”和“21世纪海上丝绸之路”（“一带一路”）重大倡议，得到国际社会的高度关注和积极响应。共建“一带一路”为相关国家携手打造政治互信、经济融合、文化包容的利益共同体、责任共同体和命运共同体提供了平台和基础，对于维护世界和平稳定、促进繁荣发展具有深远持久的意义。自“一带一路”倡议提出以来，中国工会敢于担当、积极作为，发挥“一带一路”沿线国家工会交流平台与机制作用，为夯实“一带一路”建设的民意基础和社会基础作出积极贡献。

（1）创设“一带一路”沿线国家工会干部汉语研修奖学金项目。为支持“一带一路”沿线国家工会能力建设，扶持知华友华力量，全国总工会与国家留学基金委合作设立了“一带一路”沿线国家工会干部汉语研修奖学金，鼓励和资助“一带一路”沿线国家工会干部来华学习汉语。2019—2020 学年，有来自柬埔寨、老挝、尼泊尔、巴基斯坦、墨西哥、哈萨克斯坦、坦桑尼亚等国家的 10 名工会干部来华学习。2020—2021 学年，来自柬埔寨、老挝、尼泊尔、巴基斯坦、蒙古、越南、尼日利亚等国家的九名工会干部获得学习资格。2021—2022 学年，来自越南、老挝、尼泊尔、墨西哥、哥伦比亚、塞内加尔等国家的七名工会干部获得该奖学金。2022—2023 学年，来自蒙古、哈萨克斯坦、墨西哥和哥伦比亚等国的四名工会干部通过资格审核。尽管受新冠肺炎疫情影响，一些外国工会干部因不能来华学习不得已放弃了申请奖学金的机会，但他们一直保持着对中华文化的热爱和对中国工会的关注，疫情并没有阻断中外工会干部之间的沟通与交流。

（2）持续开展“一带一路”沿线国家工会援助项目。自 20 世纪 50 年代起，中国工会就开始对亚非拉发展中国家工会给予力所能及的援助，这些援助为巩固我国与广大发展中国家的友谊、扶持对华友好力量、提升中国工会在国际劳工界的地位发挥了重要作用。近年来，中国工会进一步加强与国际劳工组织的合作，加大经费和师资投入，推进亚太地区工会组织能力建设南南合作项目、中国与安哥拉合作项目，赢得了亚非拉发展中国家工会的广泛赞誉。全国总工会举办了一系列“一带一路”沿线国家工会干部培训班，围绕“工会助力命运共同体建设”、“妇女和青年在未来劳动世界的作用”等主题以及各国共同关心的国际工运热点问题，与沿线国家工会进行交流研讨，共建“一带一路”和中国工会发展道路，获得沿线国家工会组织更广泛的认同。

(3) 搭建“一带一路”沿线国家职工人文和技能交流平台。持续推进“一带一路”沿线国家职工人文交流项目，开展中非、中挪、中赞、中缅、中哈等多双边职工交流、专家研讨、青年座谈等活动，服务我国“走出去”战略。立足新时期产业工人队伍建设改革，开展上合组织国家职工技能大赛、职工技能交流营、工匠研修学堂，努力打造产业工人技能国际交流特色品牌。新冠肺炎疫情暴发后，创新职工交流模式，举办“职工谈‘我与中巴经济走廊的故事’”线上主题座谈会和“中柬职工一家亲”线上座谈会等活动，增进与沿线各国劳动者交谊。深化与古巴多层级、宽领域的交流与合作，中华全国总工会荣获古巴“友谊勋章”。推动工会交流纳入中老、中柬国家构建人类命运共同体行动计划，提升工会服务周边外交力度。

(4) 为“一带一路”沿线中资企业办实事、解难题。深入开展沿线国家中资企业劳动关系状况调研，了解企业和职工的状况和诉求，编写示范企业“民心相通”故事集，选树工会对外宣传和职工国际交流基地，举办“走出去”企业工会干部培训班，推动海外中资企业构建和谐劳动关系。主动连线我境外企业，为其提供劳动关系、工会工作等方面的咨询和建议，助力我海外重要工程项目顺利推进。开展中哈、中蒙、中老“一带一路”沿线国家口岸职工交流慰问活动。与商务部、人力资源社会保障部等部委就共建“一带一路”过程中涉及的劳工议题、劳工标准等进行深度研讨，为我国参与全球劳工治理、推进自由贸易区谈判提供智力支撑。

三、深入参与全球劳工治理

当前，全球治理体系正处在深刻演变的重要阶段，全球劳工治理越来越成为全球治理体系变革的重要内容。随着中国综合国力和国际地位的提升，各国工会特别是发展中国家工会期待中国工会在全球劳工治理中发挥更大作用。中华全国总工会准确把握世界发展大势，发挥自身优势，积极参与和推动全球劳工治理体系改革，为国家发展建设营造有利的外部劳工环境作出了新贡献。

（1）加强与国际劳工组织的合作。中国是国际劳工组织创始成员国之一。自 1983 年恢复在国际劳工组织活动后，中国每年均派代表团出席该组织重要会议，并积极参与其在国际劳工立法和技术合作方面的活动。近年来，中国与国际劳工组织的关系得到较大发展，开展了人员互访、考察、专家讲座、在华举办研讨会和讲习班、制定实施技术合作计划和体面劳动国别计划等活动；向国际劳工组织工人活动局提供资金援助，支持国际劳工组织亚太地区工会能力建设南南合作项目，赢得了国际劳工组织和各国工会的广泛赞誉。利用国际劳工组织工人组正理事身份，加强与发展中国家工会沟通协调，代表发展中国家发声，树立我负责任大国工会形象。新冠肺炎疫情暴发后，多次派员出席国际劳工组织及其区域组织召开的线上会议，探讨疫情对劳动世界的影响和工会所能发挥的作用，贡献中国工会智慧，推动工会国际抗疫合作。2022 年，中国工会工人代表积极履行工人正理事职责，赴日内瓦参加现场选举，为下一步中国工会与国际劳工组织合作奠定了良好基础。

（2）重视并积极参与国际劳工组织工人组选举。国际劳工组织理事会是国际劳工组织的决策机构。由于历史和政治等多重因素，长期以来，国际劳工组织工人组正理事的选举实质上被国际工联所把控。2011 年 6 月，在多方的共同努力下，中国工会代表、时任中华全国总工会书记处书记江广平成功当选国际劳工组织工人正理事，这是我国 1983 年恢复在国际劳工组织的活动以来，中国工会代表首次当选该组织工人正理事，中国工会进一步走近了国际工运的舞台中央，在国际劳工事务中拥有了更多话语权和影响力。在2014年、2017年的工人组正理事选举中，中国工会代表两次连选连任。此后，中美关系出现波折，一些反华工会组织妄图政治操弄工人组选举，中国工会代表参选面临严峻挑战。在党中央的坚强领导下，在外交部、人力资源社会保障部、中国常驻日内瓦代表团的大力支持下，中华全国总工会精心策划、稳慎应对，在2021年第109届国际劳工大会工人正理事选举中，第四次成功连任了工人正理事，坚决维护了中国工会在国际劳工组织中的地位和话语权。

（3）充分利用工会多边合作机制。自2004年以来，中华全国总工会连续10次成功举办“经济全球化与工会”国际论坛，巩固和深化了与广大发展中国家工会的交流与合作，积极推动国际秩序向更加公正合理的方向发展。积极参加国际劳工大会、二十国集团劳动会议、金砖国家工会论坛等国际劳工界重要会议，深入参与涉及国际劳工标准和规则制定、劳工治理等重要议题的设置和讨论，推动将“构建人类命运共同体”等理念写入工会重要多边会议成果文件，不断增强中国工会在国际劳工事务中的影响力。全力配合我国重要主场外交活动，举办系列工会配套活动，对外宣介中国理念，讲好中国故事，协调工会立场，凝聚广泛共识，对冲国际社会对华的噪声、杂音，为营造主场外交的良好外部氛围、扩大主场外交成果贡献了积极力量。

四、大力推动工会抗疫国际合作

新冠肺炎疫情是百年来全球发生的最严重的传染病大流行。面对严重疫情，我国坚持把世界各国人民生命安全和身体健康放在第一位，充分展现负责任大国的自觉担当，第一时间发布病毒基因序列等信息，毫无保留同世卫组织和国际社会分享防控、治疗经验，积极开展抗疫国际合作，为全球抗疫贡献了智慧和力量。中华全国总工会坚决贯彻落实习近平总书记关于加强国际抗疫合作的重要讲话精神，积极与有关国家和国际、区域工会组织加强沟通，扎实推进工会抗疫国际合作。

（1）积极参与国际劳工领域应对新冠肺炎疫情的交流研讨。疫情暴发以来，中华全国总工会先后派代表出席了国际劳工组织“劳动世界应对新冠肺炎疫情”全球视频峰会、国际劳工组织工人活动局“新冠肺炎疫情下的劳动世界”研讨会、国际劳工组织亚太区域关于“新冠肺炎疫情与劳动世界”研讨会和应对新冠肺炎疫情研究成果专刊高级别线上发布会、二十国集团劳动会议“新冠肺炎：工作场所的危害”网络研讨会、“2021 东盟劳动世界的未来”在线视频会议等多个国际、区域和国家工会组织间视频会议，同时举办全总-非工统“新冠病毒肺炎及其对工人的社会经济影响与工会作用”、“后疫情时代的中非工会交流合作”视频研讨会等会议，分享疫情信息，交流抗疫经验，讲述中国抗疫故事，倡导国际劳工界携手推进抗疫国际合作。

（2）及时给予友好工会组织抗疫物资援助。疫情暴发后，中华全国总工会克服抗疫物资紧缺的困难，向多家外国友好工会组织提供了力所能及的援助。2020 年，当新冠病毒在欧洲肆虐时，中华全国总工会向奥地利工联捐赠了外科口罩、FFP2 口罩、医用手套和医用防护服等防疫物资。中国驻奥地利大使李晓驷、奥地利工联主席、维也纳市政委员等出席了在奥工联总部举行的捐赠仪式。李晓驷大使在捐赠仪式上表示，经过疫情危机考验的中奥友谊将焕发新的活力，两国友好战略伙伴关系将取得更加丰硕的成果。奥工联主席卡齐严代表奥工联和奥各个行业工会向中国工会提供的宝贵支持和友好捐助表示衷心感谢，希望疫情过后奥工联与中国工会继续加强交往、拓展合作。中华全国总工会还多次向柬埔寨工会提供客车、医用口罩、核酸检测试剂盒、消毒用喷雾器、儿童爱心包、防化靴、防化手套、防护服、防护面罩等急需的防疫物资。柬埔寨政府官员表示中方的赠助体现了中柬两国工会间钢铁般的兄弟情谊，双方关系将更加紧密和巩固，并进一步推动两国其他领域的友好合作向前发展。柬埔寨工会总联合会主席尊蒙托说，中国工会的援助是在习近平主席“一带一路”倡议框架下，两国工会和工人相互支持、相互沟通、互学互鉴的具体体现，对加强柬埔寨工会总联合会和柬埔寨国家工会联合会能力建设将起到巨大作用，双方将继续加强友好交流关系。此外，中华全国总工会还向世界工联、非工统、巴西工会、乌拉圭总工会、塞内加尔劳联等组织提供了力所能及的支持和援助，生动诠释了为世界谋大同、推动构建人类命运共同体的大国担当。

（3）关心服务因疫受困海外职工。因疫情原因，国际旅行受到限制，部分海外职工归国时遇到困难。2021—2022 年，中华全国总工会多次收到滞留海外的中国船员求助，有些船员已在国外港口被困达一个月之久，身心疲惫。通过与我驻外使馆、当地友好工会组织、当地海关相关机构沟通协调，中华全国总工会协助涉事船员从俄罗斯、芬兰等国成功归国。当我国船员在海外突然发病时，中华全国总工会致函印尼海员工会和亚洲海员峰会秘书处，协助其在印尼实现紧急就医。针对中国海员和挪威船东的集体协议即将到期，且新一轮谈判因疫情无法开展的情况，中华全国总工会积极做挪威总工会工作，推动挪方同意延长现有集体协议，确保我国船员权益不受影响，并于 2022 年 4 月成功签署新一轮中挪海员集体谈判协议，我国船员最低基薪、最低死亡赔偿金等都获得相应增长。

（4）有效对冲国际劳工界疫情政治化噪声。疫情暴发以来，少数外国工会组织受疫情“政治化”、病毒“标签化”言论的影响，对我国抗疫举措产生疑虑。中华全国总工会充分利用各种工会多双边（视频）交流场合，宣传我国抗击疫情的成就，表明中国工会反对将疫情政治化、污名化的严正立场，推动将反对疫情政治化、污名化等主张写入第九届金砖国家工会论坛成果文件。同时，加强与友好工会组织的联络，利用友好工会组织官方网站澄清事实、驳斥对华负面言论，争取重要国际、区域和国家工会组织对我声援，在疫情政治化言论甚嚣尘上时有力支持政府稳步推进抗疫工作部署。

五、切实维护我主权、安全、发展利益

党的十八大以来，以习近平同志为核心的党中央坚持底线思维、居安思危、未雨绸缪，坚持国家利益至上，以人民安全为宗旨，以政治安全为根本，以经济安全为基础，以军事、科技、文化、社会安全为保障，以促进国际安全为依托，统筹发展和安全，统筹开放和安全，统筹传统安全和非传统安全，统筹自身安全和共同安全，统筹维护国家安全和塑造国家安全，国家安全得到全面加强，有效应对一系列重大风险挑战，走出了一条中国特色国家安全之路。中华全国总工会在对外工作中，始终坚持以习近平总书记关于总体国家安全观的重要论述为指导，在国际劳工领域切实维护国家主权、安全和发展利益。

（1）坚决维护我国劳动领域政治安全。针对境外敌对势力借所谓“维权”插手我劳工事务、渗透破坏我职工队伍团结稳定的做法，中华全国总工会坚决贯彻党中央关于加强劳动领域政治安全工作的决策部署，深刻认识加强劳动领域政治安全工作的重要意义，深入领会“五个坚决”要求的精神实质，认真制定应对相关领域风险挑战的基本原则、工作思路和方法，不断增强维护劳动领域政治安全的政治自觉、思想自觉、行动自觉。在实际工作中，坚持加强顶层设计，不断健全完善相关工作的机制和制度建设；坚持从源头抓起，从重要领域、重要组

织、重大事件入手，排查风险点，防范化解可能产生的隐患；坚持加强对国际工运形势的分析研判，不断增强防范意识、提高处置本领，有效防范各类风险连锁联动，坚决有力维护我劳动领域政治安全。

（2）有效应对涉台、涉港、涉疆等问题。在参与工会多边会议期间，中华全国总工会代表团始终保持高度警惕，在台湾个别组织妄图以“国家”名义参会时，积极与中国外交部、人力资源社会保障部及会议主办方沟通协调，及时瓦解敌对势力的图谋。针对美对我遏制和打压全方位升级，以美西方为主导的工会组织频频就涉疆、涉港等问题向我发难的情况，中华全国总工会加强与相关部委的沟通协调，周密布置、果断出击，通过派出专门调研组赶赴新疆收集一手视频资料，指导新疆职工代表就涉疆案例在国际劳工大会上发言，举办中哈、中蒙口岸职工交流慰问活动等多项举措，向外国工会和国际社会全面展示新时代新疆发展成就和职工精神面貌，表明中国工会立场，澄清事实、说明真相，有力驳斥了美西方国家的污我言论。

（3）扎实做好对外人权斗争。随着美西方对我国遏制和打压全面升级，其不断针对我劳动政策和劳动者权益问题进行诽谤和攻击，人权领域逐渐成为维护我国劳动者权益的第二战场。为全面、正确、完整地反映我国劳动者权益的发展状况，中华全国总工会一方面不断强化理论武装，深入学习贯彻习近平总书记关于总体国家安全观、工人阶级和工会工作的重要论述，切实履行工会维权服务的基本职责，努力推动解决职工群众最关心、最直接、最现实的利益问题，不断增强广大职工群众的获得感、幸福感、安全感；另一方面加大对外宣传，利用出席联合国人权理事会工商业与人权论坛、联合国工商业与人权亚洲区域论坛、中欧人权对话会、南南人权论坛，向联合国人权高专办国别人权状况审查组、联合国经社理事会提供相关材料，借《中国健康事业的发展与人权进步》、《改革开放40年中国人权事业的发展进步》、《为人民谋幸福：新中国人权事业发展70周年》白皮书发布等机会，全面宣介我国工会组建、集体协商、工人权益、性别平等、同工同酬、残疾人和移民工权益等情况，努力在国际劳工界营造于我有利的舆论氛围。

第三节　以习近平外交思想为指导开创新时代工会外事工作新局面

“十四五”时期是我国全面建成小康社会、实现第一个百年奋斗目标之后，乘势而上开启全面建设社会主义现代化国家新征程、向第二个百年奋斗目标进军的第一个五年。工会外事工作要始终坚持以习近平新时代中国特色社会主义思想为指导，深入学习宣传贯彻习近平外交思想，深刻领悟“两个确立”的决定性意义，贯彻落实习近平总书记关于工人阶级和工会工作的重要论述，立足新发展阶段，心怀“国之大者”，牢记初心使命，统筹国内国际两个大局，为贯彻新发展理念、构建新发展格局、推动高质量发展，实现新时代我国经济社会发展战略目标、实现中华民族伟大复兴的中国梦，作出新的更大贡献。

一、坚持工会外事工作正确政治方向

党中央高度重视工会的对外交流交往工作。在中国革命、建设、改革各个历史时期，党和国家领导人都曾就工会外事工作作出重要指示批示，并多次出席工会双边、多边会议。实践证明，坚持党的领导，工会外事工作才能始终确保正确政治方向，沿着中国特色社会主义工会发展道路不断前进。

（1）坚持和加强以习近平新时代中国特色社会主义思想为引领。伟大的思想引领伟大的实践。习近平新时代中国特色社

会主义思想是当代中国马克思主义、二十一世纪马克思主义，是中华文化和中国精神的时代精华。习近平外交思想是习近平新时代中国特色社会主义思想的重要组成部分，是新时代我国对外工作的根本遵循和行动指南。坚持用习近平外交思想武装头脑、指导实践、推动工作，是学习贯彻习近平新时代中国特色社会主义思想、全面推进新时代中国特色社会主义事业的必然要求，是服务实现中华民族伟大复兴的中国梦的必然要求，是全面推进新时代中国特色大国外交的必然要求。新时代工会外事工作要坚持把学习贯彻习近平新时代中国特色社会主义思想特别是习近平外交思想作为重要政治任务，把学习贯彻习近平外交思想的精神实质，与深刻领会党的二十大精神相结合，与贯彻落实习近平总书记关于工人阶级和工会工作的重要论述相结合，提高政治站位，保持战略定力，始终坚持工会外事工作正确政治方向。

（2）始终坚持党对工会外事工作的领导。外交是国家意志的集中体现。党的二十大报告指出：“坚持党的全面领导是坚持和发展中国特色社会主义的必由之路，中国特色社会主义是实现中华民族伟大复兴的必由之路。”党是最高政治领导力量，党的集中统一领导是中国外交的最大政治优势，中国特色社会主义是中国外交的源泉和根基。新时代工会外事工作要自觉接受党的领导，坚决维护习近平同志党中央的核心、全党的核心地位，坚决维护党中央权威和集中统一领导，深刻领悟“两个确立”的决定性意义，增强“四个意识”、坚定“四个自信”、做到“两个维护”。要全面贯彻党的基本理论、基本路线、基本方略，不折不扣将党中央对外大政方针和决策部署贯彻到工会外事各项工作中去，不断提高政治判断力、政治领悟力、政治执行力，始终在政治立场、政治方向、政治原则、政治道路上同以习近平同志为核心的党中央保持高度一致。

（3）切实增强对外工作“大协同”意识。对外工作是一个系统工程。各方强化统筹协调，各有侧重，相互配合，形成和巩固党总揽全局、协调各方的对外工作大协同局面，才能汇溪成海、凝成合力，切实承担起实现中华民族伟大复兴、推进人类进步事业的历史重任。新时代工会外事工作要牢固树立对外工作“一盘棋”的观念，从党和国家工作大局的高度来思考、谋划和推进工作。各级工会组织要积极主动向同级党委、上级工会组织请示汇报工会外事工作，自觉把工会外事工作融入党和国家的对外工作、地方经济建设、工会全局工作，在同级党委和上级工会组织的领导指导下，与地方有关部门有力配合，确保党中央对外战略部署落到实处。

（4）坚定不移走中国特色社会主义工会发展道路。道路问题是关系党的事业兴衰成败第一位的问题。习近平总书记强调，中国特色社会主义工会发展道路是中国特色社会主义道路的重要组成部分，深刻反映了中国工会的性质和特点，符合我国国情和历史发展趋势。中国特色社会主义工会发展道路是中国工运事业蓬勃发展的必由之路、成功之路、胜利之路。新时代工会外事工作要坚持以服务国家发展和民族复兴为己任，以构建人类命运共同体、促进世界和平与进步为目标，继续高举和平、发展、合作、工人权益的旗帜，遵循“独立自主、互相尊重、求同存异、加强合作、增进友谊”的工作方针，加强与国际、区域和各国工会的交流与合作，巩固和增进与各国劳动者的友谊，营造于我有利的外部劳工环境，积极参与全球劳工治理，切实维护我国国家核心利益和职工合法权益，不断提升中国工会的国际地位和影响力，推动国际秩序朝着更加公正合理的方向发展。

二、坚持贯彻以人民为中心的外交理念

（1）深刻认识马克思主义的人民立场。人民性是马克思主义的本质属性。马克思主义关注人的生存和发展，关注人的价值、自由和解放，揭示了人类社会发展规律，创立了人民实现自身解放的思想体系，强调人民群众是社会物质财富和精神财富的创造者，是推动社会变革和社会前进的决定性力量。实践证明，马克思主义为中国革命、建设、改革提供了强大思想武器，指引中国成功走上了全面建成社会主义现代化强国的康庄大道。新时代工会外事工作要坚持高扬马克思主义伟大旗帜，把握好习近平新时代中国特色社会主义思想的世界观和方法论，坚持好、运用好贯穿其中的立场观点方法，不断提升运用马克思主义中国化最新成果应对重大风险和挑战的能力。要把人民立场作为根本立场，把人民至上的原则放在一切工作的首位，把为人民谋幸福作为根本使命，不忘初心、担当作为，为促进人的全面发展和人类进步事业不懈奋斗。

（2）积极践行外交为民的宗旨。中国特色大国外交是人民的外交。中国外交始终坚持植根人民、胸怀人民、造福人民，处理一切国际事务和国际问题时都是从中国人民和世界人民的根本利益出发，根据事情本身的是非曲直，独立自主地决定自己的态度和政策，进而获得了中国人民和广大热爱和平友好人士的信任与支持，拥有了深厚的根基、蓬勃的力量、强大的动力。新时代工会外事工作要坚持维护世界和平、促进共同发展的外交政策宗旨，致力于推动构建人类命运共同体；要高举和平、发展、合作、共赢旗帜，走和平发展道路，始终根据事情本身的是非曲直决定自己的立场和政策，维护国际关系基本准则，维护国际公平正义；要发挥工会作为民间组织的特点和优势，加强与各国劳动者的交流交往，拓展与国际、区域及各国

工会组织的务实合作，不断夯实共建“一带一路”的民意基础和社会基础；要秉持外交为民的宗旨，讲好中国故事，弘扬和平、发展、公平、正义、民主、自由的全人类共同价值，与各国工会组织携手，为促进社会公平正义、增进世界劳动者福祉贡献积极力量。

（3）找准新时代工会外事工作的着眼点和切入点。维护职工合法权益、竭诚服务职工群众是新时代中国工会的基本职责。这一基本职责，贯彻了党以人民为中心的发展思想和全心全意依靠工人阶级的方针，符合中国工会的性质、价值取向和目标任务，有利于工会组织和工会工作更好地顺应形势发展、契合职工现实需要，是新时代中国工会一切工作的出发点和落脚点。工会外事工作作为工会全局工作的重要组成部分，要立足工会的基本职责，紧紧围绕工会的中心工作，深入思考、加强研究，分析研判新时代工会外事工作面临的新形势新挑战，探索破解工会外事工作难题的新思路新方法，牢牢把握我国工人运动的时代主题，找准新时代工会外事工作的切入点，在促进国家发展、推进新时代工运事业中发挥积极作用。

三、坚持服从服务国家总体外交

工会外事工作是国家总体外交的重要组成部分。做好新时代工会外事工作，必须不断提高政治站位，从战略和全局的高度思考和谋划工会外事工作，不折不扣地贯彻落实党中央确定的外交方略，紧密结合工会实际创造性地开展工作，承担起新时代赋予工会外事工作的新使命和新任务。

（1）以元首外交为引领推进工作。习近平总书记是新时代中国外交的掌舵者和领路人。在迈入新时代以来的伟大变革中，习近平总书记高瞻远瞩、运筹帷幄，继承发扬中国外交核心原则和优良传统，提出一系列富有中国特色、体现时代精神的新理念新主张新倡议；他亲力亲为、率先垂范，至 2022 年 9 月底，42 次出访成果丰硕，足迹遍及五大洲 69 个国家，全力推进波澜壮阔的新时代外交实践，引领中国特色大国外交在全球变局中开创新局，在世界乱局中化危为机，战胜了各种艰难险阻，取得了全方位、开创性历史成就。新时代工会外事工作要坚持以元首外交为引领，确立工作目标、明确工作重点，积极配合国家重大主场外交活动开展和推进工作，利用重要时间节点，有针对性地加大宣传、开展配套活动，为国家重大主场外交营造良好氛围、丰富成果清单、扩大国际影响力。要加强顶层设计，加强二十国集团、金砖国家、中非、中拉等合作框架下劳动领域相关议题和活动的设置与谋划，提出中国方案、贡献中国力量，引领舆论导向、彰显大国担当。

（2）助力“一带一路”建设。共建“一带一路”是我国扩大对外开放、促进国际合作的重要举措。坚持以共商共建共享为原则推动“一带一路”建设，既对新时代我国开放空间布局进行了统筹谋划，又对中国与世界实现开放共赢的路径进行了顶层设计，是新时代中国特色大国外交的重大创举，是我们党关于对外开放理论和实践的重大创新。新时代工会外事工作要积极开展与“一带一路”沿线国家工会组织和职工的交流交往活动，深入推进“一带一路”职工人文交流和国际技能交流，做实叫响“一带一路”沿线国家工会干部汉语研修奖学金项目，搭建沿线国家中资企业与有关国家工会组织的交流沟通平台，办好服务走出去企业的工会干部专题培训班、中外职工交流会等活动，加强信息沟通、经验分享，解疑释惑、增强互信，为夯实“一带一路”民意基础和社会基础作出贡献。

（3）切实维护国家核心利益。维护国家主权、安全、发展利益是我国对外工作的出发点和落脚点。党的十八大以来，以习近平同志为核心的党中央坚定不移把维护国家主权、安全、发展利益放在对外工作的首要位置，作出一系列重要指示和重大决策部署，采取一系列开创性重大举措，有力维护和塑造了有利于国家发展和民族复兴的良好外部环境。当前，我国国家安全内涵和外延比历史上任何时候都要丰富，时空领域比历史上任何时候都要宽广，内外因素比历史上任何时候都要复杂。境内外敌对势力对我劳动领域渗透破坏的手段花样翻新、更加隐秘。新时代工会外事工作要坚持贯彻总体国家安全观，贯彻落实全球安全倡议，把国家安全贯穿到工会对外工作的各方面全过程。要立足国际秩序大变局来把握规律，立足我国发展重要战略机遇期大背景来谋划布局，立足劳工领域重大风险来统筹应对。面对无理讹诈和极限施压，保持战略定力，发扬斗争精神，坚定维护国家核心利益和民族尊严。要敢于斗争、善于斗争，既要亮明立场、正本清源、坚决捍卫底线，又要注重策略方法、讲求斗争艺术，在斗争中争取团结、在斗争中谋求合作、在斗争中争取共赢，依靠顽强斗争打开事业发展新天地。

四、坚持推动构建人类命运共同体

（1）厚植人类命运共同体理念。构建人类命运共同体是习近平新时代中国特色社会主义思想特别是习近平外交思想的重要组成部分，是新时代中国外交的总目标，也是世界各国的共同责任和历史使命。自提出至今，人类命运共同体理念的内涵不断丰富、发展和完善，在国际社会赢得越来越广泛的认同。当前，世界之变、时代之变、历史之变正以前所未有的方式展开。构建人类命运共同体的历史远见和时代意义更加凸显。中国是这一理念的倡导者、实践者和引领者。新时代工会外事工作要深入学习贯彻构建人类命运共同体理念，深刻理解其丰富内涵和重大意义，面向国际劳工界大力宣传这一理念以及中国推进构建人类命运共同体理念积累的实践经验，讲好中国故事、中国工人阶级故事、中国工会故事，促进民心相通、文化相融，让人类命运共同体理念在国际劳工界得到更广泛的理解和认同。

(2) 巩固与周边和广大发展中国家友谊。周边是我国安身立命之所、发展繁荣之基。广大发展中国家是我国在国际事务中的天然同盟军，始终是我国外交战略的“基本盘”。党的十八大以来，以习近平同志为核心的党中央在保持外交大政方针延续性和稳定性的基础上，积极运筹、锐意进取，开展了一系列重大外交活动，丰富和发展了对周边及发展中国家的外交理论与实践。新时代工会外事工作在推进与周边和发展中国家工会组织关系的过程中，要坚持正确的义利观，秉持公道正义，坚持平等相待，在涉及对方核心利益和重大关切的问题上相互支持，维护发展中国家共同利益。要忠实贯彻党中央关于周边、中非、中阿、中拉等重要战略思想和方针政策，积极对接国家间合作框架及各国发展战略，深化同周边及广大发展中国家工会的交流与务实合作，拓展工会南南合作的深度和广度，团结扶持知华友华力量，多做得人心、暖人心的事，使周边及广大发展中国家工会和劳动者对我更友善、更亲近、更认同、更支持，不断扩大工会“朋友圈”。

(3) 加强与大国工会组织的沟通协调。发展同主要大国的关系是中国对外关系的重要组成部分。习近平总书记指出，大国关系事关全球战略稳定，大国肩上都承担着特殊责任。中国致力于推进大国协调合作，期待大国和睦相处，不冲突不对抗、相互尊重、合作共赢，推动构建总体稳定、均衡发展的大国关系框架。新时代工会外事工作要坚决贯彻党中央关于发展大国关系的方针政策和决策部署，着眼国家发展战略，有针对性地做重点国家、重要组织、重点人物的工作，开展高层会晤、增强政治互信，加强对话沟通、寻求更多利益交汇点，通过举办专题研讨、从双方共同感兴趣的话题入手凝聚更多共识，为推动构建新型大国关系夯实基础。

（4）推动工会抗疫国际合作。新冠肺炎疫情是百年来全球发生的最严重的传染病大流行，给人类生命安全带来巨大威胁，对劳动世界产生严重冲击。在以习近平同志为核心的党中央领导下，中国成为世界上率先控制住国内疫情的国家之一，为全球抗疫提供了信心、树立了典范。与此同时，习近平总书记在多个国际场合向世界阐释共建人类卫生健康共同体的主张，为全球公共卫生安全治理贡献中国方案，引领抗疫国际合作方向。新时代工会外事工作要树牢并向国际劳工界大力宣介人类卫生健康共同体理念，与各国工会组织就应对疫情冲击和助力复工复产等话题交流经验，向友好工会组织提供力所能及的抗疫物资援助，同时针对个别工会把疫情政治化、污名化的做法要予以有力回击。

五、坚持推动全球劳工治理体系改革

（1）坚定维护真正的多边主义。习近平总书记指出，世界上的问题错综复杂，解决问题的出路是维护和践行多边主义，推动构建人类命运共同体。21 世纪的多边主义要守正出新、面向未来，既要坚持多边主义的核心价值和基本原则，也要立足世界格局变化，着眼应对全球性挑战需要，在广泛协商、凝聚共识基础上改革和完善全球治理体系。新时代工会外事工作在参与国际劳工事务的过程中，要坚持维护以联合国为核心的国际体系，维护以国际法为基础的国际秩序，反对一切形式的单边主义，反对国际劳工事务中霸权主义和强权政治的行径，反对搞针对特定国家的阵营化和排他性小圈子。要团结一切可以团结的力量，巩固和扩大与广大发展中国家工会的友谊与合作，坚持和践行共商共建共享的全球治理观，以公平正义为理念引领全球劳工治理体系变革，坚持对话而不对抗、包容而不排他，携手应对全球挑战、促进全球发展，推动国际工运秩序向更加公正合理的方向发展。

（2）更加自信地参与全球劳工治理。坚持中国特色社会主义道路自信、理论自信、制度自信、文化自信，体现了新时代中国的国家意志、民族精神和国际形象，是开展对外工作的力量之源和信念之基。坚持以中国特色社会主义为根本增强战略自信，是新时代中国对外工作必须遵循的根本要求。新时代工会外事工作要始终高举中国特色社会主义伟大旗帜，在国际劳工事务中，更加自信地展示我国国家制度和国家治理体系的显著优势，更加自信地参与国际劳工领域会议议题的设置、国际劳工标准及规则的制定、国际组织重要职位的选举和推荐，更加自信地推进落实全球发展倡议、工会南南合作、支持扩大发展中国家在国际劳工事务中的代表性和发言权，坚定维护发展中国家工会的合理诉求和正当权益，引领全球劳工治理体系改革的前进方向，展现中国精神、中国价值、中国力量。

（3）不断增强参与劳工治理的能力和水平。党的干部是党和国家事业的中坚力量。当前，国际形势波诡云谲、周边环境复杂敏感、改革发展稳定任务艰巨繁重，对外工作的任务更加繁重、使命更加光荣。新时代工会外事工作要坚持以党的政治建设为统领，把党的建设落实到干部队伍建设全过程，着力培养建设一支忠于党、忠于国家、忠于人民，政治坚定、业务精湛、作风过硬、纪律严明的工会外事工作队伍。要弘扬伟大建党精神，心怀“国之大者”、统筹“两个大局”，以实际行动把握新发展阶段、贯彻新发展理念、构建新发展格局，在新时代新征程上展现新气象新作为。要树立正确的历史观、大局观、角色观，在变局中把握本质、抓住机遇，掌握战略主动权。要增强忧患意识，未雨绸缪，精准研判、妥善化解劳动领域重大风险。要坚持底线思维、保持战略定力，敢于斗争、善于斗争，将原则的坚定性和策略的灵活性有机结合，建设和巩固国际民间统一战线。要加强业务学习，不仅要熟悉党和国家方针政策、了解我国国情，还要具有全球视野、通晓国际规则、精通国际谈判，不断提升中国工会在国际劳工事务中的参与度和话语权，为营造于我有利外部劳工环境，推动实现中华民族伟大复兴的中国梦、构建人类命运共同体作出新的更大贡献。

思考题：

1. 新时代中国工会外事工作面临怎样的外部环境？
2. 新时代中国工会对外交流工作的重点是什么？
3. 什么是新时代中国工会外事工作的指导思想和行动指南？

参 考 文 献

1. 习近平．习近平谈治国理政（第三卷）[M]．北京：外文出版社，2021.

2. 习近平．习近平谈治国理政（第四卷）[M]．北京：外文出版社，2022.

3. 中共中央宣传部．习近平新时代中国特色社会主义思想三十讲[M]．北京：学习出版社，2018.

4. 全国总工会课题组．习近平总书记关于工人阶级和工会工作的重要论述[M]．北京：中国工人出版社，2021.

5. 中共中央宣传部，中华人民共和国外交部．习近平外交思想学习纲要[M]．北京：人民出版社，学习出版社，2021.

6. 本书编写组．党的十九大报告辅导读本[M]．北京：人民出版社，2017.

7. 本书编写组．二十大党章修正案学习问答[M]．北京：党建读物出版社，2022.

8. 本书编写组．党的二十大报告学习辅导百问[M]．北京：学习出版社，党建读物出版社，2022.

9. 熊子云．当代国际工人运动史[M]．北京：团结出版社，1989.

10. 郭懋安，国际工会运动知识手册编写组．国际工会运动知识手册[M]．北京：中国工人出版社，1993.

11. 王家宠．活跃在人民外交舞台上——中国工会国际活动的回顾[M]．北京：中央文献出版社，1995.

12. 中华全国总工会．国际工会运动概况[M]．北京：中国工人出版社，2006.

13. 全国干部培训教材编审指导委员会．国际形势与中国外交[M]．北京：人民出版社，党建读物出版社，2015.

14. 国际劳工局．若要和平，匡扶正义：国际劳工组织百年历史图文集（1919—2019）[M]．日内瓦：国际劳工组织，2019.

15. 全国干部培训教材编审指导委员会．全面推进中国特色大国外交[M]．北京：人民出版社，党建读物出版社，2019.

16. 李玉赋．新编中国工人运动史（下卷）[M]．北京：中国工人出版社，2020.

17. 中华全国总工会国际联络部．国际工会运动新动向年度研究报告（2016—2020）[M]．北京：中国工人出版社，2021.

18. 刘耐莉．经济全球化与工会运动[J]．国外理论动态，2003（5）.

19. 章国贤．国际工会运动面临的新挑战及其对策[J]．工会博览，2003（22）.

20. 中华全国总工会国际联络部．近年来国际工会组织的活动动向[J]．中国工运，2005（3）.

21. 张国峰．当今世界工运的主要特点及我国工会的对策[J]．工会理论研究（上海工会管理干部学院学报），2005（4）.

22. 刘诚．全球化对工会的挑战与工会的应对[J]．工会理论研究（上海工会管理干部学院学报），2006（5）.

23. 本刊记者．全球化进程中的世界工会运动——钱大东研究员访谈[J]．国外理论动态，2007（5）.

24. 王继停．“后危机”时代全球工会面临的挑战与策略抉择[J]．当代世界与社会主义，2010（5）.

25. 章国贤，姚莉．当前国际工运形势的若干特点及动向

[J]. 工会博览，2016（2）.

26. 刘敏．新技术革命对就业的多重影响及政策建议[J]. 宏观经济管理，2017（3）.

27. 董一凡．当前欧洲民粹主义的主要特点及发展趋势[J]. 当代世界，2018（9）.

28. 林燕玲．国际劳工组织的历史贡献及其对中国劳动社会保障法制建设的影响——纪念国际劳工组织成立100周年[J]. 中国劳动关系学院学报，2019（6）.

29. 国际劳工组织．国际劳工组织关于争取公平全球化的社会正义宣言[R]. 2008.

30. 国际劳工组织．为了更加美好的未来而工作[R]. 2019.

31. 国际劳工组织．国际劳工组织关于劳动世界的未来百年宣言[R]. 2019.

32. 国际劳工组织．国际劳工组织检测报告：新型冠状病毒肺炎与劳动世界（第六版）[R]. 2020.

33. 国际劳工组织．最不发达国家：危机、结构转型和劳动世界未来[R]. 2022.

34. 商务部. 2020年度中国对外承包工程统计公报[R]. 2021.

35. 商务部，国家统计局，国家外汇管理局. 2020年度中国对外直接投资统计公报[R]. 2021.

36. 商务部．中国“一带一路”贸易投资发展报告2021[R]. 2021.

37. 商务部，中国对外承包工程商会．中国对外劳务合作发展报告2020—2021[R]. 2021.

后　记

《国际工会运动概论》是全国工会干部培训基础教材之一。

本次出版的《国际工会运动概论》是在《国际工会运动概况》2006 年第一版的基础上，由全国总工会国际联络部负责修订。参加修订工作的人员有：淡卫军、伊国栋（第一章），徐乐、邱丽珍、刘一泓（第二章），王雪梅、张洁、杨永、张曦元、陈俞蓉（第三章），赵政巍、谢冰、李琦彦（第四章），李静芳、耿佳敏、章蒙萌（第五章），谢旭轩、吴传华、赵欣、丛文苹、刚小宝（第六章），郑海欣、徐玉宝（第七章）。全书由郑海欣、吴明华、彭静同志统稿，何金木、赵凌、张健同志校对，姚莉、陈伶浪、郑家恒同志负责审阅书稿，马进同志终审定稿。

由于编者水平有限，本书难免存在不足和疏漏之处，诚恳地欢迎广大读者批评指正。

编　者

2023 年 3 月